Andreas Marti

Singen – Feiern – Glauben

Hymnologisches, Liturgisches und Theologisches
zum Gesangbuch der Evangelisch-reformierten Kirchen
der deutschsprachigen Schweiz

Friedrich Reinhardt Verlag

Die Deutsche Bibliothek – CIP-Einheitsaufnahme

Marti, Andreas:
Singen – Feiern – Glauben : Hymnologisches, Liturgisches und Theologisches zum Gesangbuch der Evangelisch-reformierten Kirchen der deutschsprachigen Schweiz / Andreas Marti. – Basel : F. Reinhardt, 2001

ISBN 3-7245-1173-6

Alle Rechte vorbehalten
© 2001 by Friedrich Reinhardt Verlag, Basel
Lektorat: Monika Schib Stirnimann, Basel
Umschlaggestaltung: Werner Mayr, Basel
Printed in Switzerland by Reinhardt Druck, Basel

Inhalt

Vorwort 9

Der Aufbau des Gesangbuchs 12

Gottesdienst in der Bibel:
Psalmen und andere biblische Gesänge 14
   Die biblischen Psalmen 14
   Psalmgattungen 14
   Cantica 16
   Die Sprache der Psalmen 17
   Psalmen im Gottesdienst 18
   Der Genfer Psalter 20
   Andere Traditionen und Typen 26
   Tradition und Aktualität – mit Worten Anderer beten 29
   Gattungen und Formen 33
   Die Lesepsalmen 35
   Der Gottesname 36
   Zum Gebrauch des Psalmenteils 38

Gottesdienst in der Gemeinde 41
   Gottesdienst 41
   Grunddimensionen 42
   Der Gottesdienst in der Form der Messe 43
      Gebetsdialog 44
      Feste und wechselnde Elemente 45
   Der Predigtgottesdienst 46
   «Struktur» 49
   Die Stücke des zweiten Gesangbuchkapitels 52
      Eröffnung und Sammlung 52
      Taufe und Taufgedächtnis 52
      Anrufung, Schuldbekenntnis und Vergebung 53
      Anbetung und Lob 55
      Verkündigung, Gottes Wort 56
      Bekenntnis des Glaubens 56
      Bitte und Fürbitte 59
      Abendmahl 60
      Sendung und Segen 62

Gottesdienst im Jahreskreis 65
   Das «Kirchenjahr» 65
   Der Christusfestkreis 66
   Das «Kirchenjahr» und der Gottesdienst 68
   Die Gesänge und Texte im Jahreskreis 72
      Advent 72
      Weihnachten 74
      Passion 77
      Ostern 81
      Himmelfahrt 83
      Pfingsten 84
      Dank-, Buß- und Bettag 86
      Schöpfung, Jahreszeiten, Erntedank 87
      Jahreswechsel 89

Gottesdienst im Tageskreis 91
   «Rhythmus des Betens» 91
   Geschichtliches 93
   Die zeitliche Struktur des Tagzeitengebetes 95
   Elemente der Tagzeitenliturgie 96
      Psalmen 96
      Hymnus 98
      Cantica 99
      Lesung 101
      Stille 101
      Fürbitten 106
      Übrige Elemente 106
   Chancen des Tagzeitengottesdienstes 106
   Die Gesänge und Gebete zu den Tageszeiten 107
      Morgen 107
      Mittag 109
      Abend und Nacht 111
      Bei Tisch 114

Gottesdienst im Lebenskreis 116
   «Ich» und «Wir» – Der Einzelne und die Gemeinde 116
   Der Ort des Gesangbuchs 118
   Die Teilkapitel 119
      Glaube 119
      Vertrauen 124
      Klage 129
      Lob und Dank 131

Auf dem Weg des Lebens 132
Im Angesicht des Todes 134
Musik bei Trauerfeiern – einige Bemerkungen 138

Gottesdienst in der Welt 141
Evangelium und Gesetz 143
Kirche in weltweiter Gemeinschaft 144
   Das Wesen der Kirche 145
   Bewahrung und Erneuerung 148
   Zeugnis in der Welt 151
Leben und Handeln aus dem Glauben 152
   Tätiger Glaube 153
   Liebe und Nachfolge 155
   Gerechtigkeit – Frieden – Bewahrung der Schöpfung 157
Hoffnung auf das Reich Gottes 164

Aus der Gesangbucharbeit 170
Konzept 170
Schritte im Entstehungsprozess 174
Ein Sonderproblem: Dialektlieder 176
   Mundarten und Mundartwelle 176
   Mundart im Gottesdienst 177
   Mundart im Reformierten Gesangbuch 178
   Hindernisse 181
   Fazit: Eine verpasste Gelegenheit? 182
   Liste der Dialektlieder 183
«Jugendgemäße Lieder» 183
   Exkurs: Singen mit Konfirmanden 184
      Psychologie und Gruppendynamik 185
      Körper 186
      Klang 187
Mehrstimmige Sätze 189
   Eine Deutschschweizer Spezialität 189
   Einstimmig oder mehrstimmig? 190
   Vertrautheit contra Profil 192
Bibeltexte 194
Ökumene 196
   Liedökumene im deutschsprachigen Raum 196
   Deutschschweizer Gesangbuchökumene 197

Literatur 200
  Gesangbücher, Sammlungen, Liturgie 200
  Quelleneditionen 201
  Verwendete Literatur 202

Register 209
  Stücke im Reformierten Gesangbuch nach Nummern 209
  Namen 217
  Stichworte 221

Vorwort

Als die Vorbereitung des neuen Reformierten Gesangbuchs in ihre Endphase gekommen war, begann ich in der Zeitschrift «Musik und Gottesdienst» mit einer Reihe von Aufsätzen, die sich je mit einem der sechs Hauptkapitel des Gesangbuchs beschäftigten und in lockerer Folge in den Jahren 1997–2000 erschienen[1], einige also, nachdem das Gesangbuch am 1. Advent 1998 in den Gemeinden eingeführt worden war.

Schon zu Beginn wurde in Aussicht genommen, die Aufsätze anschließend als Sonderdruck zu publizieren. Im Hinblick auf die nun vorliegende Veröffentlichung sind sie alle nochmals überarbeitet, aktualisiert und ergänzt worden; einige Überschneidungen, die sich aus der ursprünglichen Publikationsform in abgeschlossenen Aufsätzen ergeben haben, sind jedoch stehen geblieben, weil eine Beseitigung den jeweiligen Kontext schlechter verständlich gemacht hätte. Zusätzlich habe ich ein Kapitel angefügt, in dem Erfahrungen und Überlegungen zu einzelnen charakteristischen Aspekten des Reformierten Gesangbuchs und der Arbeit an ihm wiedergegeben sind.

Das Buch richtet sich an alle, die mit dem Kirchengesang befasst sind: Pfarrerinnen und Pfarrer, Kirchenmusikerinnen und Kirchenmusiker, aber auch Katechetinnen und Katecheten sind angesprochen, dazu natürlich alle, die zur singenden Gemeinde gehören, sei es als Mitglied in einem Kirchenchor oder als Singender oder Singende in der gottesdienstlichen Gemeinde. Seit längerer Zeit unterrichte ich in Ausbildungsgängen sowohl theologischer wie kirchenmusikalischer Ausrichtung die Fächer Liturgik und Hymnologie. An die Studierenden und Kursteilnehmer und -teilnehmerinnen habe ich beim Verfassen der Beiträge ebenfalls gedacht, fehlt doch nach wie vor für den reformierten Bereich ein geeignetes Lehrmittel – vielleicht kann dieses Buch die Lücke vorläufig ein Stück weit füllen.

---

[1] Kapitel 1: Gottesdienst in der Bibel: Psalmen und andere biblische Gesänge. 51. Jg. 1997, H. 4, S. 138–151. – Kapitel 2: Gottesdienst in der Gemeinde. 52. Jg. 1998, H. 1, S. 2–13. – Kapitel 3: Gottesdienst im Jahreskreis. 52. Jg. 1998, H. 5, S. 182–195. – Kapitel 4: Gottesdienst im Tageskreis. 53. Jg. 1999, H. 2, S. 50–63. – Kapitel 5: Gottesdienst im Lebenskreis. 53. Jg. 1999, H. 6, S. 250–262. – Kapitel 6: Gottesdienst in der Welt. 54. Jg. 2000, H. 5, S. 206–221.

Weitere Publikationen für den liturgisch-hymnologischen Raum der Deutschschweiz stehen ja bevor. Da ist einmal der Ökumenische Liederkommentar, der ausführlich die im Reformierten und Katholischen (und dann auch Christkatholischen) Gesangbuch der Schweiz enthaltenen Lieder porträtieren wird und 2001 zu erscheinen beginnt. Und da ist das neue Projekt der Deutschschweizer Liturgiekommission, welche die Position des reformierten Gottesdienstes in der pluralistischen Welt der «Postmoderne» neu zu bestimmen sucht und in dieser Absicht nicht nur gottesdienstliche Materialien, sondern auch einen gründlichen Orientierungsband erarbeit, der historisch, theologisch, typologisch und praktisch das ganze Feld unseres Gottesdienstes aufarbeiten wird. Beide Publikationen, ebenso wie die schon vorausgegangenen Werkhefte und Werkstatthefte, sind also mit einzubeziehen und entlasten das vorliegende Buch von der unmöglichen Aufgabe, alles zu sagen, was es zu den besprochenen Themen zu sagen gäbe.

Meine Geschichte mit dem Reformierten Gesangbuch beginnt 1981 mit dem Eintritt in die Vorbereitungskommission. Danach war ich Mitglied der Kleinen Gesangbuchkommission und der Subkommissionen für die Notation und für das Begleitkonzept. Die Begleitwerkkommission habe ich als Aktuar koordiniert, und der Liturgiekommission bin ich während ihrer Arbeit am Gesangbuch als Präsident vorgestanden. So ist eine vielschichtige und oft auch nicht widerspruchslose Erfahrung zusammengekommen, die einen ganzen Lebensabschnitt gewichtig geprägt hat. Diese Erfahrung möchte ich hier weitergeben, in der Form von Information, Interpretation, Kritik und Perspektive.

Das Buch ist nicht «politisch und konfessionell» neutral. Ich bemühe mich nicht, meine persönlichen Überzeugungen zu verbergen. Wer anderer Meinung ist, wird dies rasch erkennen und sich zum einen oder anderen Punkt seine eigenen Gedanken machen müssen.

Ich will an dieser Stelle einigen Menschen danken, die mich auf dem kurvenreichen Weg mit dem Gesangbuch begleitet, meine Arbeit überhaupt ermöglicht oder mich zum kritischen Nachdenken herausgefordert haben. Dieser Dank geht zuerst an alle Mitglieder der Kleinen Gesangbuchkommission, allen voran an ihren unermüdlichen, unbeirrbar zuversichtlichen und unglaublich frustrationsresistenten Präsidenten Hans-Jürg Stefan, ihre ebenso unerbittlich wie liebevoll präzise Sekretärin Christine Esser, ihr hymnologisches Gewissen Markus Jenny, der während meiner

Arbeit am endgültigen Manuskript gestorben ist, an Susanne Rüfenacht, Dorothea Wiehmann, Christoph Wartenweiler, Thomas Wilhelmi und Beat Schäfer. Ich danke den Weggefährten und -gefährtinnen in der Liturgiekommission für die ebenso gründlichen wie originellen, ebenso kontroversen wie brüderlich-schwesterlichen Diskussionen; hier nenne ich Elisabeth Strübin, die als Vizepräsidentin der Kommission die Verantwortung mitgetragen hat, und Alfred Ehrensperger, ohne dessen Mitarbeit ich immer noch ein liturgischer Ignorant wäre. Der Dank geht weiter an zwei meiner akademischen Lehrer, die mir manchen traditionalistischen Nebel aus dem Kopf getrieben haben, nämlich an Gerhard Aeschbacher und an Theophil Müller. Nicht vergessen seien die übrigen Gesangbuchgremien, zunächst die Begleitwerkkommission und dort Ursula Heim und Hans Eugen Frischknecht, die in den späteren Phasen die Hauptlast der Arbeit getragen haben, und auch die Große Gesangbuchkommission und ihre Mitglieder seien in den Dank eingeschlossen, gerade weil da auch mancher Strauß auszufechten war. Ich möchte hier Franz Christ dankbar erwähnen, mit dem ich mich oft hart gestritten habe, der aber die Arbeit und auch mich persönlich mit seinem klaren Denken oft entscheidend weitergebracht hat.

So diene denn dieses kleine Buch jenem größeren, dem Gesangbuch, das seinerseits der Gemeinde und ihren Menschen zu einem hoffentlich gesegneten Gebrauch dienen mag.

Bern, Februar 2001
Andreas Marti

Der Aufbau des Gesangbuchs

Wer ein Buch schreibt, macht sich normalerweise zuerst einen Plan, überlegt sich in groben Zügen den Inhalt und legt die Anordnung und Gliederung des Stoffes fest, bevor er an die Erarbeitung aller Einzelheiten geht. Das ist beim Gesangbuch anders. Freilich gibt es auch da zunächst ein Konzept, doch dann suchen die «Gesangbuchmacher» Einzelstück um Einzelstück aus. Das Gesangbuch entsteht als Summe vieler Teile – in unserem Fall sind es fast 1000 Stücke, die Register und Einführungen noch nicht gerechnet. Diese Teile müssen dann in eine sinnvolle Ordnung gebracht werden.

alphabetische, liturgische, systematische Ordnung

Für eine solche Ordnung sind viele Möglichkeiten denkbar. Die einfachste wäre die alphabetische Reihenfolge; die ökumenische Sammlung «Gesänge zur Bestattung»[2] wendet sie an. In Analogie zu den liturgischen Büchern kann man nach dem Kirchenjahr vorgehen, weitere liturgisch eindeutig situierte Stücke folgen lassen und dann den Rest bringen; dies ist das Verfahren vieler alter lutherischer Gesangbücher und im Prinzip auch das des neuen «Evangelischen Gesangbuchs»[3]. In der Zeit der Aufklärung, also im späteren 18. und frühen 19. Jahrhundert, ordnete man die Gesangbücher gerne nach dogmatischen Gesichtspunkten. So besteht beispielsweise ein Kasseler Gesangbuch von 1825[4] aus zwei Hauptteilen: Der erste, «Lieder, die zur christlichen Glaubenslehre gehören», beginnt mit Liedern zum Wort Gottes, dann zum Wesen Gottes und zur Schöpfung und geht weiter bis zum 21. Kapitel, den Liedern zum ewigen Leben. Der zweite Teil betrifft die «christliche Sittenlehre» und geht von Kapitel 22, «Von der Buße und Bekehrung», über Heiligung, Gebet, Gotteslob, Arbeitsamkeit und andere Stationen bis Kapitel 48, «Vom rechten Gebrauch der Zunge».

«Psalmenbuch»

Eine besondere Tradition bilden die Gesangbücher der reformierten Kirchen. Ausgehend von Calvins Entscheidung, für den gottesdienstlichen Gesang nur Psalmtexte zu verwenden, sind sie im Wesentlichen «Psalmenbücher» gewesen – und so nennt man auf dem Land mancherorts noch heute das Gesangbuch. Die Berner Ge-

---

[2] Gesänge zur Bestattung, gemeinsame Kirchenlieder und Gebete der deutschsprachigen Christenheit, hg. im Auftrag der christlichen Kirchen des deutschen Sprachbereichs von der Arbeitsgemeinschaft für ökumenisches Liedgut. Berlin u. a. 1978 (GzB).
[3] Evangelisches Gesangbuch, Stammausgabe. Berlin 1993 (EG).
[4] Verbessertes Gesang-Buch zum Gebrauch bey dem öffentlichen Gottes-Dienste sowohl als zur Privat-Erbauung. Kassel 1825.

sangbücher beispielsweise enthielten bis vor 1853 außer den 150 Psalmen lediglich eine Hand voll so genannter «Festlieder» zu den Festen im Kirchenjahr, zum Abendmahl und zur Trauung. Nach der Zurückdrängung des Psalters im 19. Jahrhundert hat das Gesangbuch von 1952[5] die alte Tradition des vorangestellten Psalmenteils wieder aufgenommen, wenn auch in sehr bescheidenem Umfang (und mit dem vorangestellten *Allein Gott in der Höh sei Ehr* auch keineswegs konsequent). Das neue Gesangbuch bringt nun wieder einen ausgebauten Psalmenteil und integriert in ihn auch die «Cantica», andere biblische Gesänge.

247

Das Konzept des Gesangbuchs geht davon aus, dass dieses in erster Linie dem Gemeindegottesdienst dienen soll, als eine Art «Rollenbuch» der feiernden Gemeinde. Darum enthält das auf den Psalmenteil folgende zweite Kapitel alle Stücke, die dem Verlauf des Gottesdienstes zugeordnet werden können.

Rollenbuch

Es folgen zwei Kapitel, die durch den Zeitbezug definiert sind, nämlich durch Jahreskreis und Tageskreis. Die beiden letzten Kapitel beziehen sich auf die christliche Existenz, zunächst mehr in den individuellen und privaten Bezügen («Gottesdienst im Lebenskreis»), dann im universellen Horizont («Gottesdienst in der Welt»). Der Begriff «Gottesdienst» hält die sechs Teile wie eine große Klammer zusammen. Damit wird einerseits deutlich gemacht, dass das Gesangbuch ein gottesdienstliches Buch ist, andererseits aber wird der Begriff bewusst etwas überdehnt und strapaziert. Der «Gottesdienst des Lebens» nach Rm 12,1–2 soll neben der Veranstaltung namens «Gottesdienst» in den Blick kommen. Deren Zeit und Ort ist zwar aus dem Alltag herausgehoben, doch darf sie sich von ihm nicht grundsätzlich abgrenzen.

Gottesdienst

---

[5] Gesangbuch der evangelisch-reformierten Kirchen der deutschsprachigen Schweiz. Winterthur 1952 (RKG).

Gottesdienst in der Bibel: Psalmen und andere biblische Gesänge

Die biblischen Psalmen

Im «Psalter», dem biblischen Buch der 150 Psalmen, ist uns eine Sammlung überliefert, die in mehreren Schritten über längere Zeit entstanden und zusammengefügt worden ist. Formal hat sich die althebräische Dichtung offenbar durch ägyptische und mesopotamische Vorbilder anregen lassen, hat dann aber auf dem Boden der besonderen Gotteserfahrung Israels ihr eigenes Profil gewonnen.

Gesangbuch Israels? Etwas heikel ist die da und dort verwendete Bezeichnung des Psalters als «Gesangbuch Israels». Das würde voraussetzen, dass zwischen den Psalmen und der konkret gefeierten Liturgie ein Zusammenhang herstellbar wäre. Das ist in einigen Fällen hypothetisch machbar, scheitert aber generell schon an der Tatsache, dass zwischen der Königszeit, der Zeit des babylonischen Exils und der nachexilischen Zeit ganz grundlegende Unterschiede für das gottesdienstliche Leben Israels vorauszusetzen sind, und auch schon in der Königszeit fällt das religiöse Leben nicht einfach mit dem Kult zusammen, wie sich besonders deutlich bei den Propheten zeigt. Man hat deshalb die Psalmen auch in einem «nachkultischen Raum»[6] angesiedelt, wobei das «nach» nicht vor allem zeitlich gemeint ist, sondern sachlich: Die Psalmen lassen die Bindung an den Kult gleichsam hinter sich und werden zu religiöser Literatur. Wegen ihrer kunstvollen Form eignen sich die meisten Psalmen ohnehin nicht für den gemeinsamen Gesang in großer Zahl; vielmehr hat man sie sich eher von einer spezialisierten Gruppe vorgetragen vorzustellen[7] – auch hier also nicht das, was mit unserem Gesangbuch vergleichbar wäre.

Psalmgattungen

Lob und Klage Entsprechend den Grunddimensionen des Betens lassen sich zwei Hauptgattungen unterscheiden, nämlich die Lobpsalmen und die Klagepsalmen. Unterscheiden lassen sich die Psalmen ferner nach ihrem Sprecher, das heißt, sie sind entweder Gebet des Einzelnen

---

[6] Fritz Stolz: Psalmen im nachkultischen Raum. Zürich 1983.
[7] Vgl. dazu Hans Seidel: Musik in Altisrael. Frankfurt a. M. 1989.

oder des Volkes, der Gemeinde.[8] Diese Unterscheidung verliert im Gesangbuch etwas von ihrer Bedeutung, weil ja alle zu Liedern umgeformten Psalmen prinzipiell für den gemeinsamen Gesang gedacht sind, auch wenn sie in der Ich-Form sprechen.

Lobpsalmen des Volkes sind etwa Psalm 100 (als Lied RG 57, als Lesetext RG 127) oder Psalm 136 (RG 90 und 91), Lobpsalmen des Einzelnen sind beispielsweise Psalm 116 (RG 70) oder Psalm 138 (RG 92).

57, 127, 90, 91 70 92

Besondere Akzente setzen der Schöpfungspsalm 104 (RG 64, RG 130), Psalm 105 mit seinem großen Rückblick auf die Geschichte Gottes mit seinem Volk (RG 66) oder Psalm 150 (RG 102 und 146), der mit seiner berühmten Aufforderung zur Musik und seiner Aufzählung einer langen Reihe von Musikinstrumenten den Abschluss des biblischen Psalters bildet.

Schöpfung 64, 130 66, 102, 146

Nun zu den Klagepsalmen. Sie bleiben nicht bei der Klage stehen, sondern vollziehen einen Umschwung zum Lob auf Grund erfahrener oder zugesagter Hilfe, oder die Klage wird aufgefangen in einem Gebet, welches Vertrauen ausdrückt. In die Gruppe der Klage- und Vertrauenslieder gehören etwa Psalm 5 (RG 5), Psalm 13 (RG 10), Psalm 23 (RG 15, 18 und 112, 113) oder Psalm 130 (RG 83–86 und 139, 140).

Klage und Vertrauen

5, 10, 15, 18, 112, 113, 83, 84, 85, 86, 139, 140

Gegenüber der zeitgenössischen Fassung von Psalm 22 (RG 13, *Gott, mein Gott, warum hast du mich verlassen?*), des Psalms, den Jesus am Kreuz gebetet hat, ist auf dem Hintergrund des biblischen Grundmusters kritisch anzumerken, dass sie den Umschwung zu Vertrauen und Lob gerade nicht vollzieht und damit eine wesentliche Dimension abschneidet.

13

Außer den Hauptgattungen gibt es noch einige besondere Psalmen, so die Königs- oder Messiaspsalmen. Sie bilden im Psalter keine einheitliche Gruppe, sondern ihnen ist gemeinsam, dass sie auf unterschiedliche Weise auf den König bezogen sind. Viele wurden später auf den erwarteten Messias umgedeutet, und die christliche Tradition sah in ihnen Christus vorgebildet. Im Gesangbuch sind die typischen messianischen Psalmen (vor allem Psalm 2 und Psalm 110) nicht enthalten, wohl aber steht die Genfer Melodie zu Psalm 110 bei einem Weihnachtslied aus unseren Tagen (RG 429, *Nicht Betlehem allein ist auserkoren*).

Königspsalmen

429

---

[8] Claus Westermann: Lob und Klage in den Psalmen. Göttingen 1977. 5. erw. Auflage von: Das Loben Gottes in den Psalmen. Göttingen 1953.

Weisheitspsalmen	Dann sind da noch die «Weisheitspsalmen», die weniger als Gebete zu lesen sind, sondern als Betrachtung über die Ordnung der Welt und die Vollkommenheit von Gottes Gesetz, so etwa Psalm 19 (RG 12 und 110).
12, 110	

Cantica

Cantica im AT	In der Bibel stehen einige Psalmen oder psalmartige Gedichte auch außerhalb des Psalters, des eigentlichen Buchs der Psalmen. Man nennt diese Lieder «Cantica». Die drei bekanntesten aus dem Alten Testament sind als Lesetexte im Gesangbuch enthalten, nämlich der Lobgesang der Hanna (1. Sam 2,1–11; RG 149), der Lobgesang des Jona (Jon 2; RG 147), der Lobgesang der drei jungen Männer (Dan 3,51–90, nur griechisch, nicht hebräisch beziehungsweise aramäisch überliefert und darum in vielen Bibeln nicht enthalten; RG 148).
149	
147	
148	
Cantica im NT	Besonders bekannt sind die neutestamentlichen Cantica aus dem Anfang des Lukasevangeliums, nämlich der Lobgesang der Maria, das «Magnificat» (Lk 1,46–56), der Lobgesang des Zacharias, das «Benedictus Dominus» (Lk 1,68–79) und der Lobgesang des Simeon, das «Nunc dimittis» (Lk 2,29–32). Sie haben einen festen Platz im Tagzeitengebet und finden sich im biblischen Wortlaut darum in unserem Gesangbuch im Morgen-, Abend- und Nachtgebet (RG 555, 586 und 610). Das gesungene Magnificat (RG 1, dazu auch RG 2 und 3) und das gesungene Nunc dimittis (RG 103, 104 und 105) bilden zudem den Rahmen um die übrigen gesungenen Psalmen. Der Grund für diese Anordnung war zunächst rein äußerlich: Der erste der singbar wiedergegebenen Psalmen ist Psalm 4, *Die Nacht ist da: Ich suche deine Nähe* (RG 4). So kann aber ein Gesangbuch nicht gut beginnen, und der biblische erste Psalm, der für den Psalter durchaus Rahmenfunktion hätte, liegt singbar nicht vor (und ist uns auch in seiner «weisheitlichen» Gedankenwelt etwas fremd).
555, 586, 610, 1 2, 3, 103 104, 105	
4	
Magnificat	Als würdiges und sinnvolles Eröffnungsstück bot sich da das Magnificat an, das vielleicht meistgesungene Lied der Christenheit – täglich hat es in der Vesper seinen Platz –, ein Konzentrat wichtigster Glaubensaussagen, eine Aufforderung zum Lob, ein Ausdruck der Hoffnung auf eine Beseitigung ungerechter Verhältnisse und – als bescheidenes Zeichen für die jahrhundertelang in der Kirche stumm gemachten Schwestern – im biblischen Kontext als das Lied einer Frau überliefert. Das RG bietet es in der vom alten Gesangbuch her vertrauten Fassung *Hoch hebt den Herrn mein Herz und*

meine Seele (RG 1) von Fritz Enderlin auf die Genfer Melodie zu Psalm 8. Nicht ein liedförmiges Magnificat, sondern ein Lied zum Magnificat ist das von Jürgen Henkys aus dem Norwegischen übertragene *Gottes Lob wandert* (RG 2). Der Kanon *Meine Seele erhebt den Herren* (RG 3) über den ersten Doppelvers des Magnificat geht vom Anfang des «Tonus Peregrinus» aus, jenes psalmodischen Modells, das die zweite Vershälfte um einen Ton tiefer rezitiert als die erste und das besonders häufig für das lateinische oder deutsche Magnificat verwendet wurde (zum Beispiel in dem von Martin Luther wesentlich geprägten «Klugschen» Gesangbuch von 1529/1533).

Die Sprache der Psalmen

Bei aller Verschiedenheit verbindet die Psalmen eine sprachliche Eigentümlichkeit, die fast ausnahmslos durchgehalten ist, nämlich der so genannte «Parallelismus»: Zwei (gelegentlich drei) Teilsätze sind einander jeweils zugeordnet. Sie sagen häufig dasselbe mit anderen Worten (synonymer Parallelismus), manchmal beschreiben sie einen Gegensatz (antithetischer Parallelismus), oder die zweite Aussage baut – zum Beispiel in Sinne eines Vergleichs – auf der ersten auf (synthetischer Parallelismus). Folgende Beispiele mögen dies veranschaulichen:

> Nicht nach unseren Sünden handelt er an uns,
> und er vergilt nicht nach unserer Schuld
> (Psalm 103,10, RG 128 und 129; synonym).

> Man hat mich gestoßen, damit ich falle,
> ER aber hat mir geholfen
> (Psalm 118,13, RG 136; antithetisch).

> So hoch der Himmel über der Erde,
> so mächtig ist seine Gnade über denen, die ihn fürchten
> (Psalm 103,11, RG 128 und 129; synthetisch).

Bei der Umdichtung in Liedstrophen ist diese Struktur nicht immer erhalten geblieben; manchmal ist sie aber gut erkennbar wie zum Beispiel in der Umdichtung des ersten dieser Beispiele in RG 59, zweite Strophe:

> Sein' Zorn lässt er wohl fahren, / straft nicht nach unsrer Schuld.

Gerade der synonyme Parallelismus führt zu einem großen Reichtum der Sprache, da er dazu zwingt, für dieselbe Sache jeweils zwei Formulierungen oder zwei verschiedene Bilder zu finden. Damit werden die Möglichkeiten der Sprache besser ausgeschöpft, die

Bildwelt der Psalmen wird farbiger, vielfältiger. Auch hinsichtlich der Beziehung zwischen Sprache und Sache und dem Verhältnis zwischen Sprecher und Hörer ist diese Doppelung bedeutsam. Sie macht deutlich, dass religiöse Sprache nicht einfach Sachverhalte definieren kann, sondern dass sie sich ihrem Gegenstand nur in immer wieder neuen Anläufen annähert und den Raum des «Eigentlichen» zwischen diesen Formulierungen im Grunde offen lässt.

2. und 3. Person Ein weiteres Kennzeichen der Psalmensprache ist der häufige Wechsel der Redeform. Gott wird als «du» angeredet, und gleich darauf ist von ihm in der dritten Person die Rede – oder umgekehrt. Ein bekanntes Beispiel für diesen Wechsel ist der 23. Psalm (RG *112, 113* 112 und 113). Wie weit ein solcher Wechsel allerdings von der Bedeutung her eine Rolle spielt, ist durchaus nicht immer klar, und *15* so kann denn auch die Umdichtung (RG 15) auf ihn teilweise verzichten, ohne dass dem Psalm dadurch Abbruch getan wird.

Ähnlich häufig wechseln die Sprachformen von Gebet, Darlegung *118,* und Selbstanrede auf engem Raum ab, so in Psalm 42/43 (RG 118 *119, 30* und 119, Umdichtung RG 30).

Psalmen im Gottesdienst

frühchristlicher Dass die ersten christlichen Gemeinden Psalmen gottesdienstlich *Gottesdienst* verwendet haben, scheint nahe zu liegen, sind sie doch zunächst einmal von jüdischem Gebrauch ausgegangen – wobei allerdings nicht so klar ist, wie weit damals schon in der Synagoge regelmäßig Psalmen gebetet oder gesungen wurden. Das Neue Testament nennt Psalmen an einigen Stellen, vor allem in dem berühmten Wort über die Musik Kol 3,16: «Singt Gott in euren Herzen Psalmen, Hymnen und Lieder, wie sie der Geist eingibt» oder vielleicht auch in den Anweisungen des Paulus für die Gottesdienste in Korinth 1. Kor 12,20: «Wenn ihr zusammenkommt, trägt jeder etwas bei: einer einen Psalm, ein anderer eine Lehre, der dritte eine Offenbarung». Dabei könnte der Begriff «Psalm» aber auch allgemein einen geistlichen Gesang meinen und muss sich nicht zwingend auf die alttestamentlichen Psalmen beziehen.[9]

Mess-Proprium In der eucharistischen Liturgie, die im Lauf der Zeit zur «Messe» zusammenwuchs, sind Psalmtexte besonders im «Proprium» wichtig, jenen Teilen, die gemäß der Stellung im Jahreskreis wechseln.

---

[9] Vgl. Ansgar Franz: Die Alte Kirche. In: Christian Möller (Hg.): Kirchenlied und Gesangbuch. Quellen zu ihrer Geschichte. Tübingen 2000, S. 1–28, hier S. 3.

Am deutlichsten wird dies beim «Introitus», der urspünglich ein kompletter Eingangspsalm war, dann aber auf einen einzigen Vers reduziert wurde, gerahmt durch einen musikalisch reich gestalteten Kehrvers, die «Antiphon».

Solche Antiphonen hat man generell in der lateinischen Liturgie zu den Psalmen gestellt. Mit einer Art «Leitvers», zu Beginn und zum Schluss, manchmal auch zwischen Psalm-Abschnitten gesungen, wollte man den inneren Zusammenhang der häufig für unsere Begriffe recht heterogenen Psalmtexte zeigen. Dazu bilden die auskomponierten Antiphonen einen formal festen Rahmen um die auf variable Modellmelodien gesungenen Psalmverse. Diese Art des Singens, die Psalmodie, wurde für die lateinischen Psalmtexte entwickelt. Der Text wird im Sprechgesang vorgetragen, die Gliederung in Verse und Halbverse geschieht mittels «Kadenzen», kleinen Melodieformeln, deren unterschiedliche Gestaltung und das in ihnen ausgedrückte unterschiedliche Verhältnis von Rezitations- zu Schlusston die verschiedenen «Psalmtöne» konstituieren. Die Anwendung dieses Prinzips auf andere Sprachen als das Latein ist nicht unumstritten, da Satzbau und Akzentprinzipien etwa des Deutschen von demjenigen des Lateins stark abweichen. Deutsche Psalmodie wird dennoch verwendet, so im deutschen und im schweizerischen katholischen und auch im deutschen evangelischen Gesangbuch.

Antiphonen

Psalmodie

Die altkirchliche und mittelalterliche Tradition hat die liturgisch verwendeten Psalmen außer um die Antiphon auch um die «Doxologie» erweitert, das Lob des dreieinigen Gottes. Der lateinische Wortlaut mag manchen aus kirchenmusikalischen Werken vertraut sein: «Gloria patri et filio et spiritui sancto, sicut erat in principio et nunc et semper et in saecula saeculorum. Amen.» Die von der «Arbeitsgemeinschaft für liturgische Texte» 1968 vereinbarte Fassung[10] lautet: «Ehre sei dem Vater und dem Sohn und dem Heiligen Geist, wie im Anfang, so auch jetzt und alle Zeit und in Ewigkeit. Amen.» (RG 226). Im Gesangbuch ist dieser Wortlaut als Singstück bei Nr. 227 enthalten, leicht abgewandelt dazu in Nr. 228. Ferner kommt er im Eingang der Tagzeitengebete vor (RG 555, 583, 586, 610).

trinitarische Doxologie

226
227
228, 555, 583, 586, 610

In der Psalmodie wird die Doxologie wie ein zusätzlicher Psalmvers behandelt. Sie soll zum Ausdruck bringen, dass die Bibel als Einheit

---

[10] Zur Entstehung der ökumenischen Fassungen liturgischer Texte vgl. Herbert Goltzen: Ökumenische Gebets- und Bekenntnistexte. In: Jahrbuch für Liturgik und Hymnologie, 16. Bd. 1971, S. 119–133.

und im Licht des Evangeliums zu lesen ist. Die reformierte Tradition hat im Unterschied zur katholischen und lutherischen auf die Doxologie verzichtet, hat sie zum Teil sogar vehement abgelehnt, zunächst im Interesse humanistischer Texttreue, der «veritas hebraica», dann aber auch aus Respekt vor dem Judentum: Seine Gebete sollen wir nicht christlich vereinnahmen, vielmehr bezeugen wir im gemeinsamen Psalmgebet mit den Juden den gemeinsamen Glauben an den einen und gleichen Gott.

Tagzeiten-Gottesdienst   Zurück zur liturgischen Verwendung der Psalmen: Fast noch wichtiger als in der eucharistischen Liturgie sind sie in der Tagzeitenliturgie, die ihre Ausprägung einerseits im öffentlichen Morgen- und Abendgebet («kathedrales Tagzeitengebet»), andererseits im klösterlichen Tageslauf mit seinen regelmäßigen Gebetszeiten («monastisches Tagzeitengebet») gefunden hat. Die mittelalterliche Tradition des klösterlichen Stundengebets sah vor, dass der ganze Psalter jeweils in einer Woche durchgebetet wurde. In der neuen römischen Ordnung nach dem Zweiten Vatikanischen Konzil ist eine quantitative Reduktion vorgenommen worden, die für die Konzentration der Betenden ohne Zweifel ein Gewinn ist. Der Psalter soll nun in den klösterlichen Gemeinschaften einmal in vier Wochen durchgebetet werden.[11]

Ein neueres Beispiel für die verbindliche liturgische Verwendung der Psalmen ist die Zürcher Liturgie von 1969. Ihr zweiter gottesdienstlicher Hauptschritt, die «Anbetung», besteht aus einem nach Psalmworten formulierten «Psalmgebet», einem Loblied und einem kurzen «Bittwort».[12]

Der Genfer Psalter

J. Calvin   Kein anderer Reformator hat eine solch klare Konzeption des Singens formuliert wie Calvin. Innerhalb der von ihm genannten drei gottesdienstlichen Grunddimensionen[13] – Gebet, Verkündigung, *gesungenes Gebet*   Mahlfeier – ordnet er das Singen dem Gebet zu: Es soll ihm emo-

---

[11] Zum Tagzeitengebet vgl. S. 91 ff. – Klemens Richter: Die Reform des Stundengebetes nach dem Zweiten Vatikanischen Konzil. In: Martin Klöckener / Heinrich Remmings (Hg.): Lebendiges Stundengebet. Freiburg i. Br. 1989, S. 48–69.
[12] Vgl. S. 50.
[13] «Or, il y a en somme trois choses, que nostre Seigneur nous a commandé d'observer en noz assemblees spirituelles. Assavoir, la predication de sa parolle: les oraisons publiques et solennelles: et l'administration de ses Sacremens.» La forme des prières et chantz ecclésiastiques, Genf 1542, eingeleitet und übersetzt von Andreas Marti. Calvin-Studienausgabe, Bd. 2: Gestalt und Ordnung der Kirche. Neukirchen 1997, S. 137–225, hier S. 152 f.

tionale Intensität und persönliche Tiefe verleihen: «Und wahrhaftig, wir wissen aus Erfahrung, dass der Gesang große Kraft und Macht hat, die Herzen der Menschen zu bewegen und zu entflammen, so dass sie Gott mit heftigerem und glühenderem Eifer anrufen und loben.»[14]

Und da wir gemäß den Worten des Apostels Paulus (Röm 8,26) gar nicht fähig sind, unsere Gebete selbst zu sprechen, sie uns vielmehr durch den Heiligen Geist schenken lassen müssen, kommen als Gebete, jedenfalls als Gebete in dem gesteigerten Sinn, wie das Singen sie darstellt, nur geistgegebene, also biblische Worte in Frage. Die Psalmen, nach traditioneller Auffassung dem König David vom Heiligen Geist eingegeben, sind damit die Gebete schlechthin. Nur sie (und wenige weitere biblische Texte) sind nach Calvins Meinung würdig, als gesungene Gebete Verwendung zu finden. *biblische Texte*

Dass man Psalmen in Form von nachgedichteten Strophenliedern singen könnte, hat als erster Martin Luther vorgeschlagen. Besonders intensiv haben sich die Straßburger Reformatoren diese Idee zu eigen gemacht; Dichter und Theologen wie Ludwig Oeler, Konrad Hubert oder Johann Englisch haben zusammen mit den Musikern Wolfgang Dachstein und Matthäus Greiter in wenigen Jahren einen kompletten Singpsalter geschaffen. *Psalmen in Liedform Straßburg*

Als Calvin sich 1538–1541 während seiner erzwungenen Abwesenheit von Genf in Straßburg aufhielt, nahm er diese Psalmlieder als Ausgangspunkt für seinen französischen Psalter, den er 1539 in Straßburg in Form der Sammlung «Aulcuns Pseaulmes et cantiques mys en chant» zu veröffentlichen begann: neun von Calvin selbst gedichtete Texte (sechs Psalmen, das Canticum Simeonis, das Zehngebote- und das Credolied) aus Melodien aus dem Straßburger Singpsalter und 13 Texte vom berühmten französischen Dichter Clément Marot (wer diese Texte vertont hat, ist nicht bekannt). *C. Marot*

Nach seiner Rückkehr nach Genf publizierte Calvin 1542 unter dem Titel «La forme des prières et chantz ecclésiastiques» die Gottesdienstordnung,[15] zu der er 35 Psalmlieder und je ein Lied zu den Zehn Geboten und zum Canticum Simeonis stellte: dreißig Texte von Marot und sieben eigene Texte; die Melodien wurden von Guillaume Franc, dem «chantre», das heißt Singlehrer der Schule, überarbeitet oder neu geschaffen. *G. Franc*

---

[14] Ebd. S. 157.
[15] S. o. Anm. 13.

1543 folgte die nächste Ausgabe («Cinquante Psaumes»), nun ausschließlich mit Texten von Marot. 1551 erschienen die «Pseaumes Octantetrois»[16]; nach Marots Wegzug Ende 1543 hatte Théodore de Bèze (1519–1605, Humanist und Dichter, 1548 Griechischlehrer in Lausanne und von 1558 an Leiter der Akademie in Genf) die Umdichtung weiterer Psalmen übernommen. Die neuen Melodien steuerte Loys Bourgeois bei, der von 1545 bis 1551 in Genf als Kantor angestellt war.

Th. de Bèze

L. Bourgeois

Auch die restlichen Texte dichtete de Bèze um, doch scheint man für einige Zeit um einen Melodisten verlegen gewesen zu sein. Erst 1562 konnte der vollständige Psalter erscheinen, nachdem «Maître Pierre», allem Anschein nach Pierre Davantès, die fehlenden Melodien beigesteuert hatte. Die definitive Ausgabe[17] enthält alle 150 Psalmen, dazu das Zehngebotelied und das Canticum Simeonis *Or laisses créateur* («Herr, nun lässest du deinen Diener in Frieden fahren»), das man nach Straßburger Brauch am Schluss der Abendmahlsfeier sang. Zu diesen 152 Texte stehen 125 verschiedene Melodien, eine sehr hohe Zahl, vergleicht man sie mit dem Text-Melodie-Verhältnis anderer Gesangbücher verschiedenster Epochen.

P. Davantès

Trotz den vielen Melodien und trotz den sehr unterschiedlichen Strophenformen zeichnet sich der Genfer Psalter durch eine große formale Geschlossenheit aus. Einmal sind seine Texte sehr eng am hebräischen Urtext formuliert – im Unterschied etwa zu Luthers stark interpretierenden Nachdichtungen. Dann aber sind es vor allem die Melodien, welche den besonderen Charakter des Genfer Psalters prägen. Sie sind an einer Reihe von Merkmalen sofort zu erkennen:

Melodie-Merkmale

- Die Zeilen sind deutlich voneinander abgegrenzt durch lange Anfangs- und Schlussnoten sowie durch Pausen zwischen den Zeilen.
- Es kommen nur zwei Notenwerte vor.

---

[16] Pseaumes Octantetrois de David, mis en rime Françoise par Clément Marot et Théodore de Bèze. Imprimé par Jean Crespin à Genève 1551. Faksimile-Ausgabe New Brunswick (New Jersey) 1973, zusammen mit der Ausgabe 1552 von «La forme des prières et chantz ecclésiastiques».

[17] Les Psaumes en vers français avec leurs mélodies. Faksimile-Ausgabe der Ausgabe von Michel Blanchier, Genf 1562. Droz, Genf 1986. Diese Edition enthält ein ausführliches Vorwort von Pierre Pidoux, welches die Entstehung des Genfer Psalters übersichtlich und detailliert darstellt.

- Die Verteilung langer und kurzer Töne innerhalb der Zeile folgt nicht dem Sprachrhythmus, sondern einer eigenen formalen Logik.
- Es gibt keine durchgehende Takt-Organisation und deshalb auch keine Taktstriche.
- Die Melodien sind fast ausnahmslos rein syllabisch, das heißt, pro Silbe steht nur genau ein Ton. Ligaturen, die Verteilung einer Silbe auf mehrere Töne, kommen nur in wenigen Fällen vor (zum Beispiel in Psalm 6, RG 6).   6
- Viele Genfer Melodien verlaufen relativ «steil», das heißt, sie verwenden innerhalb der einzelnen Zeilen einen ziemlich großen Tonumfang. Dies zeigt sich häufig besonders in den Anfangszeilen, so bei Psalm 5 (*Herr, höre doch auf meine Rede*, RG 5)   5
  oder Psalm 8 (*Wie herrlich gibst du, Herr, dich zu erkennen*, RG 7).   7
- Die Melodien sind modal konzipiert, das heißt, sie verwenden die authentischen und plagalen Kirchentonarten (mit Ausnahme des Lydischen); sie stehen aber bereits im Übergang zum neuzeitlichen tonalen Verständnis von Dur und Moll.

Diese Formmerkmale sind so stark, dass sie die musikalische Einheit des Genfer Psalters trotz den verschiedenen Melodiekomponisten zu gewährleisten vermögen. Natürlich hat dieser Melodietyp auch seine Vorgeschichte, und zwar findet sie sich in den humanistischen Vertonungen antiker Gedichte: Um die antiken Versmetren mit ihrem oft vertrackten Spiel von langen und kurzen Silben zu verdeutlichen, vertonte man lateinische Gedichte auf Melodien im vierstimmigen Note-gegen-Note-Satz, bei denen man entsprechend diesen Metren lange und kurze Noten verwendete. Diese Kompositionen nannte man «mesuré à l'antique». Wollte man nun moderne französische Gedichte in ähnlicher Art vertonen, verlor die strikte Ordnung von langen und kurzen Silben ihre Bedeutung, da für die französische Metrik weniger die durchlaufende Ordnung als vielmehr die Silbenzahl und der Zeilenschlussakzent zählten. So übernahm man zwar die Elemente der «mesuré à l'antique»-Lieder, war aber in der Verteilung von Längen und Kürzen frei. So entstanden Melodien, die man «non mesuré à l'antique» nannte.[18]

Humanisten-Oden

Einige Zeit hat man angenommen, das melodische Material der Psalmen stamme zu einem erheblichen Teil aus französischen

Melodievorlagen

---

[18] Édith Weber: Le style «Nota contra Notam» et ses incidences sur le Choral Luthérien et sur le Psautier Huguenot. In: Jahrbuch für Liturgik und Hymnologie, 32. Bd. 1989, S. 73–93.

Volksliedern und Chansons.[19] Das hat sich nur für Psalm 138 bestätigt (*Mein ganzes Herz erhebet dich*, RG 92), hinter dem offenbar die Chanson-Melodien *Quand vous voudrez faire une amye* und *Une pastourelle gentille* stehen.[20] Einige Melodien verarbeiten gregorianische Vorbilder (von ihnen ist allerdings keine in unserem Gesangbuch enthalten); die meisten sind aber frei geschaffen. Und auch bei den nach Vorlagen gestalteten Melodien sind die Gattungsmerkmale des Genfer Psalters so stark, dass sie die Herkunft aus anderer Quelle gewissermaßen überblenden und im Grunde unwichtig erscheinen lassen.

planvolle Einführung

Gegenüber Luthers direkter Anknüpfung an volkstümlichere Formen oder an Stücke, die durch den liturgischen Gebrauch schon bekannt waren, erscheint die Einführung des Psalmengesangs in Genf als ein planvoll konzipiertes und durchgeführtes Unternehmen mit hohem ästhetischem Anspruch sowohl auf literarischer wie auf musikalischer Ebene. Kein Gemeindegesang fällt vom Himmel wie ein Naturereignis; er muss geplant, geführt, gefördert und gestützt werden. Ganz besonders gilt das natürlich dann, wenn man an die Gemeinde solche Ansprüche stellt wie in Genf. Da werden Leute nicht einfach «abgeholt», wo sie gerade stehen (und dann faktisch auch meist stehen gelassen werden ...), da brauchen sie nicht ihre musikalische Sprache (so sie denn eine haben) im Gottesdienst wieder zu finden, sondern in der Teilnahme am Gottesdienst erhalten sie eine neue und differenzierte musikalische Ausdrucksmöglichkeit, die über ihre Alltagsmöglichkeiten weit hinausgeht.

Das heißt nun nicht, dass zwischen Gottesdienst und Alltag eine Barriere gestanden hätte. Calvin hat zwar verlangt, dass ein Unterschied sein müsse zwischen dem Gesang in den Häusern und dem Gesang «im Angesicht Gottes und seiner Engel».[21] Selbstverständlich war aber nichts dagegen einzuwenden, wenn die gottesdienstlich legitimierte Musik aus dem Kirchenraum hinaustrat und die Musikpraxis in Schule und Haus prägte. Die Verbindung mit der

---

19 Orentin Douen: Clément Marot et le Psautier Huguenot. Paris 1878/79, Bd. 1, S. 679–735.
20 Pierre Pidoux: Vom Ursprung der Genfer Psalmweisen. In: MGD 38. Jg. 1984, S. 45–63, bes. S. 62. – Le psautier français. Les 150 psaumes versifiés en français contemporain. Mélodies originales du XVIe siècle harmonisées à quatre voix. Fédération musique et chant de la réforme, Réveil Publications, Lyon 1995, S. 411.
21 La forme des prières et chantz ecclésiastiques. Calvin-Studienausgabe, Bd. 2 (Anm. 13), S. 156/157.

Schule war ohnehin gegeben, weil die Schüler im Gemeindegesang eine Vorreiterrolle zu spielen hatten, wie schon die Genfer Pfarrer bei ihren ersten Überlegungen festhielten: «La maniere de y proceder nous a semblé advis bonne, si aulcungs enfans auxquelz on ayt au paravant recordé ung chant modeste et ecclesiastique chantent à aulte voix et distincte, le peuple escoutant en toute attention et suyvant de cueur ce que est chanté de bouche, jusque à ce que petit à petit ung chascun se accoustumera à chanter communement.» («Dabei scheint uns das folgende Vorgehen richtig zu sein: Einige Kinder, denen man vorher ein bescheidenes kirchliches Lied beigebracht hat, singen es laut und deutlich, das Volk hört aufmerksam zu und folgt mit dem Herzen dem, was mit dem Mund gesungen wird, bis nach und nach jeder sich an das gemeinsame Singen gewöhnt haben wird.»)[22]

Dazu kamen nun auch Kompositionen über Psalmen, die für die private Musikpflege bestimmt waren: mehrstimmige Sätze vom einfachen Note-gegen-Note-Typ bis zu kunstvollen Motetten, aber auch Umarbeitungen für Laute beziehungsweise für Sologesang mit Lautenbegleitung. Schon der zweite Melodist des Genfer Psalters, Loys Bourgeois, schuf solche Motetten; am folgenreichsten waren die vierstimmigen Note-gegen-Note-Sätze von Claude Goudimel, deren Harmonisierungen bis heute hinter den meisten vierstimmigen Sätzen zu Genfer Psalmmelodien stehen (bei Goudimel lag allerdings die Melodie fast immer im Tenor und nicht wie heute üblich im Sopran). Den Höhepunkt in dieser Kompositionsgattung schuf der Niederländer Jan Pieterszon Sweelinck (1563–1621), dessen Psalmmotetten im Engadin im 17. Jahrhundert sogar von der Gemeinde im Gottesdienst gesungen wurden.

mehrstimmige Kompositionen

C. Goudimel

J.P. Sweelinck

In der ganzen reformierten Welt verbreitete sich der Genfer Psalter. Wegen des eher losen Verhältnisses zwischen Text und Melodie war es auch relativ leicht möglich, die Texte in andere Sprachen zu übersetzen oder direkt aus dem Hebräischen Psalmlieder auf die französischen Melodien zu dichten. Im deutschen Sprachgebiet war es die Übersetzung von Ambrosius Lobwasser (1573), die dem Genfer Psalter rasch eine große Bekanntheit verschaffte. Sie wurde im 18. Jahrhundert teilweise ersetzt, so in Basel 1741 durch jene von Johann Jakob Spreng, in Bern 1775 durch jene von Johannes Stapfer, von der sich auch heute noch Formulierungen in einigen Psalmliedern finden.

Übertragungen

A. Lobwasser

J.J. Spreng
J. Stapfer

---

[22] Zit. nach Pierre Pidoux: Le Psautier Huguenot, Bd. II, Basel 1962, S. 1 (Übersetzung: AM).

M. Jorissen	In den reformierten Gebieten Deutschlands wurde von 1798 an die Übersetzung von Matthias Jorissen eingeführt; sie steht auch wieder im Psalmteil der Ausgabe des neuen Evangelischen Gesangbuchs für die reformierten Kirchen und wird damit an Geltungsdauer die Lobwasser-Übersetzung noch übertreffen, welche etwa 200 Jahre in Gebrauch war.
vollständiger Psalter	Den kompletten Psalter mit den Genfer Melodien enthalten heute zum Beispiel das erwähnte Gesangbuch für die reformierten Kirchen in Nordwestdeutschland, das niederländische «Liedboek voor de kerken» und das tschechische Gesangbuch der Evangelischen Kirche der Böhmischen Brüder. Eine Anzahl Genfer Melodien gehört zum festen Bestand angelsächsischer Gesangbücher, und auch in vielen anderen Sprachen werden noch immer Genfer Melodien gebraucht. 1995 ist der französische Psalter in einer neuen Textfassung «en français contemporain» von Roger Chapal zu den Genfer Melodien und den Sätzen nach Goudimel publiziert worden.[23]
Auswahl im RG 6, 19, 48 429, 68, 37 696 101, 102, 104	In unserem neuen Gesangbuch stehen 33 Genfer Melodien mit insgesamt 54 Texten – gegenüber dem jetzigen Gesangbuch mit seinen gesamthaft 27 Genfer Melodien zu 46 Texten eine nicht unerhebliche Steigerung. Neu dazugekommen sind zehn Melodien, nämlich jene von Psalm 6 (RG 6), 24 (RG 19), 90 (RG 48), 110 (RG 429, *Nicht Betlehem allein ist auserkoren*), 113 (RG 68), 128 (RG 37, Text: Psalm 61), 130 (RG 696, *Gott wohnt in einem Lichte*), 149 (RG 101) und 150 (RG 102), dazu das Simeonslied (RG 104). Weggefallen sind andererseits die Melodien von Psalm 32, 51, 85 und 93.
19	Die Texte unserer Psalmlieder sind häufig nicht aus einem Guss. Durch Generationen von Psalmenbüchern und Gesangbüchern hindurch sind sie immer wieder überarbeitet worden. Einige Psalmen sind aber auf die Genfer Melodien ganz neu gefasst worden, so etwa Psalm 24, *Dem Herrn gehört unsre Erde* (RG 19), und andere durch den Basler Pfarrer Hans Bernoulli.

Andere Traditionen und Typen

Anders als die bereits erwähnten Gesangbücher der reformierten Kirche in Deutschland oder in den Niederlanden enthält unser Gesangbuch nicht den kompletten Genfer Psalter, und es hat auch die

---

[23] Le psautier français. Vgl. Anm. 20.

Einheitlichkeit der Genfer Tradition (wie schon das Gesangbuch von 1952) nicht wiederhergestellt. Die Auswahl richtete sich einerseits nach der Wichtigkeit und Bekanntheit der jeweiligen Psalmen, andererseits danach, ob überhaupt geeignete und überzeugende Übertragungen vorlagen. Damit stehen nun Psalmlieder verschiedener Art und Herkunft nebeneinander. In einem kurzen Durchgang wollen wir uns nach den Genfer Psalmen auch noch den übrigen Typen zuwenden.

Martin Luther, der Erfinder des Psalms in Strophenliedform, ist noch mit drei seiner Psalmlieder vertreten, nämlich mit dem berühmten Psalm 130, *Aus tiefer Not schrei ich zu dir* (RG 83 und 84), Psalm 12, *Ach Gott, vom Himmel sieh darein* (RG 9), und mit Psalm 67, *Es wolle Gott uns gnädig sein* (RG 43). An Letzterem zeigt sich besonders deutlich, wie Luther die Psalmen als christliche Texte neu gelesen hat: *und Jesus Christus, Heil und Stärk, bekannt den Heiden werden* steht natürlich so nicht im hebräischen Psalm. *M. Luther* *83, 84* *9* *43*

Man hat deshalb auch vorgeschlagen, diese Art der Umdichtung als «Psalmlied», die texttreue Formulierung der Genfer dagegen als «Liedpsalm» zu bezeichnen. Noch weiter vom Psalmtext entfernt sich Luther in *Ein feste Burg ist unser Gott* (RG 32 nach Psalm 46). Hier könnte man von einem «Lied nach einem Psalm» sprechen, das nur einzelne Bilder und Gedanken aus dem Psalm aufnimmt, sie aber anders kombiniert und teilweise sogar entgegen der Absicht des Psalms interpretiert. *«Liedpsalm» und «Psalmlied»* *32*

Wie schon erwähnt, ist Straßburg der Ort gewesen, an dem Luthers Anregung zuerst auf fruchtbaren Boden gefallen ist. Aus dem Straßburger Psalter sind uns einige Melodien erhalten geblieben: Psalm 130, *Aus tiefer Not schrei ich zu dir* (RG 84; diese Dur-Melodie liest den Psalm von seinem zuversichtlichen Schluss her und ersetzte wohl deshalb in Straßburg Luthers düstere phrygische Melodie) und vor allem die berühmte Melodie, die ursprünglich bei Psalm 119 stand (*Es sind doch selig alle die*) und jetzt in der durch die Genfer leicht vereinfachten Fassung bei Psalm 36 und Psalm 68 steht (*O Höchster, deine Gütigkeit*, RG 27, und *Erhebt sich Gott in seiner Macht*, RG 44). Sie wird auch verwendet zum Passionslied *O Mensch, bewein dein Sünde groß* (RG 438) und zum Pfingstlied *Jauchz, Erd und Himmel, juble hell* (RG 503), das dem Text nach aus Konstanz stammt und während Jahrhunderten seinen festen Platz in Schweizer Gesangbüchern hatte. Ebenfalls aus Straßburg stammt die Melodie bei RG 21, *Gott ist's, der Licht und Heil mir schafft*, RG 679, *Herr Gott, du bist uns Trost und Trutz*, und RG 649, *Dein, dein soll sein das Herze mein*. *Straßburg* *84* *27, 44* *438* *503* *21* *679* *649*

	Aus der nicht geringen Anzahl weiterer Psalmbereimungen des 16. Jahrhunderts innerhalb und außerhalb Deutschlands hat in unserem Gesangbuch noch jene von Caspar Ulenberg Spuren hinterlassen. Sie ist 1582 in Köln als eine Art katholische Parallel-, wenn nicht gar Gegenunternehmung zum Genfer Psalter erschienen (RG 96, *Dir, Gott, ist nichts verborgen* nach Psalm 139, und die Melodie von RG 305, *Heilig ist Gott in Herrlichkeit*).
C. Ulenberg	
96	
305	
C. Becker	Ein besonderes Kapitel in der Geschichte des Psalmliedes ist der Psalter von Cornelius Becker. Dieser lutherische Theologe stieß sich am Erfolg, den der Genfer Psalter in der deutschen Übertragung des Ambrosius Lobwasser feiern konnte. Er setzte ihm einen eigenen Reimpsalter entgegen und dichtete seine Texte auf Melodien der lutherischen Kirchenlied-Tradition; 1602 erschien sein
H. Schütz	Werk. Kein Geringerer als Heinrich Schütz stieß sich zwanzig Jahre später nun wiederum daran, dass diese Texte keine eigene musikalische Gestaltung erhalten hatten, sondern in «geborgter Kleidung in Christlichen Versammlungen» daherkamen. In zwei Etappen, nämlich 1628 und 1661, gab er die Becker'schen Texte mit eigenen Melodien im vierstimmigen Satz zum Druck – die Komposition der ersten Auflage hat er offensichtlich als trostreiches geistliches Exercitium nach dem frühen Tod seiner Ehefrau verstanden. Aus diesem so genannten «Becker'schen Psalter» enthält
53	unser Gesangbuch die folgenden Melodien: RG 53, *Singet dem Herrn*
54	*ein neues Lied* (Psalm 98), RG 54, *Gott ist ein König aller Welt* (Psalm 97),
76, 278	RG 76, *Wohl denen, die da wandeln* (Psalm 119), und RG 278, *Ich weiß, woran ich glaube* (Melodie ursprünglich zu Psalm 138, *Aus meines Herzens Grunde*).
P. Gerhardt	Im Zeitalter des *Barock* sind weitere Psalmbereimungen entstanden, so hat beispielsweise auch Paul Gerhardt eine ganze Anzahl Psalmlieder gedichtet. Von ihm stammt das Lied zu Psalm 146, *Du meine*
98, 57	*Seele, singe* (RG 98). Weitere Barockdichtungen sind RG 57 nach
99	Psalm 100 oder RG 99 nach Psalm 146 aus pietistischer Zeit.
C.F. Gellert	Aus dem 18. Jahrhundert ist vor allem Christian Fürchtegott Gellert zu erwähnen. Von ihm stammt das Lied *Die Himmel rühmen des*
12	*Ewigen Ehre* nach Psalm 19 (RG 12). In vielen seiner Lieder hat Gellert auch sonst Psalmen oder Teile aus Psalmen verwendet. Klassisches Beispiel ist die ausführliche Zitierung von Psalm 139 in
730	*Gott ist mein Lied* (RG 730, Strophen 6–9).
19. Jahrhundert	Die hier und dort in Sentimentalisierung umgeschlagene vermehrte Orientierung am Gefühl im 19. Jahrhundert hat unserem
18	Gesangbuch den Ohrwurm *Der Herr, mein Hirte, führet mich* (RG 18)

beschert. Leider ist die im Gesangbuchentwurf bei Nr. 15 dazu vorgesehene modernere Textfassung *Der Herr ist mein getreuer Hirt* (wie bei RG 15) durch den schwülstigen alten, aber angeblich «vertrauten» Text ersetzt worden, was das Lied für manche Menschen endgültig unerträglich machen wird. Denn schon die Melodie für sich genommen nimmt dem biblischen Psalm seine großartig dichte Spannung und lässt ihm nur noch ein wohlig-warmes Zuversichtsgefühl, eine Art religöse Sofakissenstimmung – offenbar in manchen Kreisen geradezu ein Erfolgsrezept für Kirchenlieder.

15

Im 20. Jahrhundert sind Psalmlieder teilweise nach alten Mustern gedichtet worden, manchmal lediglich als Neutextierung alter Melodien, manchmal mit neuen Melodien, aber in vertrauten Formen. An Beispielen wären die Texte zu den Psalmen 62 und 92 von Georg Schmid zu nennen (RG 39, *Geborgen, geliebt und gesegnet*, und RG 50, *Am Morgen will ich singen*), der eine mit einer neuen Melodie von Franz Krautwurst, der andere auf eine Melodie von Bartholomäus Gesius (1605), die schon im alten Gesangbuch stand, mit dem ihr beigegebenen Text *Lass mich dein sein und bleiben* aber nur selten gesungen wurde. Schmids Texte machen sich frei von der bloßen Nachdichtung und beten die Psalmen in heutiger Gedankenwelt nach.

20. Jahrhundert

39

50

Daneben gibt es auch Versuche, von der festen Strophenform wegzukommen, und zwar vor allem die «Kehrversgesänge» von Gerhard Valentin und Rolf Schweizer: Psalm 36 (RG 28), Psalm 92 (RG 51), ferner auch Psalm 104 (RG 64) von denselben Autoren.

neue Formen

28

51, 64

Tradition und Aktualität – mit Worten Anderer beten

Mag auch die vermehrte Aufnahme von Psalmen angesichts der dadurch verstärkten biblischen Verankerung des Gesangbuchs und angesichts der gewichtigen reformierten Tradition nahe liegend scheinen, ist ihr doch auch Widerstand erwachsen. Zu groß sei der Abstand zwischen vielen Psalmtexten und heutigem Empfinden, Gott erscheine einseitig als mächtiger und sogar furchtbarer Herrscher, und das häufige Klagen, ja die Verwünschungen über Feinde könnten nicht christlicher Auffassung entsprechen.

Distanz zu den Psalmen

Solche Kritik hat manches für sich. Könnte es nicht sein, dass der Wunsch nach der Vernichtung der Feinde die Vorstellung zementiert, Konflikte könnten gewaltsam, durch «Entfernung» des Gegners gelöst werden (auch wenn die strafende Gewalt in den Psalmen ja immer von Gott ausgeht)? Könnte es nicht sein, dass Gott tatsächlich vor allem unter dem Aspekt von Autorität und Herr-

Gottesbild – Menschenbild

schaft, zu wenig unter dem von Nähe und Liebe gesehen wird? Und wenn die Gottesvorstellung etwas zu tun hat mit der Vorstellung, wie Menschen miteinander umgehen, dann gehören die Psalmen in ihrer Mehrheit in eine autoritäre, hierarchische, strafende Gesellschaft, die wir im Namen der Humanität, aber auch im Namen weiter Teile des Neuen (und auch des Alten[24]) Testamentes überwinden möchten.

«Feindklage» Und doch: Das wäre zu kurz gezielt. Zwar ist es durchaus legitim, dass wir unsere Wertvorstellungen in eigener Verantwortung bilden und nicht in fundamentalistischer Weise «eins zu eins» aus der Bibel übernehmen. Aber wir müssen mit unseren Vätern und Müttern im kritischen Gespräch bleiben, müssen unsere Vorstellungen immer wieder in Frage stellen lassen. So könnte beispielsweise die Elimination aller «Feindklagen» zu einer geschönten, harmonistischen Wahrnehmung der Welt führen. Es gibt doch diese schlimme Realität, und sie soll im Gebet vor Gott ihren Ausdruck, ja auch einmal ihren krassen Ausdruck finden. Dass sie heute anders konkretisiert wird als vor 2500 Jahren, ist selbstverständlich; der gottesdienstliche Kontext, in dem ein Psalm verwendet wird, ist an dieser Stelle gefordert.

Oder es könnte der Verzicht auf alle Vorstellungen von einem mächtigen Gott, der auch einmal rächend und strafend eingreift, zu einem Schönwettergott führen, der gerade noch für das psychische Gleichgewicht von bewusst und ganzheitlich leben wollenden «neuen Männern» und «neuen Frauen» in gesicherten wirtschaftlichen Verhältnissen – ergänzend zu Makrobiotik, Zen-Meditation (in europatauglicher Version) und Gesprächsgruppen Gleichgesinnter – zuständig ist, zu einem apolitischen Softie-Gott, der die Welt den irdischen Mächten überlässt, weil er ja nicht mehr mächtig sein darf, Mächten übrigens, die die unmodern gewordene «Machtausübung» ja auch zunehmend hinter «flachen Hierarchien», «Leitbildern», «Corporate Identity» und «Marktmechanismen» tarnen: die ideale religiöse Hintergrundmusik für den totalitären neoliberalen Kapitalismus an der Wende vom 20. zum 21. Jahrhundert.

---

[24] Ich weiß, dass «political correctness» die Bezeichnung «erstes Testament» oder «hebräische Bibel» (was angesichts der aramäischen Teile und der nur griechisch überlieferten «apokryphen» Bücher und Kapitel ohnehin falsch ist) verlangt, verwende aber weiterhin die gewohnte Bezeichnung «Altes Testament», da ich mich weigere, im Adjektiv «alt» etwas Abwertendes zu hören.

Unser Beten und Singen bewegt sich immer in einem Spannungsfeld zwischen eigenen und fremden Worten. Auch die so genannt «spontanen» Gebete bestehen ja meist aus vorgeprägten und hochgradig standardisierten Formeln, die mit der eigenen Sprache des Betenden herzlich wenig zu tun haben. Erst recht gilt diese Spannung beim Singen: Auch ein neues Lied kommt immer schon aus der Vergangenheit, wenn auch vielleicht aus einer jüngsten Vergangenheit von bloß einigen Jahren – manchmal «riecht» man einem Text von 1960 seine Zeitgebundenheit fast noch mehr an als einem wirklich alten Text.

eigene und fremde Worte

Wichtiger noch als der zeitliche Abstand ist aber, dass immer ein anderer Mensch die Worte geprägt hat, die ich im Singen zu meinem Gebet mache. Ich brauche sie gleichsam als Gefäß oder Vehikel für mein Gebet; ich höre sie neu, spreche sie neu, fülle sie neu. Das verändert mit Sicherheit ihren Sinn gegenüber dem, was der Autor gemeint hatte. Diese Veränderung ist sowohl unausweichlich als auch legitim. Teile des Gefäßes, des Vehikels werden vielleicht leer bleiben, weil ich sie aus meiner Situation nicht «verstehen», nicht neu füllen kann. Ich eigne mir die Worte des andern Menschen nur teilweise an, vollziehe nur eine partielle Identifikation mit dem Text. Auch das ist legitim. Der leere Teil des Gefäßes, des Vehikels bleibt dann in Reserve und wird vielleicht später in einer anderen Situation brauchbar.

Sprache als Gefäß

Wenn ich einen Text singe, wird der Aneignungsvorgang gegenüber dem Lesen oder Sprechen nochmals etwas komplizierter. Denn auch die Musik ist zunächst ein leeres Gefäß, ein Zeichen, das wohl eine präzise Struktur, eine differenzierte innere Logik besitzt, das aber an sich noch keine Bedeutung außerhalb seiner selbst enthält. Diese Differenz zwischen Struktur und Bedeutung – kommunikationstheoretisch gesprochen: zwischen hoher syntaktischer und geringer semantischer Definiertheit – macht die grundlegende Eigenheit von Musikwahrnehmung und Musikgebrauch aus. Musik ist eine Sprache, die ihre Bedeutung erst durch den Gebrauch erhält (das gilt an sich auch für die Wort-Sprache, aber natürlich längst nicht so radikal). Daran ändert wenig, dass wir bestimmten musikalischen Gestaltungen bestimmte emotionale Charaktere zuschreiben. Zum einen ist diese Zuschreibung hochgradig durch die jeweilige kulturelle Situation bedingt. Man denke etwa an jene gregorianischen Stücke, die freudige Texte im 3. und 4. (dem «phrygischen») Ton erklingen lassen, oder an dorische Osterlieder wie *Christ ist erstanden* (RG 462), das heutigen Ohren moll-ähnlich und

Struktur und Bedeutung

462

darum so genannt «traurig» klingt, oder an manche Genfer Melodie, für die Ähnliches gilt: etwa Psalm 8, *Wie herrlich gibst du, Herr, dich zu erkennen* (RG 7) oder Psalm 33, *Nun freuet euch in Gott, ihr Frommen* (RG 25).

7
25

Zum andern gibt eine solche affektmäßige Festlegung einer Melodie ohnehin nur eine erste und noch sehr grobe Zuordnung, die einer viel weiter reichenden Differenzierung bedarf. Wenn sie eindeutig sein will, gleitet sie leicht in die Bereiche von Banalität und Kitsch ab, weil sie darauf verzichtet, eine eigenständige musikalische Aussage zu machen, und nur noch auf die erwartete Zuhörerreaktion ausgerichtet ist.

Offenheit und Bestimmtheit

Zurück zur «semantisch-syntaktischen Differenz»: Wenn aus einem Text Bedeutung in das leere (aber vorgeformte) Gefäß der Musik fließt, wachsen Musik und Sprache zu einem neuen Bedeutungsträger zusammen, der im Idealfall die Offenheit der Musik mit der Bestimmtheit des Textes verbindet. Es entsteht eine scheinbar paradoxe Situation, die aber recht genau dem entspricht, was wir mit der «Mehrdimensionalität» oder der «Tiefe» der Musik meinen. Der Vorgang wird begünstigt, wenn schon der Text selbst durch seine poetische Struktur Bestimmtheit mit Offenheit verbindet und wenn gewisse affektive Prägungen der Musik bereits die Richtung weisen. Nicht zu vergessen im Vorgang der Bedeutungsaufladung von Musik sind schließlich der Kontext des Gebrauches und die individuellen Voraussetzungen der Singenden und Hörenden.

Bedeutungsreserve

«Mehrdimensionalität» und «Tiefe» bedeuten zugleich, dass in einem jeweiligen Rezeptionsvorgang längst nicht alle Möglichkeiten eines Stücks ausgeschöpft werden. Ein gutes Lied zeichnet sich dadurch aus, dass es über einen «Bedeutungsüberschuss» – ich möchte allerdings lieber sagen: eine Bedeutungsreserve oder einen «Bedeutungsaufnahmeüberschuss» – verfügt und damit in vielen Situationen immer wieder aktuell, immer das «neue Lied» sein kann.

«Fragmentarisierung»

Schließlich ist noch auf einen Vorgang hinzuweisen, der offensichtlich für gesungene Sprache kennzeichnend ist, der aber lange Zeit zu wenig beachtet worden ist: die «Fragmentarisierung»:[25] Die Einbettung der Sprache in die musikalische Struktur schwächt den Zusammenhalt der sprachlichen Struktur, mindestens in ihren

---

25 Hermann Ühlein: Kirchenlied und Textgeschichte. Würzburg 1995, S. 278 f.; s. u. S. 137.

größeren Einheiten. Das einzelne Wort, der einzelne Begriff, das einzelne Bild wird selbstständiger, erhält mehr Eigengewicht – nur schon dadurch, dass beim Singen der Text meist langsamer verläuft als beim Sprechen. Dies erschwert das Nachvollziehen logischer Beziehungen über größere Abstände hinweg, setzt aber dafür die assoziativen Möglichkeiten eines Textes frei und macht ihn dadurch farbiger, reicher in der Wahrnehmung. Das entschärft das Problem der Uneinheitlichkeit mancher Psalmtexte. Ihr Bilderreichtum eröffnet ein weites Feld für Wahrnehmung und Nachvollzug, und bei einer Liedfassung wird es vor allem darauf ankommen, diese Möglichkeiten zu nutzen und nicht durch zwar korrekte, aber blasse oder gar abstrakte Formulierungen zu vergeben.

Gattungen und Formen

Betreiben wir zwischendurch etwas Statistik. Der Psalmenteil umfasst 149 Nummern. Davon sind
78 Lieder,
5 freie Formen und Kehrversgesänge,
16 Kanons über einzelne Psalmverse,
6 Singsprüche und Kehrverse,
44 Lesepsalmen.

Gegenüber dem bisherigen Gesangbuch, welches gesamthaft fast nur und im Psalmteil ausschließlich Lieder – also Texte in Strophenform mit festem Metrum – enthielt, ist das Spektrum jetzt erheblich weiter geworden. Die neuen Formen wollen auch anders gebraucht sein: man kann da nicht einfach einmal im Gottesdienst eine Nummer ansagen und loslegen. *Lieder und andere Formen*

Die freien Formen und Kehrversgesänge sind sinnvoll nur im Wechsel zwischen einem Vorsänger, einer Vorsängerin, einer Vorsängergruppe oder einem Chor einerseits und der Gemeinde andererseits einzusetzen. Wenn in einem Gottesdienst diese Rollenaufteilung nicht möglich ist, muss man auf solche Stücke wohl oder übel verzichten. Wenn man sie aber einsetzen kann, zeigt sich in ihnen besonders schön die dialogische Struktur des Gottesdienstes. Das Gebet – das Lob und die Klage – rufen wir uns zunächst einmal gegenseitig zu, legen einander die Worte, die wir selbst nur so schwer finden, in den Mund. So manifestiert sich wieder das «Beten mit den Worten Anderer», ein Vorgang, der in traditioneller theologischer Sprache als Werk des Heiligen Geistes bezeichnet wird. *Singen im Wechsel*

Die Gemeinde ist nicht einfach eine «ungeformte Hörermasse», sondern setzt sich aus Einzelnen und Gruppen mit unterschiedlichen Gaben und Aufgaben zusammen und lässt dies im Gottesdienstverlauf auch sichtbar und hörbar werden.

Kanons   Kanons sind durch die Singbewegung seit Anfang unseres Jahrhunderts zur verbreiteten Singform geworden. In der Kirche haben sie ihren Platz zunächst in Gruppen und verschiedensten Veranstaltungen gefunden; in den Gottesdienst und damit ins Gesangbuch sind sie allerdings erst in den letzten Jahren gekommen. Das katholische Einheitsgesangbuch «Gotteslob», 1975 eingeführt, hat mit vier Kanons erst einen sehr zaghaften Anfang gemacht.

Singleitung   In der Regel wird man für die Kanons einen Singleiter oder eine Singleiterin brauchen. Jemand muss – am besten nur mit deutlichen Gesten – die Gruppen bezeichnen, die Einsatzfolge angeben und den Schluss zeigen. Wenn die einzelnen Kanonteile rhythmisch unterschiedlich beginnen (zum Beispiel in *Vom Aufgang der Sonne*, RG 69) oder nicht durch klare Zäsuren voneinander getrennt sind (zum Beispiel in *Der Herr behüte unsern Ausgang und Eingang*, RG 79), müssen vom Singleiter her zusätzliche Hilfen kommen, damit der Gesang nicht im fröhlichen Chaos endet. Die Singleitung kann da und dort wohl der Pfarrer oder die Pfarrerin übernehmen, oder der Organist, die Organistin steigt von der Orgelbank und stellt sich vor die Gemeinde. Dass dann die Begleitung wegfällt, ist bei bekannteren Kanons nicht schlimm, oft sogar besser. Im Orgelbuch zum neuen Gesangbuch sind übrigens sehr einfache Kanonbegleitungen enthalten, die aber nur den Gesang etwas stützen und keine selbstständige musikalische Gestalt sein wollen.

69
79

Es sollte möglich sein, in den Gemeinden Leute zu gewinnen, die von Zeit zu Zeit die Aufgabe der Singleitung übernehmen. Bereits hat die Zürcher Kirche entsprechende Kurse angeboten; ähnliche werden sicher manchenorts folgen.

Gut überlegt werden muss der liturgische Ort des Kanonsingens. Ein nahe liegender Einsatz ist die Eröffnungs- und Begrüßungsphase des Gottesdienstes. Allfällig nötige Ansagen und Regieanweisungen fügen sich da in andere Elemente der «Kontaktaufnahme» zwanglos ein, und der Kanon selbst mit seinem Wechselspiel von Ein- und Mehrstimmigkeit hilft der Gemeinde, sich selber wahrzunehmen, und motiviert durch die rasche Entfaltung des Klangs zu weiterem Singen.

Eine Sonderform sind Kanons, die Liedmelodien aufnehmen, so *Nun jauchzt dem Herren, alle Welt* (RG 58) und *Nun lob, mein Seel, den Herren* (RG 60). Sie können als Einleitung zum entsprechenden Lied gebraucht werden, aber auch als Rahmenstücke um das gesamte

58
60

Lied oder als Kehrverse zwischen Strophen oder Strophengruppen.

Als Rahmen- und Zwischenstücke zu gebrauchen sind auch die Kehrverse, Rufe und Singsprüche. Die meisten stammen aus der in der katholischen und lutherischen Kirche gebräuchlichen Psalmodie.[26] Aus der neueren katholischen Tradition übernimmt unser Gesangbuch eine Anzahl von Kehrversen oder Antiphonen, die nun natürlich ihres musikalischen Kontexts beraubt sind (zum Beispiel RG 17, 26, 31, 63; Verzeichnis im Gesangbuch S. 1100). Man kann sie aber gut auch zu gelesenen Psalmen einsetzen oder sie als Rahmungs- und Gliederungselemente zu anderen liturgischen Stücken verwenden, etwa zu Textlesungen oder Gebeten. Normalerweise sind sind so auszuführen, dass ein Vorsänger, eine Vorsängerin oder eine kleine Gruppe den Kehrvers vorsingt, worauf er von der ganzen Gemeinde wiederholt wird. Nach der Lesung des Psalms beziehungsweise des Textes, eventuell auch zwischen seinen Abschnitten, wird er (ohne Wiederholung) von der ganzen Gemeinde gesungen.

Kehrverse, Rufe, Singsprüche

17, 26, 31, 63

Die Lesepsalmen

Das gemeinsame Lesen von Psalmen im Gottesdienst wurde in unseren Kirchen bereits durch das «Gemeindeheft» zur Abendmahlsliturgie von 1983 eingeführt und wird seither vielerorts praktiziert. Es war zu überlegen, ob das neue Gesangbuch den nächsten Schritt, nämlich die Einführung der Psalmodie, des Prosagesangs auf Modelltöne, wagen sollte. Darauf hat man aus verschiedenen Gründen verzichtet. Gruppen, die diese Form verwenden wollen, können dies ja leicht mit Hilfe des Katholischen Gesangbuchs tun. Hingegen hat die gemeinsame Psalmlesung durchaus eine Chance, noch vermehrt in Übung zu kommen; deshalb bietet das Gesangbuch ein Corpus von insgesamt 44 (mit den außerhalb des Psalmenteils eingefügten) Lesepsalmen und -cantica an, davon sieben zusätzlich in der vertrauten Luther-Fassung. Die Auswahl wurde durch die Liturgiekommission vorgenommen, und zwar unabhängig von den in singbarer Form bereits enthaltenen Psalmen. Der Umfang des Corpus der Lesepsalmen soll auch bei fortlaufendem Gebrauch, zum Beispiel in einem wöchentlichen Abendgebet, einen Zyklus von ausreichender Länge zur Verfügung stellen. Auf Kürzungen im Text wurde weitgehend verzichtet; die Schwierig-

keine Psalmodie

[26] S. o. S. 19.

keiten mancher sperrigen Stelle sollen auch im Gebrauch fühlbar bleiben.[27]

Lesen im Wechsel

Die Lesepsalmen sind im Druck so wiedergegeben, dass sie als Wechsellesung gestaltet werden können, entsprechend der wechselweisen Ausführung der Psalmodie. Idealerweise sollte zwischen zwei Gemeindehälften abgewechselt werden; der Wechsel Einzelne(r) – alle wird zwar gelegentlich praktiziert, entspricht aber der Struktur der Psalmtexte eigentlich nicht. Der Wechsel zwischen eigenem Sprechen und hörendem Mitbeten erzeugt einen Rhythmus, der einer auch länger dauernden Konzentration förderlich ist, weil er sowohl das «Ausleiern» bei langem Sprechen als auch das Abschweifen bei langem Hören verhindert.

Kehrverse

Empfehlenswert ist die Kombination von gelesenen Psalmen mit gesungenen Rahmenstücken, entsprechend dem Kehrvers, der Antiphon der Psalmodie. Dazu eignen sich die bereits erwähnten Kehrverse und Singsprüche, aber auch Liedstrophen aus Psalmliedern und anderen Liedern. Für Kreativität in der Auswahl öffnet sich hier ein weites Feld.

Der Gottesname

«Tetragramm»

Im hebräischen Text steht als Gottesbezeichnung meist entweder das Wort «Elohim» (= «Gott») oder der Gottesname «Jahwe». Da das Hebräische ursprünglich nur die Konsonanten und einige Hinweise auf Vokale schreibt, erscheint dieser Name im Konsonantentext als JHWH, auch «Tetragramm» genannt, was «Vier Buchstaben» bedeutet. Um den Gottesnamen nicht zu missbrauchen, vermied man es, ihn überhaupt auszusprechen, und las jeweils beim Tetragramm das Wort «Adonaj» (= «Herr»). Später, als man die Vokale in Form von Punkten und Strichen als Lesehilfe unter und über die Konsonanten setzte, schrieb man die Vokalzeichen dieses Wortes zum Tetragramm, was kombiniert das nichtexistierende Kunstwort «Jehova» ergab. Das hebräische «Adonaj» wurde bei der Übersetzung zum griechischen «Kyrios», dann zum lateinischen «Dominus» und zum deutschen «Herr» (und zu den anderen modernsprachlichen Entsprechungen wie «Seigneur», «Lord» usw.). Fast alle «Herr» in den deutschen Übersetzungen des Alten Testamentes entsprechen somit einem JHWH im hebräischen Text.

---

[27] Vgl. dazu die Überlegungen zum «mit Worten Anderer beten» S. 29).

Infolge der hauptsächlich von feministischer Theologie vorgebrachten Kritik an herkömmlichen Gottesbildern erscheint heute die Wiedergabe des Tetragramms durch «Herr» als zu hierarchisch, zu sehr auf ein Oben und Unten gerichtet und zu wenig den Gedanken an Gottes Fürsorge, Liebe und Nähe in sich schließend. Je nach Textsorte und Textzusammenhang wurden im Gesangbuch unterschiedliche Lösungen dieses Problems gesucht:

«Herr»?

In den Lesepsalmen, wo nicht Metrum und Melodiebezug zu berücksichtigen waren, hatte man am meisten Spielraum. Die Liturgiekommission, welche diese Texte ausgewählt und vorbereitet hat, hätte konsequent das Tetragramm durch Pronomina – in Großbuchstaben geschrieben – wiedergeben wollen (DU, ER, DEIN usw.). Damit ist der Hinweis auf den Gottesnamen klar, seine Unaussprechbarkeit jedoch zugleich gut gewahrt: Jedes nominale Ersatzwort, sei es «Herr» oder «Ewiger» oder was auch immer, mutiert im Gebrauch sehr schnell wieder zu einer Art Namen, der zudem bestimmte Aspekte der Gottesvorstellung akzentuiert und andere dafür ausblendet. Das Pronomen bleibt neutraler und bedeutungsoffener; zudem intensiviert es den Aspekt der Beziehung im Gottesbild. Diese Praxis ist vor allem durch die Bibelübersetzung des jüdischen Religionsphilosphen Martin Buber bekannt geworden.

Sprechtexte

Da hierzulande jedem konsequenten Schritt zu etwas Neuem (auch wenn es so neu ja nun gar nicht mehr ist) erbitterter Widerstand erwächst, musste aus «gesangbuchpolitischen» Gründen an wenigen Stellen eine andere Bezeichnung gewählt werden, und selbstverständlich bleibt in den zusätzlich aufgenommenen Psalmen in der Luther-Übersetzung das «Herr» stehen. Konsequent werden aber alle Tetragramm-Stellen mit Großbuchstaben geschrieben, unabhängig davon, welche Wiedergabe gewählt wurde. Ältere Bibelübersetzungen haben dieses Verfahren so ähnlich auch schon angewendet. Wenn also in den Lesepsalmen und auch in anderen alttestamentlichen Texten im Gesangbuch «Herr» steht, ist das die Wiedergabe eines hebräischen «Adonaj», das so bereits im Konsonantentext steht. «HERR» (oder eben «ER», «DU», «EWIGER») u. a.) entspricht dem Tetragramm – im Hebräischen als JHWH geschrieben und als «Adonaj» gesprochen.

Sehr viel schwieriger stellte sich die Lage bei den gesungenen Stücken dar, und zwar einerseits aus formalen, andererseits auch aus inhaltlichen Gründen. Zunächst zum Formalen: In einem «gebundenen» Text mit Metrum und meist auch mit Reimen, der durch die

gesungene Stücke

Vertonung noch dazu an einen bestimmten Rhythmus geknüpft ist und dessen Sprachmelodie mit der gesungenen Melodie korrespondieren soll, kann nicht einfach ein Wort durch ein anderes ersetzt werden. Selbst wenn die beiden Einsilbler «Herr» und «Gott» gleich viel Platz brauchen, bleiben oft Probleme von Reim, Akzent und Melodiebezug. So eignet sich «Gott» wesentlich schlechter für einen langen Auftakt als «Herr» (zum Beispiel bei Psalm 139 in der Liedfassung von Maria Luise Thurmair, RG 96, das aus *Herr, dir ist nichts verborgen* zu *Dir, Gott, ist nichts verborgen* abgeändert wurde).

96

Es gibt aber auch inhaltliche Gründe für die gewohnte Gottesbezeichnung. Verschiedentlich steht «Herr» im Zusammenhang mit Aussagen über Gottes heilbringende Macht, die den Unheilsmächten überlegen ist. Das Wort ist dann semantisch gefüllt und keineswegs eine schematisch gebrauchte inhaltsleere Ersatzvokabel. Ein Beispiel neben vielen anderen ist RG 55 nach Psalm 98, *Singt, singt dem Herren neue Lieder.*

55

«Kyrios»

Besonders wichtig ist der christologische Aspekt. Dass Christus «Kyrios», «Herr» genannt wird, ist das erste und knappste christliche Glaubensbekenntnis. Nun ist dieser Sprachgebrauch zwar vor allem außerhalb der Psalmen zu erwarten, jedoch begegnet der «Kyrios Christos» auch in interpretierenden Psalmliedern, so in Wilhelm Vischers Lied zu Psalm 8, *Wie herrlich gibst du, Herr, dich zu erkennen* (RG 7), das den Psalm mit paulinischen Gedanken aus Röm 8 und Phil 2 weiterführt.

7

Zum Gebrauch des Psalmenteils

thematischer Gebrauch

Während die übrigen Gesangbuchkapitel thematisch oder funktional definiert sind, ist der Psalmenteil lediglich durch die Herkunft seiner Texte bestimmt. Praktisch alle Themen und Funktionen kommen in ihm bereits vor. Bei der Suche nach Gesängen und Texten wird er deshalb zusätzlich zum entsprechenden Gesangbuch-Abschnitt zu berücksichtigen sein. Offensichtlich ist dies natürlich bei Themen und Funktionen wie Lob, Vertrauen oder Klage. Aber auch Tageszeiten kommen vor (*Am Morgen will ich singen* nach Psalm 92, RG 50, *Die Nacht ist da: Ich suche deine Nähe* nach Psalm 4, RG 4), Bezüge zum Kirchenjahr (Psalm 24 zum Advent, Psalm 22 zur Passion, um nur die bekanntesten zu nennen) oder gottesdienstliche Funktionen, besonders die Eröffnung durch Psalmen, die zum gemeinschaftlichen Lob auffordern.

50, 4

Wer solche Bezüge nutzen will, muss sich mit dem Psalmenteil gründlich vertraut machen, damit sich die sinnvollen Assoziationen einstellen – am produktivsten sind ja wohl diejenigen, die nicht so unmittelbar auf der Hand liegen wie die oben erwähnten. Erste Hinweise geben die im Gesangbuch enthaltenen Verweise bei den Rubriken; darüber hinaus ist aber theologische Aufmerksamkeit und Kreativität gefordert.

Außer dem gezielten thematischen und funktionalen Einsatz von Psalmen und Psalmliedern gilt es auch zu erwägen, in welcher Form der Psalmengebrauch des traditionellen Tagzeitengebetes aufgenommen werden könnte, nämlich das fortlaufende Psalmgebet, das den Psalm nicht nach seiner «Brauchbarkeit» im Kontext beurteilt, sondern ihn einfach aufnimmt, weil er an der Reihe ist. Das mag abwegig klingen für Leute, die es als ihre Pflicht sehen, planend und abwägend für jedes Detail eines Gottesdienstes die Verantwortung zu übernehmen. Nun ist diese Totalverantwortung zwar respektabel, aber weder theologisch legitim noch in der Praxis durchzuhalten, und auch in der Liturgiegeschichte steht diese reformierte (und vielleicht auch freikirchliche) Vorstellung ziemlich isoliert da. Es ist nicht nur erlaubt, sondern durchaus auch sinnvoll, neben persönlich Verantwortetem auch solches im Gottesdienst zu haben, für das man die Verantwortung an die Autoren oder (was die Auswahl betrifft) an eine vereinbarte Ordnung delegieren kann.

fortlaufender Gebrauch

Konkret hieße das, dass man zum Beispiel für einige Zeit ausgewählte Psalmen als Monatslieder braucht oder – radikaler – dass man sich von Sonntag zu Sonntag durch die Psalmlieder hindurchsingt. Aus der zufälligen Begegnung von Psalmen mit dem jeweiligen Gottesdienstthema oder Predigttext können überraschende und fruchtbare Konstellationen, vielleicht auch Konfrontationen entstehen, Gedanken, die nicht vorhersehbar oder gar planbar sind.

In diesem Zusammenhang ist an die Psalmtafeln zu erinnern, die den französischen Psalterausgaben beigegeben waren und in denen man die Psalmen meist einfach der Reihe nach auf die Gottesdienste im Lauf eines Jahres verteilte. Ähnlich hielt man es auch in Zürich, wo man den Psalter von vorn bis hinten durchsang und dann wieder vorne anfing, offenbar sogar unabhängig vom Kalender.[28]

---

[28] Heinrich Weber: Der Kirchengesang Zürichs. Zürich 1866, S. 31 ff. – Ders.: Geschichte des Kirchengesanges in der deutschen reformierten Schweiz seit der Reformation. Zürich 1876, S. 112.

Dieses «kursorische» Verfahren bringt auch Psalmen in Gebrauch, vor denen man sonst wohl zurückschrecken würde, schwierigere, ja «widerständige» Texte (und auch Melodien). Psalmen gehen ohnehin nicht glatt ein und stellen sehr oft eine Art Zumutung dar. Das ist legitim: Das Widerständige kann sich immer wieder als das Produktive erweisen, das durch die Konfrontation neue Sichtweisen und neue Wege öffnet.

Gottesdienst in der Gemeinde

Das Gesangbuch versteht sich – nicht ausschließlich, aber in erster Linie – als «Rollenbuch der feiernden Gemeinde». Das zweite Kapitel, das wir hier betrachten wollen, trägt den Titel «Gottesdienst in der Gemeinde» und enthält alle diejenigen Stücke, die direkt auf den Gottesdienst, seinen Ablauf und seine Bestandteile bezogen sind; es stellt das «Rollenbuch» im engeren Sinn dar.

Gottesdienst

Zu fragen ist zunächst, was denn «Gottesdienst» als besondere Veranstaltung überhaupt ist, oder besser, welche theologischen Konzepte von Gottesdienst in Verbindung mit unserem Gesangbuch zum Tragen kommen können. Nun zeichnet sich reformierte Tradition auf diesem Gebiet (verglichen mit der katholischen oder der lutherischen) durch eine gewisse Verlegenheit aus. Dabei befindet sie sich aber in denkbar guter Gesellschaft, jener des Neuen Testamentes selbst: Ein Wort wie «Gottesdienst» in unserem Sinne fehlt dort bekanntlich, und bei Röm 12,1–2 meint der Begriff «latreia», (Gottes-)Verehrung, gerade nicht etwas Kultisches, sondern die Gestaltung des gesamten Lebens als Hingabe an Gott. Was wir als Gottesdienst bezeichnen würden, nennt das Neue Testament schlicht das Zusammenkommen, die Versammlung (Apg 2,42–47). Sowie dieses Zusammenkommen «im Namen Jesu» erfolgt, steht es unter der Verheißung der Gegenwart des Herrn (Mt 18,20). Religionsgeschichtliche Terminologie könnte hier im weitesten Sinn von «Kult» sprechen, nämlich von der Begegnung menschlicher und göttlicher Sphäre.

Versammlung

Um den Gottesdienst zu definieren, können wir also ganz pragmatisch von einfachen Fakten ausgehen:

> Mehr oder weniger große Gruppen von Menschen versammeln sich in regelmäßigen Zeitabständen an bestimmten Orten, um im Gedenken an «den Namen» diesen als wirkungsmächtige Gegenwart zu erfahren.

«Versammlung» ist das Schlüsselwort einmal vom Neuen Testament her (im Französischen heißt ja die gottesdienstliche Gemeinde auch «assemblée»), dann auch unter religionssoziologischem Gesichtspunkt: Religion findet ihren Ausdruck im weitesten Sinn in Symbolen, seien das nun sprachliche Begriffe, Handlungen, Gesten, Rollen, Bilder oder Musik. Damit Symbole überhaupt entste-

Symbole

hen und in Funktion treten, das heißt Bedeutung weitergeben können, brauchen sie eine Gemeinschaft von Menschen, die sie formt, gebraucht, verändert und damit lebendig erhält.

Gegenüber der religionsgeschichtlichen Betrachtungsweise ist jedoch noch eine Abgrenzung vonnöten. Eine neuere theologische Liturgik hat die Begegnung von menschlicher und göttlicher Sphäre im Kult als «Synchronie» (Gleichzeitigkeit) und «Syntopie» (Gleichörtigkeit) bezeichnet.[29] Synchronie und Syntopie verwirklichen sich zur heiligen Zeit am heiligen Ort, also etwa in der kultischen Feier im Tempel. Die biblische Tradition hat im Namen des einen Gottes die Entgötterung der Welt, die Entsakralisierung an die Hand genommen und damit – bildlich gesprochen – die alten Tempel in Trümmer gelegt. Synchronie und Syntopie können darum weiter als Orientierungshilfe dienen, aber nur noch in gebrochener Weise. Wiederum bildlich gesprochen: Wir feiern «in den Trümmern des Tempels».[30] Elemente kirchlicher und eventuell auch außerkirchlicher Tradition liegen – häufig als Bruchstücke – da zu unserer Verfügung. Wir können sie verwenden oder auch liegen lassen, sie verschieben und neu kombinieren, aber immer im Wissen um ihre Gebrochenheit. Diese verwehrt uns den Weg zurück in das feste Gefüge eines «richtigen» Kultes, sie gibt uns aber auch die Freiheit gegenüber diesen Elementen und enthebt uns eines Gehorsams gegenüber den Formen um ihrer selbst willen, entsprechend dem Wort Jesu über den Sabbat: «Der Sabbat ist um des Menschen willen geschaffen und nicht der Mensch um des Sabbats willen» (Mk 2,27).

«Synchronie und Syntopie»

Grunddimensionen

Anstelle einer historischen Darstellung des christlichen Gottesdienstes und seiner Typen beziehen wir uns auf den Ansatz von Johannes Calvin, der als Grunddimensionen der «christlichen Versammlung» das Gebet, die Verkündigung und die Mahlfeier nennt – auch Calvin verzichtet im Übrigen in seiner Gottesdienstordnung «La forme des prières et chantz ecclésiastiques» von 1542 auf Begriffe, die wir mit «Gottesdienst» oder «Liturgie» übersetzen würden, und spricht stattdessen gut neutestamentlich von der

Gebet
Verkündigung
Mahlfeier

---

[29] Manfred Josuttis: Der Weg in das Leben. Eine Einführung in den Gottesdienst auf verhaltenswissenschaftlicher Grundlage. München 1991, S. 71.
[30] Ebd., S. 108.

«Versammlung» oder vom «öffentlichen Gebet».[31] Calvins drei Grunddimensionen lassen sich zwanglos drei wichtigen Typen der gottesdienstlichen Tradition zuordnen: dem Stundengebet, dem Predigtgottesdienst und der Messe, welche je auf eine dieser Dimensionen ihren hauptsächlichen, wenn auch keineswegs ausschließlichen Akzent legen.

Der Gottesdienst in der Form der Messe

Die nähere Betrachtung des Stundengebets versparen wir uns für das vierte Kapitel («Gottesdienst im Tageskreis») und wenden uns den beiden anderen Typen zu, zunächst der Messe. Das mag überraschen, erscheint sie doch leicht als *die* katholische Gottesdienstform, von der wir Reformierten uns vor bald einem halben Jahrtausend verabschiedet haben. Die Frage muss jedoch differenzierter angegangen werden, sowohl was das Verhältnis zwischen Gottesdienstform und Konfession als auch was die Grundstrukturen der Messeform angeht. Historisch gesehen deckt sich die Konfessionsgrenze nicht mit jener der Gottesdienstform. Bekanntlich hat Luther die Messe übernommen und erneuert, während Zwingli sie zugunsten des Predigtgottesdienstes aufgegeben hat; in seine Abendmahlsfeier hat er allerdings durchaus Elemente aus der Messetradition integriert.

In den oberdeutschen Reichsstädten ging man ebenfalls zum Predigtgottesdienst über, blieb aber trotz einigem Hin und Her in verschiedenen Städten theologisch auf Luthers Linie, was sich kirchenpolitisch im Anschluss an das Augsburgische Bekenntnis äußerte. Die Wahl der Gottesdienstform für die erneuerte Kirche hing zu einem guten Teil von den politischen und gesellschaftlichen Strukturen ab und war (gerade auch für Luther) keine Glaubensfrage. So wie es in Süddeutschland lutherische Predigtgottesdienste gab, hätte es hypothetisch wohl auch reformierte Messen geben können. Dass es sie zur Reformationszeit nicht gab, dürfte damit zusammenhängen, dass dieselben städtisch-bürgerlichen Strukturen, welche den Predigtgottesdienst in den Vordergrund gerückt haben, oft auch eine Tendenz zur stärker humanistisch, aber auch genossenschaftlich-demokratisch geprägten reformierten Reformation entwickelt haben.

Messe und Reformation

---

[31] La forme des prières et chantz ecclésiastiques, eingeleitet und übersetzt von Andreas Marti. Calvin-Studienausgabe Bd. 2: Gestalt und Ordnung der Kirche. Neukirchen 1997, S. 153.

reformierte Messe? Und was für die Reformationszeit gilt – keine reformierte Messe – ist nicht unverändert geblieben: Unter anglikanischem Einfluss, vermittelt durch den Neuenburger Theologen Jean-Frédéric Ostervald, haben die Westschweizer Kirchen schon im 18. Jahrhundert viele Elemente der älteren gottesdienstlichen Tradition wieder aufgenommen,[32] und die reformierten Deutschschweizer Kirchen haben sich 1983 eine neue Abendmahlsliturgie gegeben und darin als erstes Formular die klassische Form der Messe abgedruckt. Ebenso verwenden niederländische reformierte Kirchen seit der zweiten Hälfte des 20. Jahrhunderts die Messeform. Eine reformierte Messe ist demnach längst keine bloß hypothetische Möglichkeit mehr.

Was macht nun aber die Messe aus? Sie ist ja nicht eine Form, die einmal in einem genialen Wurf erfunden worden wäre und seither unverändert gilt. Vielmehr ist sie im Lauf der Jahrhunderte gewachsen und hat sich immer wieder verändert – auch wenn man von Zeit zu Zeit versucht hat, ein bestimmtes Stadium als überzeitlich gültig zu deklarieren und der Veränderung zu entziehen. Es lassen sich jedoch zwei grundlegende Strukturmerkmale feststellen: Die Messe ist erstens zu einem großen Teil Gebetsdialog und sie verlangt zweitens das Zusammenspiel von festen und wechselnden Elementen. Den beiden Merkmalen wollen wir uns nacheinander zuwenden.

Gebetsdialog

Die klassischen Messetexte sind mit Ausnahme der Schriftlesungen allesamt Gebete: eröffnende Anrufung, Lobpreis, Bekenntnis, Fürbitte und das eigentliche Mahlgebet, um nur die wichtigsten zu nennen. Bekanntlich sind auch die Worte des Einsetzungsberichts meist in die Gebetsform einbezogen (Luther hat sie als Schriftlesung verselbstständigt). Der Gottesdienst wird im Wesentlichen in Gebetshaltung durchgefeiert; das verlangt von den Beteiligten eine gewisse Vertrautheit, damit dieser große Bogen nicht ständig durch verbale Rollendefinitionen und Regieanweisungen unterbrochen werden muss. Denn es geht um «Beteiligte», die ihre Rolle übernehmen; die Messe erträgt nicht die Aufteilung in Handelnde und Zuschauer. Einem Gebet kann man nicht zuhören wie einem Vortrag oder allenfalls auch einer Predigt. Wir sprechen darum von

---

[32] Jean-Louis Bonjour: Le culte des Eglises réformées de Suisse romande. Sonderdruck aus: Saint-Pierre de Genève au fil des siècles. Genève 1991. Roland Muggli, Home Claire-Soleil, Ecublens, S. 31–35.

einem Gebets*dialog*: Die Betenden geben einander die Worte weiter und ermöglichen so die Teilnahme aller. Gerade die neuere römisch-katholische Liturgie legt sehr großes Gewicht auf diese «tätige Teilnahme» (*actuosa participatio*), in welcher sich die Tatsache konkretisiert, dass der Gottesdienst eine gemeinsame Aktion der feiernden Gemeinde mit ihrem Herrn und nicht ein Spektakel zum Zuschauen ist.

Feste und wechselnde Elemente

Bekanntlich ist die klassische Messe aus Ordinariums- und Propriumsstücken zusammengesetzt. Das Ordinarium (Kyrie, Gloria, Credo, Sanctus/Benedictus, Agnus Dei) bleibt im Prinzip in jedem Gottesdienst gleich, das Proprium (Introitus, Graduale, Offertorium, Communio, dazu die Lesungen) wechselt. *Ordinarium*

Im Einzelnen ist die Sache allerdings etwas komplizierter: Nicht alle Ordinariumsstücke kommen wirklich in allen Messen vor (das Credo wird nur in der Sonntagsmesse gelesen, das Gloria fehlt in den Bußzeiten), in der Gregorianik erhalten sie je nach Festklasse unterschiedliche Melodien, und in der volkssprachlichen Messe seit Luther beziehungsweise seit dem Zweiten Vatikanischen Konzil können sie aus Gemeindeliedern bestehen, auch wenn diese den Text nicht wörtlich enthalten.

Die Propriumsstücke andererseits können nicht im Schema «festgelegte und freie Stücke» gesehen werden. Die liturgische Tradition legt sie gemäß dem Kirchenjahr und allenfalls gewissen Heiligen- und Gedenktagen fest. Katholische und lutherische Ordnungen bestimmen auch heute noch verschiedene Lesetexte und Gebete oder auch (Wochen-)Lieder. Anderes ist ad hoc wählbar, so dass sich ein vielschichtiges Miteinander von Vorgaben und individueller Planung ergibt. Gottesdienste in Messeform erlauben eine sehr große Spannweite konkreter Gestaltung, ohne dass sie deswegen ihre gemeinsame Identität und ihre Wiedererkennbarkeit verlieren würden. Durch das Zusammenspiel von Ordinarium, Proprium und individueller Planung wird der einzelne Gottesdienst zudem eingebunden in ein zeitliches und räumliches Beziehungsgeflecht, das seine gesamtkirchliche Dimension sichtbar macht. *Proprium*

Es geht dabei um eine Struktur, die für den Gottesdienst ganz allgemein gilt, auch wenn man die Begriffe «Ordinarium» und «Proprium» nicht verwendet, und auch für Gottesdienste, die nicht dem Messeschema folgen, obwohl hier diese Struktur besonders deutlich wird. Ein feststehendes, in jedem Gottesdienst verwendetes Stück (traditionell gesprochen ein Ordinariumsstück) verbindet *Gottesdienst in Raum und Zeit* mich über die Zeitgrenze mit jenen, die früher schon Gottesdienst gefeiert und dasselbe Gebet gesprochen, dasselbe Lied gesungen haben. Es verbindet auch mich selbst mit meiner «liturgischen Biografie», vielleicht bis in die Kindheit zurück, vielleicht – etwa bei einem Quartals- oder Monatslied – auch nur in die unmittelbare Vergangenheit. Macht dergestalt das Ordinarium die Zeitachse deutlich, so ist es beim Proprium eher die Raumachse: Ein an den Zeitpunkt gebundenes, aber in mehreren, in vielen oder in allen Gemeinden verwendetes Stück (traditionell eben ein Propriumsstück) verbindet mich über die örtlichen Grenzen, und auch hier unterschiedlich weit. Das kann, etwa im Weihnachtsevangelium oder im Osterruf, die weltweite Kirche sein, aber auch die Konfession, das Sprachgebiet, die Landeskirche, die Region. In unserer die «Gemeindeautonomie» (oder ist es da und dort am Ende lediglich die «Pfarrer-Autonomie»?) nicht selten bis zum Kirchturmpartikularismus pervertierenden reformierten Tradition ist das Bewusstsein für diesen Aspekt deutlich unterentwickelt. Weltweit spielt er aber eine erhebliche Rolle, und vielleicht würde uns eine vorsichtige Annäherung an solche Gedanken nicht schaden.

In jedem Gottesdienst verbinden sich so örtliche und zeitliche Bezüge zu einem immer wieder anderen Raster, in welchem die für den individuellen Anlass gestalteten Elemente wie die Predigt oder manche Gebetstexte, vielleicht auch eigens geschaffene Musik, eingeordnet werden und mit dem sie in eine fruchtbare Wechselwirkung treten können.

Der Predigtgottesdienst

Pronaus Wir wenden uns nun jener Gottesdienstform zu, die in besonderem Maße für die reformierte Tradition wichtig geworden ist, dem Predigtgottesdienst. Er geht zurück auf den spätmittelalterlichen Prädikantengottesdienst, auch «pronaus» genannt (wohl latinisiert aus dem französischen «prône» = Predigt). Vor allem die oberdeutschen Reichsstädte schufen besondere Predigerstellen. Diese Prediger oder «Prädikanten» mussten, anders als die Messpriester, über eine akademische Bildung verfügen. Ihre Aufgabe war die Schriftauslegung im Sinne öffentlicher Bildung und Information; oft feierten sie (wie Zwingli in Zürich) keine Messen mehr, so dass in diesen Orten der Predigtgottesdienst die Veranstaltung der reformatorisch Gesinnten, die Messe die der Altgläubigen war – anders als bei Luther, der die Predigt in den Messgottesdienst einbaute.

Eine feste Form für den Predigtgottesdienst hat sich nicht herausgebildet, hingegen lässt sich im Spätmittelalter und in der Reformationszeit bei aller Variabilität von Ort zu Ort eine gewisse Konstanz feststellen, was die verwendeten Elemente betrifft. Zu Schriftlesung und Predigt treten die katechetischen Grundtexte der Zehn Gebote, des Unservaters und des apostolischen Glaubensbekenntnisses, über die Reformation hinaus wird auch das Ave Maria gebetet. Als Gebete sind weiter die «Offene Schuld» (meist, aber nicht immer mit Gnadenzuspruch) und das allgemeine Kirchengebet, eine umfassende Fürbitte, zu nennen. In Abkündigungen wurden die Namen der in der vergangenen Woche Verstorbenen verlesen, dies als Ersatz für die mancherorts in der Reformation aufgehobenen kirchlichen Bestattungsfeiern. Als herausgehobener Ort der Öffentlichkeit war der Predigtgottesdienst bis in die Neuzeit hinein auch das Gefäß von Bekanntmachungen der kirchlichen und weltlichen Obrigkeit – Amtsblatt und Anschlagbrett in einem. Übrig geblieben sind davon etwa noch synodal- oder kirchenrätliche Bettagsmandate, jetzt natürlich in einer anderen Funktion.

katechetische Stücke

Die Musik gehörte nicht unbedingt zum Predigtgottesdienst, wurde aber (weitgehend nach der Reformation) in Form des Gemeindeliedes eingeführt, während die zusammen mit der Messe aufgehobene Chormusik nicht mehr zur Verfügung stand. Zwingli hat in seinem Gottesdienst keine Musik abgeschafft, wie man immer noch zu lesen bekommt, sondern er hat eine musiklose Form übernommen, in die erst später der Gesang eingebaut wurde. Die liturgische Musik, die er 1523 so scharf angegriffen hat, kannte er lediglich im Zusammenhang mit der von ihm ebenso scharf bekämpften Messe und aus dem Stundengebet mit seiner offenbar gedankenlos «absolvierten» Psalmodie: «Hie hilfft kein Widerbefftzen mit dem Korgsang der Psalmen, das der Hundertest nit verstat; ich schwig der Sengelnurren, der Nonnen, die durch die gantzen Welt hin nit einen Verß der Psalmen, die sy mönend, verstond.»[33]

Musik

Wenn auch der Predigtgottesdienst vom Aspekt der Verkündigung her konzipiert ist, gehört doch das Gebet von Anfang an dazu, und die Mahlfeier hat gerade im Umfeld des Predigtgottesdienstes eine bedeutende Aufwertung erfahren. Zwar hatte die mittelalterliche Kirche eine Unzahl von Messen gefeiert, die Gemeinde nahm aber

---

[33] Zit. nach Zwingli, Hauptschriften, hg. von Fritz Blanke u.a. Zürich 1952, Bd. 4, S. 144.

an der Kommunion nicht teil, sondern wurde meist nur einmal im Jahr in einer besonderen Kommunionfeier ins Sakrament mit einbezogen. Alle Reformatoren haben diesen Einbezug verstärkt: Luther durch die Beteiligung der ganzen Gemeinde (mindestens der Absicht nach – es gibt Berichte, die die Realität etwas weniger glänzend erscheinen lassen)[34] an der Kommunion der regelmäßigen Messfeier, Zwingli durch die Erweiterung des Predigtgottesdienstes durch einen Mahlteil an drei, später vier Terminen im Jahr. Diese Praxis übernahmen auch die Genfer, und Calvin konnte sich mit seiner Absicht, jeden Sonntag Abendmahl zu feiern, nicht durchsetzen.

«feiernd-lehrhaft» Hatten wir für die Messe den «Gebetsdialog» als Grundcharakter genannt, so ist der Predigtgottesdienst in seiner Grundausrichtung als «feiernd-lehrhaft» bezeichnet worden. Man hat in einer «hochkirchlich» geprägten traditionellen Liturgik den Predigtgottesdienst gerne als «Lehrveranstaltung» bezeichnet und dies durchaus als negative Qualifikation, als eine Art Schimpfwort gedacht. Nun hat aber das Lehrhafte in der Tradition des jüdischen und christlichen «Sichversammelns» einen zentralen Platz, wie das Neue Testament an verschiedenen Stellen belegt.[35] Und es geht bei diesem Lehren auch nicht nur um die simple Weitergabe von Wissen um Sachverhalte, sondern um die Lebendigerhaltung «heilsamer, befreiend-gefährlicher Erinnerung»[36], wie sie sich in den Erzählungen beider Testamente niedergeschlagen hat. Dies ist der Sinn der «anamnetischen», der Erinnerungsdimension des Gottesdienstes. Darum bedarf diese «Lehre» der Gestalt der Feier: Sie lässt erleben, dass es hier um mehr als um Alltägliches geht, dass diejenigen, die sich in diese Erinnerung hineinnehmen lassen, in ihrem ganzen Sein angesprochen sind, dass hier – wenn auch in dessen Gestalt – nicht vom Vorletzten gesprochen wird, sondern vom Letzten, von «dem, was uns unbedingt angeht».[37]

Es entsprach darum nicht nur einem Schmuck- und Abwechslungsbedürfnis, sondern dem innersten Wesen der «lehrhaften Feier», wenn schon sehr bald nach der Reformation die Musik in den Gottesdienst einzog: als Mahnung an die Begrenztheit menschlicher Sprache, die im Gottesdienst über ihre eigene Dimension hinauswächst und hinausweist.

---

[34] Wolfgang Musculus in seinem Reisebericht von 1536. In: Wolfgang Herbst: Evangelischer Gottesdienst. Quellen zu seiner Geschichte. Göttingen ²1992, S. 108.
[35] Z.B. Mk 1,21; Apg 2,42, Kol 3,16.
[36] So Hans-Jürg Stefan in einer Morgenbetrachtung zu Ostern: «Aber heute» – Befreiend-gefährliche Erinnerung. In: MGD 1993, S. 70–73.
[37] Paul Tillich: Systematische Theologie I. Stuttgart (1959) ⁶1980, S. 19.

Die Lehrhaftigkeit, auch in der beschriebenen besonderen Art, erzeugt allerdings eine von der Messe grundsätzlich unterschiedene Kommunikationsform. Der «Gebetsdialog» der Messe findet im Idealfall in einer Art von Kreisform statt. Alle Teilnehmenden sind einander zugewandt, wobei verschiedenen Teilen des Kreises unterschiedliche Funktionen zugewiesen sind. Im katholischen Kirchenbau der letzten Jahrzehnte lässt sich dies an Gebäudeform und Sitzanordnung deutlich ablesen. Dagegen ist der Predigtgottesdienst immer ein Stück weit gerichtete Kommunikation, die Gemeinde immer ein Stück weit Auditorium. Auch dies äußert sich im Kirchenbau, etwa in der Querorientierung oder im Einbau von Emporen, welche die Kirche zu einer Art Hörsaal machen und den Abstand zum Prediger für möglichst viele Zuhörende gering halten – beides schon seit dem 16. und 17. Jahrhundert.

Raumformen

Die spannungsvolle Doppelrolle der Gemeinde – einerseits als «Leib Christi» Trägerin des Gottesdienstes, andererseits Auditorium und Empfängerin einer «Lehre», Adressatin einer gerichteten Kommunikation – gilt es durchzuhalten und nicht zugunsten der einen oder der anderen Seite zu verkürzen. Hat man früher die Auditoriumsrolle sicher überbetont, stehen wir heute offensichtlich in der gegenteiligen Gefahr, alles an sichtbar und hörbar manifestierter Partizipation oder «tätiger Teilnahme» zu messen und dadurch nicht selten in einen läppischen Aktionismus abzugleiten.

«Struktur»

Während die Messform bei aller Variabilität dem Gottesdienst einen prinzipiell festen Grundriss vorgibt, hat der Predigtgottesdienst eine grundsätzlich offene Form, gruppiert Elemente wie Gebet, Gesang, Bekenntnis und Schriftlesung um die im Zentrum stehende Predigt. Leicht mochte er deshalb als ein im Grunde formloses Konglomerat erscheinen.

offene Form

Interessanterweise wurde derselbe Vorwurf in neuerer Zeit auch an die Messe gerichtet, und zwar nach der ausgesprochen restaurativen Neugestaltung des lutherischen Gottesdienstes in der «Agende I» (1954/55). Hier wurde argumentiert, dass das Nacheinander der vielen Elemente in der Messe bloß historisch begründet sei und keinem inneren Zusammenhang folge.[38]

---

[38] Martin Geck, Gert Hartmann: 38 Thesen gegen die neue Gottesdienstordnung der lutherischen und einiger unierten Kirchen in Deutschland. München 1968, S. 14.

«Strukturpapier» Fast gleichzeitig wurden nun aber sowohl für den Predigt- wie für den Messgottesdienst Strukturschemata entwickelt, welche den Gesamtverlauf des Gottesdienstes in wenige Grundschritte zusammenfassen. In Deutschland war es die Lutherische Liturgische Konferenz, die 1974 mit der Denkschrift «Versammelte Gemeinde», dem so genannten «Strukturpapier»[39], den Schritt zu einer neuen Gottesdienstplanung machte. Die Strukturschritte heißen da «Eröffnung – Anrufung – Verkündigung und Bekenntnis – Abendmahl – Sendung». Schon etwas früher, nämlich 1969, hatte die *Zürcher Kirchenbuch* Liturgiekommission der Zürcher Landeskirche in ihrem «Kirchenbuch 1» eine Gottesdienst-Struktur vorgelegt, die durch ihre Einfachheit und Symmetrie besticht. Um die zentrale «Verkündigung» legen sich zwei Gebetsteile, welche je einer Grunddimension gottesdienstlichen Betens entsprechen, nämlich «Anbetung» und «Fürbitte». Den Rahmen bilden «Sammlung» und «Sendung» als Grunddaten der Dynamik zwischen Alltag und Feiertag der christlichen Gemeinde. Der so strukturierte Gottesdienst als ganzer lässt sich als ein Weg beschreiben, als ein gerichteter, linearer Ablauf. Die Weg-Metapher, erstmals 1966 von Alfred Ehrensperger auf die Zürcher Liturgie angewendet,[40] spielt seither in der liturgischen Diskussion um den reformierten Gottesdienst eine führende Rolle. Zu relativieren ist sie im Blick auf neuere Gottesdienstformen, die weniger den linearen Verlauf als das Verweilen im Raum vollziehen.[41]

Gottesdienstgerüste Die Zürcher Gottesdienstordnung weist den einzelnen Strukturschritten bestimmte liturgische Elemente zu, doch ist auch eine von dieser Zuweisung abweichende Konkretisierung denkbar, ohne dass die Grundstruktur dadurch in Frage gestellt wäre. In diesem Sinn sind auch die «Gottesdienstgerüste» zu verstehen, die im Gesangbuch zu Beginn des zweiten Kapitels stehen (RG 150–153): Die unter den einzelnen Strukturschritten aufgezählten Elemente

---

[39] Gottesdienst als Gestaltungsaufgabe. reihe gottesdienst 10, Hamburg 1979.
[40] Alfred Ehrensperger: Anmerkungen zur neuen Zürcher Liturgie im Vergleich zur Deutschschweizer Liturgiekommission. In: Schweizerisch Theologische Umschau, Okt. 1966, S. 122–131. Ehrensperger bezeichnet die Liturgie als «Weg ... den die Teilnehmer miteinander gehen» (S. 124). In einem Referat aus dem Jahre 1964 verbindet er die Wegmetapher mit Begriffen wie «Ausgangspunkt», «Ziel», «dynamischer Verlauf»: Liturgische Freiheit und musikalische Ordnung im Gottesdienst. In: Theologia Practica, 5. Jg. 1970, S. 217–232, hier S. 220. – In der Zürcher Liturgie selbst und auch bei Adolf Brunner, der wesentliche Vorarbeit geleistet hatte, fehlt die Wegmetapher.
[41] Andreas Marti: Weg und Raum als Metaphern von Liturgie und Gemeindegesang. In: Jahrbuch für Liturgik und Hymnologie, 39. Bd. 2000, S. 179–190.

können durchaus reduziert, vermehrt oder ausgetauscht werden. Kriterium ist dabei, dass sie durch ihre Sprachform und ihre Aussage den im Oberbegriff genannten Schritt vollziehen helfen. Gerade bei der Verwendung unkonventioneller Elemente können solche Überlegungen nützlich sein und vor zufälliger Herumexperimentiererei bewahren.

Der Variabilität verschiedener Gottesdienste kann vor allem mit der unterschiedlichen Ausgestaltung des Anbetungsteils Rechnung getragen werden. Verstehen wir «Anbetung» als das gemeinsame Vor-Gott-Treten der Gemeinde, kann dies in einem Bußteil, wie er durchaus der Tradition des Predigtgottesdienstes entspricht, auf besondere Weise akzentuiert werden (RG 152). Die Taufe, die bei uns zu Beginn des Gemeindegottesdienstes gefeiert wird, ist ebenfalls als ein besonderes Vor-Gott-Treten zu verstehen (RG 151), und im Abendmahlsgottesdienst (RG 153) wird die Anbetung der Tradition des eucharistischen Gebetes folgend in den Mahlteil integriert. Das Bekenntnis, im Predigtgottesdienst dem Schritt «Verkündigung» zugeordnet, erhält im Taufgottesdienst seine ursprüngliche liturgische Funktion als Taufbekenntnis zurück.

Auf diese Weise entsteht eine Grundstruktur, die sowohl die Tradition des Messgottesdienstes als auch die des Predigtgottesdienstes in sich aufzunehmen vermag. Ihr entlang ist das zweite Kapitel des Gesangbuchs gegliedert. Die nachfolgende Synopse versucht dies zu verdeutlichen.

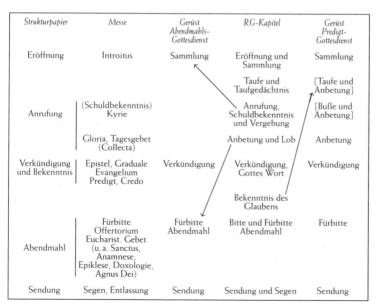

Strukturpapier	Messe	Gerüst Abendmahls-Gottesdienst	RG-Kapitel	Gerüst Predigt-Gottesdienst
Eröffnung	Introitus	Sammlung	Eröffnung und Sammlung	Sammlung
			Taufe und Taufgedächtnis	[Taufe und Anbetung]
Anrufung	(Schuldbekenntnis) Kyrie		Anrufung, Schuldbekenntnis und Vergebung	[Buße und Anbetung]
	Gloria, Tagesgebet (Collecta)		Anbetung und Lob	Anbetung
Verkündigung und Bekenntnis	Epistel, Graduale Evangelium Predigt, Credo	Verkündigung	Verkündigung, Gottes Wort	Verkündigung
			Bekenntnis des Glaubens	
Abendmahl	Fürbitte Offertorium Eucharist. Gebet (u. a. Sanctus, Anamnese, Epiklese, Doxologie, Agnus Dei)	Fürbitte Abendmahl	Bitte und Fürbitte Abendmahl	Fürbitte
Sendung	Segen, Entlassung	Sendung	Sendung und Segen	Sendung

Die Stücke des zweiten Gesangbuchkapitels

Entlang diesen Kategorien unternehmen wir nun einen Gang durch das zweite Kapitel des Gesangbuchs. Vorauszuschicken ist, dass die Rubrikenbezeichnungen in vielen Fällen das Bemühen spiegeln, die jeweils enthaltenen Stücke und liturgischen Dimensionen möglichst vollständig anzusprechen, und dass sie darum umständlicher formuliert sind als die von vornherein summarischer gedachten Bezeichnungen für die Strukturschritte.

Eröffnung und Sammlung

Zu den sechs aus dem alten Gesangbuch übernommenen Liedern ist ein einziges neues Strophenlied gekommen (*Du hast uns, Herr, gerufen*, RG 167), das allerdings weder sprachlich noch musikalisch den Vergleich mit den meisten seiner älteren Nachbarn aushält. Die Schlichtheit der Sprache grenzt schon an Plattheit, und die Melodie ist in ihrer Engräumigkeit auch nicht gerade dazu angetan, Morgenmuffel wachzubekommen. Sie ist für den Wechsel zwischen Vorsänger und Gemeinde gedacht (unter dem technischen Begriff «Vorsänger» verstehen wir grundsätzlich einen Vorsänger, eine Vorsängerin oder eine Vorsängergruppe; im Gesangbuch steht dafür die Bezeichnung «E» für «Einzelne/r»), bietet dann allerdings die Schwierigkeit, dass die Gemeinde beim ersten Mal das Vorgesungene tongenau nachsingt, während sie beim zweiten Mal einen anderen Schluss zu singen hat. Man wird wohl gut daran tun, darauf kurz hinzuweisen, bis das Lied bekannt ist.

Neu sind auch zwei Kehrverse (*Freut euch, wir sind Gottes Volk*, RG 157; *Auf, lasst uns jubeln dem Herrn*, RG 158), die ihren Platz am besten im Zusammenhang mit einer eröffnenden Psalmlesung finden und da natürlich wiederholt im Wechsel mit Abschnitten der Lesung oder als ihr Rahmen verwendet werden sollten.

Eher für Gottesdienste außerhalb des traditionellen Schemas sind die übrigen neuen Stücke geeignet – der Kanon *Schweige und höre* (RG 166) und der Taizé-Gesang *Jésus le Christ* (RG 169) für stillere, meditative Formen, das hebräische *Hewenu schalom* («Wir bringen euch Frieden», RG 168), wenn's etwas lebhafter zugehen soll.

Taufe und Taufgedächtnis

Dass das Taufgedächtnis ausdrücklich im Rubrikentitel erwähnt wird, hat seinen guten Grund. Jede Taufe ist Anlass, dass sich die Anwesenden wieder ihres Getauftseins erinnern, ihre Zugehörigkeit zum «Leib Christi» Gegenwart werden lassen. Eines der Lieder spricht dies ausdrücklich an: *Ich bin getauft auf deinen Namen* (RG 177).

In dieser Rubrik dominieren die Strophenlieder: acht neue (davon drei zusätzlich zum Gesangbuchentwurf), fünf aus dem alten Gesangbuch, dazu der theologisch etwas schwer befrachtete Kehrvers *Wenn wir mit Christus gestorben sind* (RG 176) und der Kanon *Ich will dir danken, weil du meinen Namen kennst* (RG 183) auf dieselbe Melodie wie das bekanntere *Schweige und höre* (RG 166). Er nimmt das Stichwort «Namen» auf, das bei der Taufe, so wie wir sie meist praktizieren, eine große Rolle spielt – darum ist unter den biblischen Lesetexten auch Jes 43,1–3 aufgenommen («... ich habe dich bei deinem Namen gerufen, du gehörst mir»). 176 183 166

Viele der neuen Lieder sehen die Taufe mehr als «Kasuale» denn als Sakrament: Eltern und Familie kommen mit ihrem Kind und bitten um Schutz und Segen und um Kraft für ihre Aufgabe. Grundsätzlicher setzt das Lied *Von Gott kommt diese Kunde* (RG 180) an. Hier geht es um die Lebensmöglichkeit, die Gott uns dadurch eröffnet, dass er uns als ihm zugehörig erklärt. Zu dem zeitgenössischen Text ist eine barocke Melodie getreten, die in ihrem tänzerischen Charakter das «Fest» und die heitere Gelassenheit christlicher Existenz aufnimmt, die ihr Lebensrecht nicht selbst behaupten muss, sondern es sich von Gott – zentral in der Taufe – zusprechen lassen darf. Eines der gegenüber dem Entwurf neu aufgenommenen Lieder ist *Bi de Tauffi chömed miir* (RG 181). Auf die besondere Problematik der Dialektlieder werden wir in einem späteren Kapitel eingehen.[42] 180 181

Anrufung, Schuldbekenntnis und Vergebung

Im weitesten Sinn wird hier das «Kyrie eleison» der Messe entfaltet. Dieser Ruf war in der Alten Kirche nicht so sehr wörtlich («Herr, erbarme dich») gemeint, sondern hatte die Funktion eines Grußes, einer Huldigung – etwa entsprechend dem hebräischen «Hosianna», welches mit «Hilf doch» zu übersetzen ist. Man konnte es aber auch in seinem Wortsinn verstehen und verband es mit Gebetsbitten, später dann auch mit Schuldbekenntnissen, die einerseits auf das vorbereitende Sakristeigebet des Priesters («Confiteor»), andererseits auf die im Predigtgottesdienst auch an anderer Stelle mögliche «Offene Schuld»[43] zurückgehen.

Das Kyrie selbst begegnet in acht Stücken: viermal griechisch, zweimal deutsch und zweimal in beiden Sprachen, entweder zur

---

[42] S. u. S. 176 ff.
[43] S. o. S. 47.

	Auswahl (Martin Luther, RG 193) oder nacheinander (Rolf Schweizer, RG 198).
193	
198	

Oft wird der Kyrie-Ruf auch als Gebetsruf verwendet, mit dem die Gemeinde einzelne Gebetsanliegen aufnimmt und zusammenfasst. So verwendet würde er in die Rubrik «Bitte und Fürbitte» gehören. Deutlich wird dies beim Taizé-Kyrie (RG 194): Es sieht vor, dass über einem von der Gemeinde summend ausgehaltenen Akkord ein Vorbeter die Gebetsanliegen formuliert, wonach die Gemeinde wieder das Kyrie singt. Da dies unter landesüblichen gottesdienstlichen Umständen nicht ganz einfach zu bewerkstelligen ist, stand im Entwurf nur der Kyrie-Ruf. Im Gesangbuch steht hingegen nun das ganze Stück; wem dies zu kompliziert oder zu unsicher ist, der kann sich ja wieder auf die erste Zeile beschränken.

194

Gerade beim Gebrauch des Kyrie als «Gebetsrefrain» ist noch auf eine etwas besondere Form des Kanonsingens hinzuweisen, für welche sich zwei der drei Kyrie-Kanons eignen, nämlich die Nummern RG 197 und 198: Jede Zeile wird zunächst nach je einem Gebetsabschnitt für sich als ein eigenes liturgisches Element verwendet, dann wird der ganze Kanon einstimmig und schließlich mehrstimmig gesungen, eventuell auch dies noch in mehreren Schritten. Dasselbe Verfahren lässt sich auch für andere Kanons in weiteren liturgischen Situationen anwenden; hier ist die Aufmerksamkeit und Fantasie derer gefordert, die mit dem Gesangbuch planen und arbeiten.

197, 198

Eine Sequenz eigener Art finden wir in den drei Kehrversen des Abschnitts. Sie bilden das Gerüst einer kleinen Bußliturgie mit der Bitte um Erbarmen (*Erbarme dich unser, o Gott*, RG 201), dem Gnadenzuspruch (*Der Herr vergibt die Schuld*, RG 202) und dem Dank (*Danket dem Herrn*, RG 203). Auch sie sind natürlich zur Verwendung mit Texten (Gebet, Schuldbekenntnis, Schriftwort) gedacht.

201
202
203

Von den acht Strophenliedern standen sechs schon im alten Gesangbuch. Neu sind das schlichte, fast karge *O Herr, nimm unsre Schuld* (RG 212), das in vielen Gemeinden durch «Neues Singen in der Kirche» und «Kumbaya» schon längst seinen festen Platz gefunden hat, und das poetisch reichere *Ich steh vor dir mit leeren Händen, Herr* (RG 213) aus dem niederländischen «Liederfrühling» der Sechziger- und Siebzigerjahre. Vier Gebete – als persönliche Gebete zu brauchen oder gemeinsam im Gottesdienst zu sprechen – runden die Rubrik ab.

212

213

Anbetung und Lob

Die Stellung dieser Rubrik leitet sich vom Strukturschritt «Anbetung» im Predigtgottesdienst ebenso ab wie vom Gloria der Messe. Dieses Gloria enthält das Gesangbuch außer in seinem ökumenischen Wortlaut (RG 218) auch im altbekannten *Allein Gott in der Höh sei Ehr* (RG 221), dem dazugehörigen Liedkanon von Rolf Schweizer (RG 222) und in der einstrophigen Kurzform *Gott in der Höh sei Preis und Ehr* (RG 220), bei der die Knappheit doch wohl an die Grenze des Zulässigen getrieben ist. Es kann das Gloria nicht ersetzen und eignet sich eher für den Gebrauch in einem größeren liturgischen Zusammenhang, zum Beispiel als Erinnerung an das Gloria, zusammen mit einem entfaltenden, interpretierenden Text. Nur den ersten Teil des Gloria, den Lobgesang der Engel aus Lk 2,14, enthalten die beiden Kanons *Ehre sei Gott in der Höhe* von Ludwig Ernst Gebhardi und von Johannes Petzold (RG 224, RG 225).

218
221
222
220

224
225

Zum Gloria treten andere traditionelle Lobtexte: Das trinitarische Lob *Gloria Patri / Ehre sei dem Vater und dem Sohn und dem Heiligen Geist*, die so genannte «kleine Doxologie» im Wortlaut (RG 226) und singbar (RG 227 und 228). Das letztgenannte Stück, der «Tallis Canon», lässt sich entweder einstimmig wie ein einstrophiges Lied singen oder aber als Kanon, der schon mit zwei Stimmen komplett ist, aber auch mit bis zu acht Stimmen noch funktioniert. Komponiert hat die Melodie der englische Musiker Thomas Tallis (um 1505–1585).

226
227, 228

Der Lobruf par excellence ist das Halleluja. Drei (neo-)gregorianische Rufe stehen zur Verfügung (RG 229, 230, 231), ein vierstimmiges Stück aus der ostkirchlichen Tradition (RG 232), das allerdings in seiner Engräumigkeit und seinem Moll-Charakter schon sehr gut gesungen sein will, soll es nicht den Jubel des Halleluja durch eine melancholisch dahinschleichende Musik zunichte machen. Dazu kommen noch drei Kanons, die aus Layoutgründen über die Rubrik verteilt sind (auftragsgemäß hat man ja möglichst zu vermeiden gesucht, dass man bei den Liedern von den Strophen zur Melodie zurückblättern muss, und dazu müssen lange und kurze Stücke gemischt werden).

229, 230, 231
232

Das *Te Deum laudamus*, der berühmte altkirchliche Hymnus, ist enthalten im ebenso berühmten *Großer Gott, wir loben dich* (RG 247), dessen mittlere Strophen (4–8) allerdings von unserer Sprachwelt so weit entfernt sind und teilweise so massiv antike Vorstellungen spiegeln, dass sie kaum je gesungen werden.

247

Bleibt noch das «Trishagion» zu erwähnen, der Lobruf aus der griechischen Liturgie, nicht zu verwechseln mit dem «Sanctus» beziehungsweise «Tersanctus» oder «Dreimalheilig» der Messe. Wir haben ihn als kurzen Gesang *Agios o Theos* (RG 234) aus Griechenland, wie er vor allem über die Taizé-Feiern bei uns bekannt geworden ist. Er kommt übrigens auch noch vor als Refrain in dem mittelalterlichen, von Martin Luther überarbeiteten Antiphonenlied *Mitten wir im Leben sind* (RG 648).

234

648

Angesichts der vielfältigen (wenn auch möglicherweise dann und wann etwas unreflektierten) Verwendung der Loblieder lag es nahe, die bekanntesten unter ihnen in allen vier Landessprachen aufzunehmen: für Gottesdienste an der Sprachgrenze, aber auch im Blick auf die immer häufiger mehrsprachig zusammengesetzten Familien bei Taufen, Hochzeiten, Konfirmationen und Bestattungen.

Von den 15 eigentlichen Liedern dieser Rubrik standen zehn im alten Gesangbuch. Von den neuen sind die beiden zum Gloria und zur kleinen Doxologie schon erwähnt worden. Dazu kommen nun noch *Erd und Himmel sollen singen* auf eine Spiritual-Melodie (RG 249) und zusätzlich zum Gesangbuch-Entwurf das etwas pathetische klassizistische *Danket dem Herrn* von Karl Friedrich Wilhelm Herrosee und Karl Friedrich Schulz (RG 248) sowie Peter Janssens' Song *Singt dem Herrn, alle Völker und Rassen* (RG 250), der für die Gemeinde wegen des Rhythmus und der wechselnden Textverteilung in den Strophen nur schwer realisierbar ist und eine geübte Singgruppe mit Bandbegleitung erfordert.

249

248
250

Verkündigung, Gottes Wort

Lediglich aus sechs Liedern und einem Kehrvers besteht diese Rubrik – im entsprechenden gottesdienstlichen Strukturschritt dominiert eher das gesprochene Wort, allenfalls auch die komplexer gearbeitete Musik, etwa die Kantate, die ja selbst immer schon Textauslegung ist. Neu sind das aus dem Niederländischen stammende *Gott hat das erste Wort* (RG 260), das den Bogen von der Schöpfung zur Vollendung schlägt, und das schlichte *Herr, gib uns Mut zum Hören* (RG 258), das sehr gut vor oder nach der Lesung des Predigttextes gesungen werden kann.

260

258

Bekenntnis des Glaubens

Der ursprüngliche liturgische Ort des Glaubensbekenntnisses ist nicht die Mahlfeier, sondern die Taufe. In die Messe kam es seit der karolingischen Zeit, das heißt im 9. Jahrhundert, wohl vor allem aus katechetisch-missionarischen Gründen, und zwar nur in die

Sonntagsmesse. Seinen Platz fand es vor oder nach der Predigt; heute wird es in der lutherischen Liturgie meist vor, in der römisch-katholischen meist nach der Predigt gesprochen oder gesungen. Calvin hat es in seinen Genfer Abendmahlsgottesdienst als festes Stück eingebaut, das zeitweise in Form eines Credoliedes gesungen wurde.

Von den Bekenntnistexten der ersten christlichen Jahrhunderte sind vor allem zwei für den liturgischen Gebrauch wichtig geworden, nämlich das so genannte «apostolische Glaubensbekenntnis» (RG 263) und das «nicäno-konstantinopolitanische Glaubensbekenntnis» (RG 264). Das Letztere ist zum Credo der lateinischen Messliturgie geworden, während das Apostolikum als das traditionelle Taufbekenntnis eher in die Katechese und demgemäß in den Predigtgottesdienst gehört. Luther hat es in seiner «Deutschen Messe» 1526 dem nicänischen vorgezogen, und auch in der römisch-katholischen Liturgie seit dem Zweiten Vatikanischen Konzil kann es als Alternative zu diesem verwendet werden. Das Problem beider altkirchlicher Texte ist, dass sie im Blick auf damalige dogmatische Diskussionen verfasst wurden, etwa über das Verhältnis zwischen den Personen der Dreieinigkeit – besonders deutlich wird das im zweiten Artikel des Nicäno-Konstantinopolitanums mit seinen geradezu hymnischen, aber ohne den Hintergrund der altkirchlichen Diskussion kaum zu entschlüsselnden Aussagen über Christus. Dafür fehlt wieder vieles, was in späterer Zeit wichtig geworden ist, oder es ist nur ansatzweise vorhanden, so die reformatorische Grunderkenntnis von der Rechtfertigung allein durch die Gnade oder die uns heute wichtigen Aussagen über die Verantwortung gegenüber Schöpfung und Mitmenschen. Es gibt eben keine überzeitlichen, ein für allemal gültigen Glaubensbekenntnisse.

263
264

Nicht zuletzt aus dieser Erkenntnis haben die reformierten Schweizer Kirchen im 19. Jahrhundert den altkirchlichen Texten ihren rechtlich bindenden Verpflichtungscharakter aberkannt. Sie stützen sich – in Konsequenz des reformatorischen Schriftprinzips – allein auf die Bibel, die sie unter Leitung des Heiligen Geistes auszulegen haben.[44]

---

[44] Die Berner Kirchenverfassung beispielsweise beginnt mit den Worten: «Die evangelisch-reformierte Landeskirche des Kantons Bern bekennt sich zu Jesus Christus als dem alleinigen Haupt der einen allgemeinen christlichen Kirche. Sie findet ihn bezeugt in der Heiligen Schrift Alten und Neuen Testaments, die sie nach bestem Wissen und Gewissen unter der Leitung des Heiligen Geistes erforscht.» (Art. 1 Abs. 1 und 2)

Das hindert nicht, dass es sinnvoll ist, immer wieder in konzentrierter Form zu sagen, worum es dem Glauben geht; nur darf die Zeitbedingtheit und grundsätzliche Veränderbarkeit solcher Formulierungen nicht vergessen werden. In diesem Sinn sind auch die alten Texte bis hin zur 1. Frage und Antwort aus dem Heidelberger Katechismus von 1563 (RG 265) zu verstehen und zu gebrauchen: als Gesprächshilfe für den Glauben, die uns von den früheren Generationen angeboten wird, mit der wir aber in eigener Verantwortung umzugehen haben. Auch heutige Versuche bleiben vorläufig und fragmentarisch, können aber im Weiterdenken fruchtbar gemacht werden. Das Gesangbuch enthält drei solche Texte (266–268).[45]

Alle singbaren Stücke in dieser Rubrik sind Lieder im engeren Sinn, in einer festen, geregelten Form. Das mag Zufall sein, hat aber vielleicht doch einen inneren Grund. Das Bestreben, gültige – wenn auch mit den oben genannten Einschränkungen – Formulierungen zu finden, verlangt offenbar nach festen Formen. Auffallend ist auch, dass von den 14 Liedern nur deren fünf schon im alten Gesangbuch standen, alle anderen sind nicht nur für unser Gesangbuch neu, sondern stammen auch aus unserem Jahrhundert. Ob das etwas damit zu tun hat, dass das Bewusstsein um die Zeitgebundenheit von Bekenntnissen und entsprechend das Bedürfnis nach neuen Formulierungen eher jüngeren Datums ist?

Biblischem Bekennen entspricht weniger die Beschreibung, was Gott ist, sondern die Erzählung, was er tut und getan hat. Solche «geschichtlichen Bekenntnisse» finden wir etwa im 5. Buch Mose (Dt 26,5ff.), in den Psalmen (Ps 105) oder in Brief-Einleitungen (Röm 1,1ff.). Diese narrativ-anamnetische Struktur ist schon in alten Liedern aufgenommen, so in Martin Luthers dramatischer Ballade von der Rechtfertigung des Sünders (*Nun freut euch, lieben Christen gmein*, RG 273) und in *Halt im Gedächtnis Jesum Christ* (RG 277). Von den neuen Liedern gehört *Gott liebt diese Welt* (RG 279) in diese Kategorie. Nicht zufällig hat es einen katechetischen Hintergrund, wurde es doch für einen kirchlichen Jugendtag geschaffen.

Gott in seinem Handeln zu erkennen und zu bekennen, bedeutet eine Infragestellung absoluter, statischer Gottesvorstellungen. Be-

---

[45] Zur gesamten Problematik vgl. Pierre Bühler, Emidio Campi, Hans Jürgen Luibl (Hg.): Freiheit im Bekenntnis. Das Glaubensbekenntnis der Kirche in theologischer Perspektive. (Ringvorlesung Universität Zürich, Wintersemester 1999/2000). Pano, Zürich und Freiburg i. B. 2000.

sonders deutlich tun dies die beiden letzten Lieder der Rubrik: *Du bist der Weg* (RG 281) fasst das, was Gott für uns tut, in eine ganze Reihe von Metaphern, die eine Diskussion um «Gott als Person» hinter sich lassen. Noch weiter geht das Lied *Wer ist Gott?* (RG 282), das alte und neuere Klischees nicht nur in Frage stellt, sondern negiert – sicher kein umfassendes und ausreichendes Bekenntnis, aber ein unverzichtbares Korrektiv im Vorgang des Bekennens.[46]

281

282

Bitte und Fürbitte

Zu dieser gottesdienstlichen Dimension vermag das Gesangbuch lediglich einen Rahmen zu setzen und Einzelelemente beizusteuern. Fürbitte ist konkret, situations- und zeitbezogen, während das Gesangbuch doch eine gewisse Allgemeinheit beansprucht und darstellt.

Von den 16 Nummern der Rubrik beziehen sich fünf auf das Unser Vater: das Gebet im ökumenischen Wortlaut zum Sprechen (RG 285), zum Singen nach einer mittelalterlichen Melodie (RG 286) und nach der vierstimmigen ostkirchlichen Singweise (RG 289), ein kleiner Text zur «Vater»-Anrede (RG 288) und Martin Luthers Vater-Unser-Lied (RG 287). Dieses ist bekanntlich kein gesungenes Unser Vater, sondern ein auslegendes und weiterführendes Gebetslied in der Art einer Unser-Vater-Paraphrase, bei dem jede Strophe auf einer Bitte des Herrengebetes aufbaut. Wie die beiden anderen Lieder der Rubrik stand es schon bisher im Gesangbuch. Neu sind die beiden gesungenen *Amen* (RG 297 und der Kanon RG 298), der zusammenfassende Ruf *Wir bitten dich, erhöre uns* (RG 296) und der Taizé-Gesang *Bleibet hier und wachet mit mir* (RG 294), dessen liturgischer Einsatz allerdings nicht unproblematisch ist und gut überlegt sein will: Sein Text ist ja nicht ein Gebet, sondern die Aufforderung dazu, und erst noch aus dem sehr besonderen Kontext der biblischen Passionsgeschichte herausgegriffen.

285, 286
289
288
287

297
298, 296
294

Der erwähnte Ruf *Wir bitten dich, erhöre uns* steht als Gebetszusammenfassung nicht so allein, wie es zunächst scheinen könnte. Dazu kommen nämlich noch alle *Kyrie / Herr, erbarme dich*, die in der Rubrik «Anrufung» untergebracht sind, entsprechend dem liturgischen Ort des *Kyrie*. Die in vielen kirchlichen Traditionen verankerte Praxis, dass die Gemeinde nach jedem Teil, jeder Bitte des Fürbittegebets mit einem Ruf in das Gebet einstimmt, hat sich in letzter

---

[46] Andreas Marti: «So sie's nicht singen, glauben sie's nicht». Gesprochenes und gesungenes Bekenntnis im neuen Reformierten Gesangbuch. In: Pierre Bühler u. a. (Hg.): Freiheit im Bekenntnis (s. o. Anm. 45), S. 183–199.

Zeit auch bei uns stark ausgebreitet. Das ist gut so, macht es doch das Gebet als ein gemeinschaftliches Handeln deutlich und zwingt diejenigen, die Fürbittegebete formulieren, zu klarer Strukturierung. Hierzu noch ein liturgisch-technisches Detail: Es darf natürlich bei der Ansage nicht heißen «Die Gemeinde antwortet auf die einzelnen Bitten mit ...», sondern etwa «Die Gemeinde stimmt jeweils in das Gebet ein ...» oder «Die Gemeinde fasst die einzelnen Bitten zusammen mit dem Ruf ...» oder so ähnlich.

Abendmahl

Diese Rubrik ist intern nach den Schritten der Abendmahlsliturgie im engeren Sinn geordnet. Auf die eröffnenden vier Bibeltexte folgt ein Gesang zur Vorbereitung des Tisches, entsprechend der katholischen «Gabenbereitung», dem traditionellen «Offertorium»: *Du machst uns den Tisch bereit* (RG 303). Das *Sanctus*, der Lobgesang im eröffnenden Teil des eucharistischen Gebetes nach der Messordnung, ist in nicht weniger als sechs Nummern enthalten: zwei in Liedform (*Heilig ist Gott in Herrlichkeit*, RG 305; *Heilig bist du, großer Gott*, RG 306), drei freie Formen und ein Kanon. Letzterer (RG 309) stammt vom Schweizer Komponisten Linus David und fällt durch eine recht ungewöhnliche Klanglichkeit auf, die sich nicht in konventionellen Kadenzformeln erschöpft, sondern mit parallel versetzten Klängen arbeitet, zu denen als Basis ein Ostinato tritt.

303, Sanctus

305
306, 309

Zu einem festen Bestandteil der katholischen Liturgie ist seit der Liturgiereform des Zweiten Vatikanischen Konzils das *Geheimnis des Glaubens* geworden. Die Gemeinde antwortet mit diesem Ruf, welcher Passion, Ostern und Vollendung anspricht, auf die Verlesung des Einsetzungsberichtes (RG 310) und macht darin die Dimension des Bekennens in der Mahlfeier deutlich. Er hat bei uns noch kaum Tradition, aber vielleicht gelingt es, an diesem wichtigen Punkt Tradition neu zu begründen.

310

Agnus Dei Wiederum mit sechs Stücken ist das *Agnus Dei* vertreten, der Gesang zur Brotbrechung, nämlich mit dem Text im ökumenischen Wortlaut, zwei Kanons, zwei freien Singformen und dem Lied *O Lamm Gottes, unschuldig* von Nikolaus Decius, einem der frühesten reformatorischen Lieder überhaupt, und zwar in der ökumenischen, dem Original nahe stehenden Form (RG 312). Im Gesangbuchentwurf stand es noch bei den Passionsliedern, weil es anstelle des im alten Gesangbuch als Nr. 139 enthaltenen dreistrophigen Liedes aufgenommen worden war. Diese spätere Fassung hat das *Agnus Dei* zum Passionslied ergänzt und verändert. Der Beschluss, nun doch beide Fassungen im Gesangbuch zu haben, hat dazu geführt, dass

312

das einstrophige Agnus-Dei-Lied an seinen ursprünglichen Platz als Abendmahlslied zurückkehren konnte, während jetzt das erweiterte Lied als Nr. 437 im Passionsteil steht.

Lieder, die thematisch auf das Abendmahl bezogen sind, stellen ein gewisses Problem dar. In der älteren reformierten Abendmahlsliturgie hatten das Nachdenken über die Bedeutung des Mahles, die Erklärung, die «Vermahnung» einen herausragenden Platz und konnten gut auch in Liedern aufgenommen und weitergeführt werden. Heute steht der feiernde Vollzug im Zentrum, ohne dass man immer gleich mit Worten erklären zu müssen glaubt, was da geschieht. Damit verlieren die reflektierenden und ermahnenden Lieder weitgehend ihre Funktion, und so sind auch nur ganze zwei eigentliche Abendmahlslieder aus dem bisherigen Gesangbuch übernommen worden, nämlich *O Leib, gebrochen mir zugut* (RG 322), ein Beitrag des 20. Jahrhunderts, und das heftig umstrittene *Schmücke dich, o liebe Seele* (RG 317), dessen barocke Sprache und vor allem dessen Aussagen über die Voraussetzungen für die Teilnahme am Mahl und das «würdige Genießen» für viele heutige Menschen schwer verdaulich sind. Seine Aufnahme ins Gesangbuch verdankt es in erster Linie Johann Sebastian Bachs großartigem Orgelchoral über seine Melodie, die mit keinem anderen Text im Gesangbuch vorkommt. Ob allerdings in diesem Orgelchoral von der Gemeinde die kaum je gesungene Melodie in der verzierten und umspielten Form wieder erkannt wird, bleibt abzuwarten. Immerhin hat man aber so die Möglichkeit eines Hinweises auf das Gesangbuch.

Ein weiteres Lied, das bisher bei den Abendmahlsliedern stand, ist in die Rubrik «Passion» aufgenommen worden, nämlich *Du gingst, o Heiland, hin, für uns zu leiden* (RG 448). Und immerhin sind fünf Lieder zum Abendmahl neu hinzugekommen, davon zwei noch zusätzlich zum Entwurf. Zwei Aspekte sind es vor allem, die in ihren Texten eine große Rolle spielen: die Einladung und die Gemeinschaft. *Jesus ladt öis ii* (RG 319), eines der in der letzten Arbeitsphase aufgenommenen Mundartlieder, spricht diese Einladung schon in der Kopfzeile an und ist damit der Sache sicher sehr viel näher als das alte *Schmücke dich, o liebe Seele,* (317) das in einer heiklen Gegenseitigkeit uns zum Gastgeber und Christus zum Gast macht. In *Dank sei dir, Vater, für das ewge Leben* (RG 320) begegnet uns der Gedanke aus der «Didache», der so genannten «Zwölfapostellehre» aus dem 2. Jahrhundert: Wie aus vielen einzelnen Körnern ein Brot wird, so werden viele einzelne Menschen im Mahl zu einer Gemeinschaft.

324 Das letzte Lied in der Rubrik ist *Im Frieden dein, o Herre mein* (RG 324). Es knüpft an den Lobgesang des Simeon an und würde von daher ins erste Gesangbuchkapitel zu den Psalmen und Cantica gehören. Die Straßburger Reformatoren haben das «Nunc dimittis», den Lobgesang des Simeon, jedoch als Schlussgesang beim Abendmahl verwendet und entsprechend um zwei auf das Mahl bezogene Strophen erweitert. Die Genfer haben diesen Brauch mit einem eigenen Simeonslied aufgenommen, das allerdings in unserem Gesangbuch bei den Psalmen und Cantica steht (RG 104), weil es das Abendmahl nicht ausdrücklich nennt. Das Straßburger Simeonslied bildet demnach einen in unserer Tradition gut verankerten Schluss der Mahlfeier – ein besonderer Sendungs-, Schluss- oder Segensgesang ist danach nicht mehr nötig.

Sendung und Segen

In dieser letzten gottesdienstlichen Phase kommen verschiedene liturgische Dimensionen zum Tragen, die sich auch in den Gesängen dieser Rubrik spiegeln. Es lohnt sich, da etwas genauer hinzusehen und diese Dimensionen deutlicher auseinander zu halten, als dies häufig in der Praxis geschieht.

Am Schluss der gottesdienstlichen Versammlung steht der Abschiedsgruß zwischen allen Beteiligten, speziell zwischen Liturg und Gemeinde. Dieser Abschiedsgruß besteht darin, dass wir uns gegenseitig Gottes Segen wünschen, etwa mit der Formulierung
328 des aaronitischen Segens (Num 6,24–26; RG 328), gesungen als
350 Liedstrophe *Es segne uns der Herr* (RG 350), erweitert bei *Segne und*
349 *behüte* (RG 349), oder des apostolischen Segens (2. Kor 13,13;
329, 348 RG 329, gesungen RG 348). Zu dieser Gruppe ist auch noch der kurze trinitarische Segenswunsch *Es segne und behüte uns Gott Vater,*
352 *Sohn und Heilger Geist* (RG 352) zu zählen. Singt die Gemeinde eines dieser Stücke, könnte, ja sollte die gesprochene Segensbitte entfallen – sie wird ja von allen gemeinsam im Gesang ausgesprochen.

Anstelle der Bitte um Segen kann die Bitte um Frieden stehen, die allerdings anderer liturgischer Herkunft ist. Das *Dona nobis pacem* ist der Schluss des *Agnus Dei* aus dem Messordinarium; das *Da pacem*
333, 332 *Domine in diebus nostris / Verleih uns Frieden gnädiglich* (RG 333, RG 332) ist ursprünglich die «Antiphona ad pacem», der Gesang zum Friedensgruß in der Mahlfeier. Die Funktion der Friedensbitte als Abschiedsgruß lassen zwei einfache Stücke erkennen, die zusätzlich zum Entwurf noch aufgenommen wurden: *Schalom chaverim* (RG
335, 336 335) und *Fride wünsch ich diir* (RG 336).

Eine weitere Gruppe von Stücken geht auf den Schlussdialog der Messe zurück, nämlich die Gemeindeantwort «Deo gratias / Dank sei Gott dem Herrn»: *Lasst uns lobsingen* (RG 340); *Dank sei dir, Vater.* *Deine Liebe geht mit uns* (RG 341) und – in trinitarisch ausgebauter Form – *Gott Vater, dir sei Dank gesagt und Ehre* (RG 354). Den Gedanken der Sendung spricht ausdrücklich das Responsorium *Gehet hin in alle Welt* (RG 338) an, und zwar in Verbindung mit der Taufe. In anderen Stücken ist die Situation des Hinausgehens, Weggehens, Weitergehens, Sich-Trennens aufgenommen, häufig verbunden mit der Bitte um Schutz, Bewahrung und Gnade. Wer übrigens das beliebte Schlusslied *Der du allein der Ewge heißt* in dieser Rubrik vermisst, findet es als Schlussstrophe des Neujahrsliedes *Der du die Zeit in Händen hast* in der Rubrik «Jahreswechsel» (RG 554). 340
341
354
338

554

Nicht nur inhaltlich, auch formal ist diese letzte Teilrubrik sehr gemischt: Lieder, Kanons und kurze freie Formen stehen nebeneinander, so dass sich von daher nochmals die Forderung nach einer sorgfältigen Auswahl und Planung für den Gottesdienstschluss erhebt: In welchem Verhältnis stehen Sendung, Segenswunsch oder -bitte, abschließende Bitten und liturgische Gemeindeantwort zueinander? Welche Gesangsform ist im Blick auf die Situation oder im Verhältnis zu den übrigen musikalischen Elementen des Gottesdienstes sinnvoll? Die Reihenfolge «Sendung – Schlusslied – Segen», wie sie in den Gottesdienstgerüsten aufgeführt ist, kann deshalb keineswegs als einzig gültig angesehen werden. Übrigens ist auch die direkte Aufeinanderfolge von Schlusslied und Orgelausgangsspiel kein Hindernis für eine allenfalls umgestellte Reihenfolge: Das Lied lässt sich fast immer in eine Tonart transponieren, die sich mit dem darauf folgenden Stück verträgt, und für das Umregistrieren darf man sich ruhig einige Sekunden Zeit nehmen.

Und wenn wir nun beim Ausgangsspiel sind, höre ich schon fast die jetzt unausweichliche Frage: Soll denn die Gemeinde das Orgelspiel sitzend anhören, oder soll sie dazu die Kirche verlassen? Wie in vielen anderen Fällen gibt es auch da keine allgemein gültige Antwort, aber vielleicht sollten wir doch das Wort «Ausgangsspiel» ernst nehmen und das Hinausgehen aus der Kirche als liturgischen Vorgang – die ersten Schritte auf dem Weg, auf den die Sendung gewiesen hat – behandeln, der eine entsprechende musikalische Begleitung verdient. Dass Gottesdienste mit besonderer musikalischer Gestaltung andere Bedingungen schaffen können und das letzte Musikstück dann eben noch zum «Programm» gehören kann, ist ebenso klar. Also auch hier: Machen wir uns immer wieder deutlich, wie wir das, was im Gottesdienst geschieht, verstehen wollen, welche Funktion wir ihm zuweisen. Liturgie ist nicht die gehorsame Ausführung vorgeschriebener oder selbst gesetzter Regeln, sondern lebendige Arbeit an einem Geschehen, das wohl immer die gleiche Grundlage hat, das aber nie zweimal dasselbe ist.

Gottesdienst im Jahreskreis

Das «Kirchenjahr»

Gottesdienst ist verdichtete Zeit, gestaltete Zeit, qualifizierte Zeit, die sich aus der alltäglich verlaufenden Zeit heraushebt. Es ist darum nicht gleichgültig, zu welcher Zeit ein Gottesdienst gefeiert wird. Über Tageszeit und Wochentag wird im vierten Kapitel zu handeln sein. Hier befassen wir uns mit der gottesdienstlichen Zeit im Lauf des Jahres. Dabei kommen zwei durchaus unterschiedliche Gesichtspunkte oder «Jahreskreise» zusammen.

qualifizierte Zeit

Zum einen geht es um das so genannte «Kirchenjahr»[47], die Reihe der Christusfeste, in denen wir die einzelnen Aspekte des Christusgeschehens feiernd vergegenwärtigen. Zum andern spielt auch der Verlauf des natürlichen Jahres durch die Jahreszeiten hindurch eine gewisse Rolle im Gottesdienst; dahin zu zählen ist auch der Jahreswechsel des Kalenderjahres. Das Kirchenjahr-Kapitel in unserem Gesangbuch unterscheidet beide Kreise, indem es zuerst die Christusfeste und erst nachher die kalendarischen Rubriken bringt. Das Kapitel «Jahreswechsel» steht daher am Schluss.

Christusjahr und Kalenderjahr

Im Unterschied zur katholischen, lutherischen oder anglikanischen Liturgie legt die reformierte gottesdienstliche Tradition wenig Gewicht auf das Kirchenjahr. Die Messe, die in den genannten anderen Liturgietraditionen das Kernstück ausmacht, ist weitgehend durch ihre jeweilige Situation im Zeitverlauf bestimmt, das so genannte «de tempore». Dieses setzt den Rahmen für jeden Gottesdienst und durchdringt ihn textlich, musikalisch und formal. Die Stellung im Jahreslauf oder auch die von Ort zu Ort unterschiedlichen Heiligengedenktage des «proprium de sanctis» bestimmen die Lesetexte, die Gesänge des «Propriums» (Introitus, Graduale, Offertorium, Communio), bestimmte Gebete, aber auch die musikalische Ausgestaltung im Einzelnen und die Verwendung der liturgischen Farben.

de tempore

Demgegenüber ist der reformierte Gottesdienst zunächst einmal zeitneutral, und ein «de tempore» kommt erst als zusätzliche Prägung hinzu. Indem die oberdeutsche und schweizerische Reformation nicht die Messe, sondern den spätmittelalterlichen Predigt-

---

[47] Als vertiefende Lektüre und zur Information über Einzelheiten ist zu empfehlen: Karl-Heinrich Bieritz: Das Kirchenjahr. München (1987) 1994.

Perikopen
lectio continua

gottesdienst[48] zu ihrer hauptsächlichen Gottesdienstform machte, gab sie mit der Messe auch die prinzipielle Verwurzelung des Gottesdienstes im Zeitrhythmus auf. An die Stelle der Textzuweisungen an die einzelnen Sonntage, die so genannten «Perikopen» (griechisch für «Abschnitte»), trat die für den Predigtgottesdienst charakteristische «lectio continua», die fortlaufende Auslegung biblischer Bücher. Übrig blieben einzelne hohe Festtage, die auch zu Abendmahlsterminen wurden.

Reformierte Gesangbücher enthielten darum in früheren Jahrhunderten einige «Festlieder» zusätzlich zu den Psalmen, die ihren Hauptbestandteil ausmachten,[49] bezeichnenderweise als Anhang und quantitativ in sehr bescheidenem Umfang: Das «de tempore» wurde offensichtlich als Beigabe verstanden.

Festzeiten und Festtage

Auch ist meist nicht von Festzeiten, sondern von Festtagen die Rede. Man versteht diese Feste als einzelne, aus dem kontinuierlichen Jahreslauf herausgehobene Tage, während das klassische Verständnis von längeren geprägten Zeitrhythmen ausgeht. Zwei solche geprägte Zeiten – der Weihnachts- und der Osterfestkreis – haben sich im Laufe der ersten christlichen Jahrhunderte herausgebildet. Gemeinsam ist ihnen die Verlaufsstruktur «Vorbereitungszeit – Hauptfesttage – Nachklingen».

Der Christusfestkreis

Osterfestkreis

Zentrum des gesamten Feierrhythmus ist Ostern,[50] das Fest der Auferstehung, das nicht abzulösen ist vom Karfreitag und darum mit diesem und dem dazwischenliegenden Karsamstag das «triduum sacrum», die «Heiligen drei Tage» bildet, erweitert zur «Heiligen Woche» oder Karwoche, in welcher nach alter Ordnung die Lesung der Passionsgeschichte nach den vier Evangelien bestimmten Tagen zugeordnet war: Matthäus am Palmsonntag, Markus am Dienstag, Lukas am Mittwoch und Johannes am Karfreitag. Als Vorbereitung auf das Osterfest hat man schon seit dem 2. Jahrhundert am Karfreitag und -samstag gefastet. Bis ins 4./5. Jahrhundert wurde die Fastenzeit dann auf vierzig Tage ausgedehnt (vom lateinischen Zahlwort für vierzig stammt die Bezeichnung «Quadragesimalzeit» für die Fastenzeit); vor ihrem Beginn steht die Fasnacht/Fastnacht beziehungsweise der Karneval. Da die Sonnta-

---

[48] S. o. S. 46 ff.
[49] S. o. S. 12.
[50] Alfred Ehrensperger: Die Osternachtfeier. In: MGD 52. Jg. 1998, S. 46–57.

ge nicht zu den Fasttagen zählen, beginnt die Fastenzeit mitten in der Woche am Aschermittwoch.

Auf Ostern folgt die fünfzigtägige österliche Freudenzeit. Diese Zeitstruktur lehnt sich an den jüdischen Festkalender an: Tod und Auferstehung Jesu und damit Karfreitag und Ostern sind terminmäßig an das jüdische Passahfest gebunden (auch wenn wegen unterschiedlicher Berechnungsmethoden die beiden Daten längst nicht immer zusammenfallen), sieben Wochen danach feiern die Juden das Wochenfest («Schawuot»), das griechisch «Pentekoste» (=«fünfzig») genannt wurde. Die Sonntage vor und nach Ostern tragen die lateinischen Namen des Anfangs der Introitus-Antiphon (im heutigen römisch-katholischen Sprachgebrauch werden diese Bezeichnungen nicht mehr verwendet): Invocavit, Reminiscere, Oculi, Laetare, Judica, (Palmsonntag) – (Ostern) – Quasimodogeniti, Misericordias Domini, Jubilate, Kantate, Rogate, (Himmelfahrt), Exaudi – (Pfingsten).

Seit etwa dem 4. Jahrhundert wurde die Geburt Jesu gefeiert, und zwar zunächst im Osten der 6. Januar als Fest der Erscheinung Christi («Epiphanias»), in Rom dann der 25. Dezember als eigentliches Geburtsfest, möglicherweise als Verchristlichung des römischen Wintersonnwendfestes. Deshalb hat Weihnachten ein festes Datum im Sonnenjahr, während sich Ostern analog dem jüdischen Festkalender nach dem Mondlauf richtet. Entsprechend der Passionszeit gilt vor Weihnachten die Adventszeit als Buß- und Fastenzeit, was an der Gestaltung der Messliturgie erkennbar ist. In Bachs Zeit beispielsweise schwieg (außer am 1. Adventssonntag) die «figurale», das heißt mehrstimmige vokal-instrumentale Kirchenmusik – der Grund dafür, dass wir kaum Adventskantaten haben (dasselbe gilt auch für die eigentliche Passionszeit). Hierzulande kaum ins Bewusstsein gedrungen ist die auf Weihnachten folgende Epiphaniaszeit. Übrig geblieben ist die Verbindung dieser Festzeit mit der Geschichte von den «Weisen» oder Magiern, die dem Stern folgend das Jesuskind suchen. Die Symbolik des Lichtes spielt dabei eine dominierende Rolle.

Weihnachtsfestkreis

Die beiden großen Festkreise um Ostern und um Weihnachten prägen in den von der Messe dominierten gottesdienstlichen Traditionen rund die Hälfte des Jahreskreises. Für die übrige Zeit, heute im katholischen Sprachgebrauch «im Jahreskreis» genannt, gab und gibt es kirchliche Ordnungen, die mit mehr oder weniger Scharfsinn den einzelnen Sonntagen ein eigenes Profil zu geben suchen. Dieses kommt allerdings nie an die Bedeutung der eigentlichen Festzeiten heran.

«festlose Zeit»

Das «Kirchenjahr» und der Gottesdienst

Perikopen im reformierten Gottesdienst

Wir hatten festgestellt, dass ein durchgestaltetes «Kirchenjahr» für den reformierten Gottesdienst nicht besteht, und zwar, weil er kein Messgottesdienst ist (etwas anders sieht es hingegen in der französischen Schweiz und in den Niederlanden aus, wo regelmäßig reformierte Gottesdienste in Messform gefeiert werden). Und es gibt durchaus reformierterseits nicht nur die historisch bedingte, sondern darüber hinaus eine grundsätzlichere Reserve gegenüber dem ausgeführten Kirchenjahrprinzip. Die Perikopenordnung ist der Lectio continua unterlegen, was die Berücksichtigung des biblischen Kontextes betrifft, und sie ist der von vielen reformierten Pfarrern heute geübten freien Suche nach Predigttexten unterlegen, was den Aktualitätsbezug angeht. Auch muss bedacht werden, dass das Kirchenjahr (wenn auch nicht zwangsläufig) zu einem zyklischen Zeitverständnis verleiten könnte, das sich mit dem geschichtlich-linearen der Bibel nicht verträgt.

In jüngerer Zeit ist diese Zurückhaltung ein gutes Stück weit geschwunden. Christnachtfeiern gehören fast überall zum festen Bestand, die Osternachtfeier ist in raschem Vormarsch, Advents- und Passionsandachten werden da und dort eingeführt und lassen die liturgisch geprägte Zeit wieder in größerem Bogen erlebbar werden. Dazu kommen jahreszeitlich bestimmte Feiern wie Erntedank oder Sommersonnenwende – theologisch vielleicht nicht immer ganz unproblematisch.

die Zeit erleben

Das verstärkte Einbeziehen der Zeit und des Zeiterlebens hat durchaus aktivierend auf unsere Gemeinden gewirkt. Es schafft Anknüpfungspunkte, stellt vielfältige gottesdienstliche Gelegenheiten bereit, erleichtert die Plausibilität liturgischen Handelns und setzt Kräfte für gemeinschaftliche Gestaltung frei. Ganz offensichtlich besteht eben ein menschliches Grundbedürfnis nach Gliederung der Zeit, nach der Vergewisserung der eigenen Existenz im scheinbar amorphen und unaufhaltsamen Verrinnen der Zeit. Damit stehen wir bereits in einer der religiösen Grundfragen, und ihr muss sich der christliche Glaube stellen, auch wenn er sich gerade nicht auf menschliche Grundfragen reduzieren lässt, wenn die Botschaft des Evangeliums über das, was wir von uns aus fragen können, weit hinausgeht und die Fragen selbst wieder in Frage stellt. Es gilt daher gegenüber einer allzu bereitwilligen Aufnahme all dessen, was natürlich und menschlich plausibel erscheint, religionskritische[51] Einwände ernst zu nehmen: Können wir der Versuchung widerstehen, in eine Sonder- oder Scheinwelt «schöner Gottesdienste» zu fliehen, religiöse Erlebnisse anzubieten anstelle der Botschaft, die tröstet *und* aufrüttelt? Können wir der Versuchung widerstehen, Menschlich-Vorletztes allzu geradlinig zu Letztem zu machen?

Nach der zweifellos gefühlsmäßig unterentwickelten Gottesdienst-Ästhetik und -Theologie um die Mitte des 20. Jahrhunderts droht nun umgekehrt nicht selten der Absturz in Sentimentalität. Dass *Stille Nacht* (RG 412) liturgisch salonfähig würde, wäre vor vierzig Jahren undenkbar gewesen. Ein Unglück ist es sicher nicht; ein Unglück wäre es aber, wenn dieses Lied und einige seiner «Nachbarn» jetzt zur dominanten Tonlage in der Feier von Christi Geburt würden.

412

Neben (oder besser: vor) dem menschlich-psychologischen Argument für die vermehrte Orientierung am Jahreslauf ist es die liturgische Grunddimension des Gedenkens, die uns in dieselbe Richtung weist.[52] Bereits der Festkalender Israels beruht auf dieser anamnetischen Dimension des vergegenwärtigenden Erinnerns: Aus dem, was als Vergangenes erzählt wird, ensteht wirkungsmächtige Gegenwart, wenn etwa beim Passahfest an den Auszug aus Ägypten oder beim Wochenfest an die Gottesoffenbarung am Sinai erinnert wird.

Anamnese

In gleicher Weise gibt der liturgische Jahreslauf den Rhythmus des Christusgedenkens vor, schafft den Raum, in welchem aus der vergangenen Geschichte des Jesus von Nazareth die Gegenwart Christi werden kann. Dabei ist es immer das ganze Christusgeschehen, das Gegenstand der Erinnerung ist. Das Kind in der Krippe darf nicht den Blick auf den Gekreuzigten verstellen, der Gekreuzigte ist auch der Auferstandene – wenn auch jedes Fest sinnvollerweise seinen besonderen Aspekt zur Geltung bringt.

Einheit des Gedenkens

An Martin Luthers Liedern lässt sich diese Einheit des Christusgedenkens gut ablesen. Im Weihnachtslied *Gelobet seist du, Jesu Christ* (RG 392) erscheint die Menschwerdung Gottes schon als Beginn des Leidensweges (*In unser armes Fleisch und Blut verkleidet sich das ewig Gut*), oder in *Christ lag in Todes Banden* (RG 464) sind Passions- und

392

464

---

51 Zur allmählich wieder einsetzenden religionskritischen Diskussion vgl. Hans P. Lichtenberger: Religionskritik als Thema christlicher Theologie. In: Unipress, hg. von der Pressestelle der Universität Bern, Nr. 97, Juni 1998, S. 4–6.
52 Vgl. dazu den Aufsatz von Alfred Ehrensperger: «Dies tut zu meinem Gedächtnis». Gedenken und Vergegenwärtigen als grundlegende Vorgänge des gottesdienstlichen Feierns. In: MGD 50. Jg. 1996, S. 118–125.

Ostergedenken vereint – darum nennt Luther dieses Lied in der Überschrift «Christ ist erstanden, gebessert».

Aus den großen Stationen des Christusgedenkens ergibt sich noch kein «Kirchenjahr». Davon wäre erst zu sprechen, wenn die liturgische Zeit konsequent durchorganisiert wäre, sonntags- und wochenweise, so wie es lutherische oder katholische Ordnungen tun. Wenn von manchen Pfarrern eine durchgehende Zuordnung von biblischen Texten zu den einzelnen Sonntagen verwendet wird, handelt es sich um Übernahmen aus diesen Ordnungen oder aus den reformierten Westschweizer Kirchen. Eine solche Übernahme kann eine Hilfe für das Finden von Predigttexten sein – verbindlich für die Deutschschweizer reformierten Kirchen sind diese Perikopenordnungen indes nicht.[53] Die Deutschschweizer Liturgiekommission hat in mehreren Anläufen immer wieder über die Frage einer Perikopenordnung diskutiert, immer mit dem Ergebnis, dass zwar einiges dafür spricht, noch mehr aber dagegen.

Ideenfeste Zusätzlich zu den Hauptfesten prägen weitere Daten den Jahreslauf. Dazu gehören die so genannten «Ideenfeste», an denen bestimmte Glaubensaussagen im Zentrum stehen, etwa das «Trinitatisfest», der Dreifaltigkeitssonntag eine Woche nach Pfingsten. Eher neueren Datums sind thematische Sonntage wie Kranken-, Flüchtlings-, Missions- oder (in Bern) Bibelsonntag, alle ohne eigene Rubrik im Gesangbuch und im allgemeinen Bewusstsein ausgesprochen schwach verankert.

Gedenktage Eine weitere Reihe von Festen sind historisch oder politisch begründet, so das Reformationsfest (in Deutschland zumeist am 31. Oktober, in der Schweiz am ersten Sonntag im November) zur Erinnerung an Luthers Thesenanschlag 1517, der bernische «Kirchensonntag» oder «Laiensonntag» (erster Sonntag im Februar) zur Erinnerung an Berner Disputation und Reformation 1528 oder der Eidgenössische Dank-, Buß- und Bettag (dritter Sonntag im September), der auf eine alte Tradition von zunächst unregelmäßig nach Bedarf begangenen Bußtagen zurückgeht, dazu aber auch Elemente des Erntedankfestes aufnimmt und damit die Brücke zum *Naturjahr* Lauf des Naturjahres schlägt. Eigentliche Erntedankgottesdienste sind in den letzten Jahren vermehrt in Übung gekommen, und da und dort begeht man auch die den nordischen Ländern sehr wichtige Sommersonnenwende, auch wenn dabei vielleicht die Integra-

---

[53] Alfred Ehrensperger: Eine Perikopenordnung für die reformierten Kirchen der deutschsprachigen Schweiz? In: MGD 46. Jg. 1992, S. 254–262.

tionskraft der christlichen Tradition nicht selten gehörig strapaziert wird.

Der Trend zu einer stärkeren Berücksichtigung der gottesdienstlichen Zeit ist offensichtlich. Er geht einher mit einer Tendenz zur «Kasualisierung», bei der jeder Gottesdienst ein von Anlass und Thema bestimmter Einzelfall, ein «Kasus» ist. Die selbstverständliche Kontinuität in der Reihe aller Gottesdienste genügt weithin nicht mehr für die Legitimation des Gottesdienstes und schon gar nicht als Motivation, an einem Gottesdienst teilzunehmen. Das hat zweifellos viel Positives an sich. Es ergeben sich Anlässe zum Feiern, die thematische Vorprägung erleichtert den Einstieg für Gestaltende und Teilnehmende, vorhandenes religiöses Bewusstsein und Wissen kann aufgenommen und weitergeführt werden, und nicht zuletzt ist in den geprägten Festzeiten die Bereitschaft zur Teilnahme an kirchlichen Angeboten (um einmal diesen marktwirtschaftlichen Begriff zu gebrauchen) größer als sonst.

Kasualisierung

Nicht zu übersehen ist allerdings die Gefahr, dass der Wochenrhythmus abgewertet wird: Es kann ja nicht an jedem Sonntag etwas Besonderes veranstaltet werden. Die zwischen den «Kasus-Sonntagen» liegenden Sonntage werden blass und zeigen noch mehr Mühe, Menschen zu motivieren. Bereits fallen da und dort Gottesdienste zum Beispiel am Sonntag zwischen Weihnachten und Neujahr aus!

Ein Gottesdienst erhält seine jahreszeitliche Prägung in einem hohen Grad von der Musik her: Was wäre ein Weihnachtsgottesdienst ohne Weihnachtslieder? Diese Prägung hängt zum einen mit ganz bestimmten Melodien zusammen, die man ausschließlich oder vorwiegend mit Texten zu bestimmten Festen verbindet – ganz besonders trifft das wieder für Weihnachtslieder wie *O du fröhliche* (RG 409), *Vom Himmel hoch, da komm ich her* (RG 394) oder *In dulci jubilo* (RG 384) zu. Zum andern hat auch jedes Fest seine besondere Affektlage, die sich in der verwendeten Musik spiegelt und ausdrückt. Und wiederum ist es die Musik, die einem einzelnen Gottesdienst innerhalb der Bandbreite der Möglichkeiten jeder Kirchenjahreszeit seine individuelle Prägung verleiht. Wie verschieden in dieser Hinsicht sind schon Bachs Passionsmusiken unter sich, von der völlig anderen Akzentsetzung eines Telemann oder gar Graun ganz zu schweigen! Im Abschnitt über die Weihnachtszeit wird darauf noch zurückzukommen sein.

Musik im Kirchenjahr

409, 394 384

Die Gesänge und Texte im Jahreskreis

Advent

Zwanzig Lieder, zwei Kanons, ein Kehrvers und drei Bibeltexte bilden das Adventskapitel des Reformierten Gesangbuches. Acht der neun Adventslieder des alten Gesangbuchs sind darin wieder enthalten. Als Vorbereitungszeit ist die Adventszeit eine Buß- und Besinnungszeit. Sie ist geprägt von der Spannung zwischen dem Schmerz und der Dunkelheit der Welt und der Erwartung von Licht und Heil – einer Erwartung, die sich einmal gespannt und gedämpft, einmal freudig und heiter ausdrückt.

Gerade viele ältere Lieder nehmen eher die herbe, gespannte Seite des Advents auf – am deutlichsten das altbekannte *O Heiland, reiß die Himmel auf* (RG 361), das der drängenden Erwartung durch eine Vielzahl von Imperativen Ausdruck gibt: «reiß, lauf, komm, geh auf, führ» und noch mehr. Allzu ängstliches konfessionelles Abgrenzungsbedürfnis hat bei der Zusammenstellung des alten Gesangbuchs die Aufnahme zweier wichtiger volkstümlicher Lieder verhindert, die jetzt ihren Platz bekommen haben: *Es kommt ein Schiff, geladen* (RG 360) und *Maria durch ein' Dornwald ging* (RG 368). Es gibt wirklich keinen vernünftigen Grund, weshalb Maria, die Mutter Jesu, nicht im Gesangbuch erscheinen dürfte – in der Bibel kommt sie ja auch vor ...

Das Lied vom Schiff fällt durch seine besondere rhythmische Organisation auf. Die erste Strophenhälfte steht im Dreiertakt, die zweite im geraden Takt. Dahinter steht möglicherweise die mittelalterliche Vorstellung, dass der Dreiertakt die «perfekte», der gerade Takt die «imperfekte» Ordnung sei: Die Zahl Drei verweist auf die Trinität, gehört der göttlichen Sphäre an, die Zahl Zwei hingegen weist auf die irdische, menschliche Sphäre: Mann und Frau, Tag und Nacht, oben und unten, rechts und links sind einige der dualen Grundstrukturen der Welt. Mit dem Taktwechsel symbolisiert das Lied vom Schiff den Übergang des Gottessohnes aus der göttlichen Vollkommenheit in die Gegensätze unserer unvollkommenen Welt, ein musikalisches Inkarnationsbild sozusagen.

Während manche Lieder aus dem 17. bis 19. Jahrhundert die helle, freudige Seite der Adventserwartung zeigen – zum Beispiel *Nun jauchzet all, ihr Frommen* (RG 365) oder *Gott sei Dank durch alle Welt* (RG 369) –, sprechen neuere Lieder wieder deutlicher den dunklen Hintergrund des Wartens an und schaffen die Verbindung zur Passionszeit. *Vor den Türen deiner Welt* (RG 374) wird nicht zufällig auf eine Melodie gesungen, die sonst mit einem Passionslied bekannt ist, nämlich *Jesu, deine Passion* (RG 447). Wir haben festgestellt, dass es im Christusgedenken des Kirchenjahres immer um den «ganzen Christus» geht. Dass vom Advent der Bogen zur Passion geschlagen wird, liegt nahe: Der Weg Gottes in die Welt führt in die Erniedrigung, ins Leiden, ans Kreuz. Die Passionsmelodie schafft zu dem Adventstext eine sinnvolle Assoziation.

447

An einem bestimmten Punkt sind Advents- und Passionszeit besonders verbunden, nämlich am Palmsonntag im Gedenken an den Bericht von Jesu Einzug in Jerusalem, einer «Ankunft», einem «adventus» besonderer Art. Schon das altbekannte *Wie soll ich dich empfangen* (RG 367) bezog sich ausdrücklich ebenso auf Advent wie auf Palmsonntag, und neu zeigt auch das Lied *Wir ziehen vor die Tore der Stadt* (RG 378) dieses Doppelgesicht. Nach Auskunft seines Autors[54] nimmt es eine vertraute Situation auf: Eine Ehrendelegation zieht zum Stadtrand oder zum Bahnhof, um eine Berühmtheit oder eine erfolgreiche Sportmannschaft abzuholen. «Vor die Stadt» heißt aber noch mehr: hinausgehen aus Sicherheiten, aus der Geborgenheit vermeintlicher Selbstverständlichkeiten, aus der Vertrautheit des Gewohnten, hinaus ins Unbekannte, ins Offene, an die Ränder der Gesellschaft, zu den «Randständigen», bei denen Christus zu finden ist. Im Lied ausdrücklich aufgenommen ist der Text aus dem Hebräerbrief: «Lasst uns also zu ihm vor das Lager hinausziehen und seine Schmach auf uns nehmen. Denn wir haben hier keine Stadt, die besteht bleibt, sondern wir suchen die künftige» (Hb 13,13–14).

367

378

Deutlich wird in diesem Lied, dass die Ankunft Jesu nicht ohne Folgen für die Welt bleibt, für die einzelnen Menschen, für Politik und Gesellschaft. So ist es auch bei einem neuen Adventslied, das aus der niederländischen Kirche zu uns gekommen ist: *Das Volk, das noch im Finstern wandelt* (RG 375). Die Friedensvision des Propheten Jesaja ist hier mit der Geburt Jesu verbunden – entsprechend einer sehr alten Tradition. Nicht zufällig ist dieses Lied in der Zeit des «Kalten Krieges» entstanden, der Zeit des Wettrüstens zwischen Ost und West, der hemmungslosen Produktion von Massenvernichtungswaffen – aber auch der Zeit der Friedensbewegung, der Ostermärsche, der Zeit, zu der das Bibelwort «Schwerter zu Pflugscharen» in der DDR (trotz der von der Sowjetunion der UNO

375

---

[54] Gottfried Schille; vgl. das Liedportrait von Andreas Marti, in: MGD 39. Jg. 1985, S. 5–7.

geschenkten Eisenplastik, die eben diesen Satz ins Bild setzt) verboten und das Wort «Frieden» im Westen eine subversive Parole war, die einen ins Register der potenziell staatsgefährdenden Elemente bringen konnte. Im «Evangelischen Gesangbuch» empfand man den Bezug der adventlichen Verheißung auf diese Welt als zu direkt und brach den konkretesten Passagen die Spitze. Die Originalversion der dritten Strophe, wie sie auch in unserem Gesangbuch steht, lautet:

> Sein Friede kommt: nie mehr Sirenen,
> nie Krieg, Verrat und bittre Zeit;
> kein Kind, das nachts erschrocken schreit,
> weil auf dem Pflaster Stiefel dröhnen.

Die EG-Fassung dagegen ist die folgende:
> Er kommt mit Frieden. Nie mehr Klagen,
> nie Krieg, Verrat und bittre Zeit;
> kein Kind, das nachts erschrocken schreit,
> weil Stiefel auf das Pflaster schlagen.

Freilich: Gottes Friedensreich wird nicht in dieser Welt anbrechen – aber es darf gerade im Lied, in der symbolisch verdichteten Sprache, auch das gesagt werden, was über vernünftiges, theologisch korrektes Abwägen hinausgeht. Zum Schrei aus Not und Dunkel, wie er in den alten Adventsliedern ertönt, gehört auch die trotzige Hoffnung auf eine radikale Umwälzung der Verhältnisse – nach dem Muster der alttestamentlichen Propheten –, und dass der Text Dinge konkret beim Namen nennt, die zu den dunklen Seiten dieser Welt gehören, kann man ihm wahrlich nicht verübeln.

<small>380</small>

Das Adventskapitel schließt mit dem Kanon *Steh auf, werde licht* (RG 380). Aufgepasst: Es handelt sich nicht um den etwa in Sonntagsschulkreisen recht weit verbreiteten Kanon *Mache dich auf und werde licht*: Dieses Machwerk ist nämlich gar kein richtiger Kanon, weil immer wieder die Stimmen unisono miteinander laufen und so die Idee des Kanonsingens zerstören, aus einer einzigen Singstimme eine echte Mehrstimmigkeit entstehen zu lassen. Das RG bietet auf diesen wichtigen Text einen Ersatz an, der musikalisch-handwerklich richtig gearbeitet ist und darum auch viel besser klingt.

Weihnachten

<small>idyllisches und prophetisches Klischee</small>

Wohl kaum an einer anderen Stelle treffen unterschiedliche Zugangs- und Erlebnisweisen in der Kirche so gegensätzlich aufeinander wie an Weihnachten. Dem klischeehaft idyllischen Tannenbaum-, Christkind- und Engelein-Kitsch in prophetischer Manier die Botschaft von Gottes Armut und Zuwendung zu den Armen und Verstoßenen entgegenzuhalten, ist leider auch selbst schon beinahe wieder zum Klischee geworden. Es ist aber kaum zu bestreiten, dass das «prophetische» gegenüber dem «idyllischen» Klischee grundsätzlich im Recht ist, und so ist es nicht nur gut, dass auf breiter Front im neuen Gesangbuch jene Lieder rehabilitiert und liturgisch legitimiert sind, die nur dem gesteigerten Emotionalitätsbedürfnis der Leute entsprechen und nichts oder nur wenig mit der keineswegs so friedlich-behaglichen biblischen Weihnachtsbotschaft zu tun haben – häufig auch dadurch, dass inhaltlich durchaus vorhandene Ansätze durch die üppige Gefühlshaftigkeit der Musik überdeckt werden wie ein sorgfältig gekochtes Weihnachtsessen durch eine fette und üppige Sauce.

Das Traurige an der Sache ist, dass fast unfehlbar immer die problematischen Dinge populär werden, und was populär ist, bringt Erfolg, wird deshalb wieder verwendet und dadurch noch populärer. Es spielt sich nur zu leicht ein Regelkreis, ein Verdrängungsmechanismus zulasten des Anspruchsvolleren ein, und die Kirche scheint hier voll in die Falle der Konsum- und Marktwirtschaft getappt zu sein. Zu diesen «Saucen»-Liedern gehören vor allem solche aus dem 19. und 20. Jahrhundert:

Unser Heiland ist nun da (RG 407)	407
O du fröhliche (RG 409)	409
Stille Nacht (RG 412)	412
Herbei, o ihr Gläub'gen (*Adeste fideles*, RG 413)	413
Kommet, ihr Hirten (RG 414)	414
Der Heiland ist geboren (RG 416)	416
Hört, der Engel helle Lieder (RG 418)	418
Es ist für uns eine Zeit angekommen (RG 420)	420
Was isch das für e Nacht (RG 422)	422
Das isch de Stärn vo Betlehem (RG 426)	426
Go tell it on the mountain (RG 431)	431

Natürlich geht es nicht an, all diese Lieder in einen Topf zu werfen, gerade die beiden zürichdeutschen sind inhaltlich recht differenziert und musikalisch-handwerklich überdies – innerhalb ihres «Musical»-Genres – über jeden Zweifel erhaben. Dass Mendelssohns Melodie bei *Unser Heiland ist nun da* (RG 407) einen unnachahmlichen Schwung hat, das französische Volkslied *Les anges dans nos campagnes* (*Hört, der Engel helle Lieder*, RG 418) von einer unmittelbar berührenden Wirkung ist und *O du fröhliche* (RG 409) sogar die viel strengere Eintrittsprüfung ins alte Gesangbuch bestanden hatte, steht auch nicht zur Diskussion. Zur Diskussion steht wohl   407 418 409 überhaupt weniger die inhaltliche, sprachliche und musikalische Qualität der Lieder an sich, sondern ihr Gebrauch – die Versuchung, Weihnachten zur Befriedigung religiöser Heimatbedürfnisse zu missbrauchen, die «bewegende Botschaft des Evangeliums ... zur religiösen Gemütlichkeit»[55] verkommen zu lassen.

Das Problem ist der Gebrauch, und auch da wohl erst der vorwiegende oder gar ausschließliche Gebrauch. Diese Lieder dürfen vorkommen, sollen vorkommen, so wie die Menschen mit ihren Gefühlen und Bedürfnissen im Gottesdienst vorkommen dürfen und sollen. Damit ist es aber nicht getan. Sie haben sich kontrapunktieren, in Frage stellen zu lassen durch jene andere Art von Weihnachten, so wie wir Menschen uns immer in Frage gestellt sehen durch Gottes Anrede. Diesem Anliegen entsprechen einige neuere Lieder wie

415	*Du Kind, zu dieser heilgen Zeit* (RG 415)
427	*Nachdem dein Stern in Betlehem erschienen* (RG 427)
428	*Christus wird geboren in den Schmerz der Zeit* (RG 428)
429	*Nicht Betlehem allein ist auserkoren* (RG 429)
430	*Gott aus Gott und Licht aus Licht* (RG 430)

Dazu gehören aber auch alte Weihnachtslieder wie zum Beispiel

392	Luthers *Gelobet seist du, Jesu Christ* (RG 392) oder Elisabeth Crucigers
390	*Herr Christ, der einig Gotts Sohn* (RG 390), das neu in unser Gesangbuch gekommen ist.

Wir haben von der Prägung gottesdienstlicher Feiern durch die Musik gesprochen, und für Weihnachten hält die Musik eine große Bandbreite möglicher «Tonlagen» bereit. Da und dort mag eine gewisse Versuchung bestehen, gerade für so populäre Feiern wie die Christnacht beim Populären, Idyllischen, Heimlich-Heimeligen stehen zu bleiben, «Vertrautheit» zum alleinigem Maßstab zu machen. Ein Gottesdienst soll zwar bestehendes Bewusstsein aufnehmen (tut er dies nicht, bleibt er stumm), er muss es aber kritisch aufnehmen, muss es interpretieren, weiterführen, konfrontieren. Das darf nicht nur verbal – etwa in der Predigt – geschehen, sondern auch in der Musik. «So sie's nicht singen, glauben sie's nicht»

Gefühl und Tiefe   – dieses Luther-Wort gilt auch hier. Die spröderen, herberen Klänge ganz alter und auch neuerer Lieder sind ein unverzichtbares Korrektiv gegen all das, was so unmittelbar zu Herzen geht und den Weg zu jedem Nachdenken, aber auch zu Sensibilität und zu

---

[55] Urs Meier: Der Kern der Kirche. In: ZeitSchrift Reformatio, 47. Jg. 1998, H. 2, S. 91.

feinerem und differenzierterem Empfinden verstopft. Die Tiefenstrukturen des Seins erreicht man eben gerade nicht, wenn man vorab das Gefühl anspricht.[56]

Dass das Advents- und Weihnachtskapitel mit gesamthaft 76 Nummern zusammen fast einen Zehntel des ganzen Gesangbuchs ausmachen, mag zuerst etwas erstaunen. Dieser große Umfang ist aber sinnvoll, wenn man bedenkt, wie viele Anlässe und Gelegenheiten zum Singen es in der Advents- und Weihnachtszeit gibt – und das Gesangbuch soll dafür über eine gewisse Zeit hinweg nicht nur genügend Material zur Verfügung stellen, sondern auch eine gewisse Abwechslung ermöglichen – und dies erst noch in der erwähnten Breite der «Tonlagen».

Passion

Anders steht es im Passionskapitel. Die «Nachfrage» von der Seite des Gebrauchs und der Gebrauchssituationen ist unvergleichlich geringer als bei Advent und Weihnachten. Hingegen besteht hier eine ganz andere Nachfrage: jene nach neuen Zugängen und Sichtweisen zu diesem schwierigen Thema. Die meisten der traditionellen Passionslieder interpretieren den Kreuzestod Jesu im Horizont der so genannten «Satisfaktionslehre». Sie besagt, dass um Gottes *Satisfaktionslehre* Heiligkeit willen die Sünde durch Sühne ausgeglichen werden muss, dass für sie Genugtuung (wörtlich für «satisfactio») zu leisten ist. Das ist zum Beispiel die Bedeutung dieses Ausdrucks in Paul Speratus' Lied *Es ist das Heil uns kommen her* (RG 274): *der hat für uns* *274* *genug getan.* Diese Genugtuung können wir Menschen selbst nicht leisten, da wir in die Sünde, in die Macht des Bösen verstrickt bleiben (die traditionelle Theologie spricht hier von der «Erbsünde»), und darum tritt Gott selbst in seinem Sohn Jesus Christus für uns ein.

Die Vorstellung eines stellvertretenden Sühneleidens ist schon dem vorchristlichen Judentum bekannt und begegnet am deutlichsten in den «Gottesknechtliedern» des «Zweiten Jesaja» (Jes 42,1–9; 49,1–9; 50,4–9; 52,13–53,12). Sie wurden dann zu Hilfe genommen, als es darum ging, den Kreuzestod Jesu zu deuten: Die zunächst bedeutungsmäßig offene Formulierung «für uns gestorben» bekam im Laufe der Zeit eine immer präzisere Interpretation, die allerdings zu schwer verkraftbaren Paradoxien führte: Gott, dessen Wesen Liebe ist, erscheint als zorniger, rächender Gott, der

---

[56] Vgl. Adolf Brunner: Musik im Gottesdienst. Zürich ²1968, S. 61.

ausgerechnet seinen Sohn dem Leiden und dem Tod preisgibt – welch schrecklicher «Vater»! Man kann das natürlich dogmatisch-systematisch reflektierend auffangen, aber die Folgen für das Gottesbild bleiben problematisch, wie nicht zuletzt ein Blick auf Kirchenliedtexte und Frömmigkeitsgeschichte zeigt: Die Anrufung Christi als Beistand gegen den Zorn des richtenden Vaters[57] zerstört die Einheit Gottes, und die mittelalterliche Anrufung der Heiligen als Fürsprecher bei Gott macht diesen zum unnahbaren Richter.

Erbsünde

Dass sich mit diesem ganzen Vorstellungskomplex auch ein problematisches Menschenbild verbindet, ist offensichtlich. Aus der unbestreitbaren Erfahrung, dass wir uns der Macht des Bösen in uns selbst und in den ungerechten «Ordnungen» dieser Welt nicht entziehen können, eine «Erbsünde» zu machen, die zudem noch (wie es eine bestimmte Ausprägung der Theorie in missbräuchlicher Abstützung auf Psalm 51,7 behauptet) beim Zeugungsakt von den Eltern (und offenbar besonders von der Mutter ...) auf die Kinder übergehe, ist ein gefährlicher und menschenfeindlicher Irrweg des Denkens. Wer das Festhalten an der Erbsündenlehre zum Kriterium für die Treue zum Glauben erklärt,[58] verwechselt das grundsätzliche Anliegen einer Aussage mit ihrer historisch bedingten Formulierung – mag diese Formulierung auch eine respektabel lange Geschichte haben.

feministische Kritik

Zurück zur Satisfaktionslehre: Was als gewagte Interpretation des «für uns gestorben», als eine Art Grenzaussage gerade noch möglich wäre, ist im Mittelalter zum dominierenden Verständnisschlüssel der Passion geworden und ist es auch in den folgenden Jahrhunderten geblieben. In den letzten Jahrzehnten hat vor allem die feministische Theologie[59] die traditionelle Passionsinterpretation radikal in Frage gestellt: Das autoritäre Gottesbild, der strafende (Über-)Vater, die Beschränkung auf ein maskulines Vater-Sohn-Bruder-Verhältnis, die Ablenkung vom weltweiten Leiden der

---

[57] Hans-Georg Kemper: Das lutherische Kirchenlied in der Krisen-Zeit des frühen 17. Jahrhunderts. In: Alfred Dürr, Walther Killy: Das protestantische Kirchenlied im 16. und 17. Jahrhundert. Wiesbaden 1986, S. 87–108, bes. S. 101 f.

[58] Johann Anselm Steiger: Die unaufgeklärte Gesangbuchrevision. In: Theologische Rundschau, 60. Jg. 1995, S. 204–226.

[59] Diskutiert z. B. bei Luise Schottroff: Kreuz, Opfer und Auferstehung Christi. Geerdete Christologie im Neuen Testament und in feministischer Spiritualität. In: Renate Jost, Eveline Valtink (Hg.): Ihr aber, für wen haltet ihr mich? Auf dem Weg zu einer feministisch-befreiungstheologischen Revision von Christologie. Gütersloh 1996, S. 102–123 (dort weitere Literatur).

Menschen früher und heute in der Kontemplation des Kreuzesleidens Jesu, ja die Behauptung, dass überhaupt aus Leiden Heil erwachsen könne, sind einige der Kritikpunkte, die hier vorgebracht werden und damit hüben und drüben die Frage auslösten, wie weit feministisch-emanzipatorisches Denken und Handeln überhaupt noch im Rahmen christlich-jüdischer Tradition möglich sei. Diese Diskussion muss zu einem guten Teil erst noch geführt werden; doch auch wer nicht bis zu den radikaleren Positionen vorstößt, kommt um eine kritische Auseinandersetzung mit der Satisfaktionslehre (beziehungsweise ihrer traditionellen Vorherrschaft) und um die Suche nach einem differenzierten und der Vielschichtigkeit des biblischen Zeugnisses angemesseneren Passionsverständnis nicht herum.

Neue Formulierungen sind noch rar, und entsprechend dünn gesät sind neue Passionslieder, die sich dem Thema von anderer Seite her nähern würden – und wo wenig oder nichts vorhanden ist, kann ein Gesangbuch auch nicht viel aufnehmen. So muss leider gesagt werden, dass das Passionskapitel in unserem Gesangbuch nur wenig dazu beiträgt, über eingefahrene und teilweise fragwürdige Muster hinauszukommen.

Immerhin sind einige neuere Passionslieder mindestens offen für andere Deutungen: *Kommt, ihr Menschen, nehmt zu Herzen* (RG 443) erinnert an die Passionsgeschichte, gibt selber keine Deutung, ruft aber in der vierten Strophe zur Deutung auf, welche in der Nachfolge im Kreuz besteht. *Korn, das in die Erde, in den Tod versinkt* (RG 456) vereint Passions- und Ostergedenken, wobei allerdings die Nachdichtung des englischen *Now the Green Blade Rises* durch Jürgen Henkys den Akzent stärker auf die Passion legt als die Vorlage. Die notwendige Einheit beider Aspekte, von Luther in *Christ lag in Todes Banden* ausdrücklich dargestellt, kommt auch hier zur Geltung: Gottes Liebe ist stärker, auch wenn sie sich in die äußerste Machtlosigkeit gibt.

443

456

Seht hin, er ist allein im Garten (RG 452) pendelt zwischen dem «Hinsehen», dem Gedenken einerseits und der Deutung in Gebetsform andererseits. Das Leiden Christi trägt uns in unserer Erfahrung von Leiden an fremder und eigener Schuld. Das «Seht hin» ist ein Aufruf, nicht von Leid und Unrecht wegzusehen, wie wir es nur zu oft tun. Ein Problem stellt allerdings die Melodiekombination in diesem Lied dar: Die rhythmisch ungeformte, in der Bewegung sehr offene, wenn nicht gar etwas ziellose Melodie von Götz Wiese fällt gegenüber der stark geprägten und in sich subtil ausbalancierten Melodie des Genfer Zehngeboteliedes zu sehr ab.

452

455 *Hört das Lied der finstern Nacht* (RG 455), wieder ein Aufruf zum aufmerksamen Gedenken wie 443 und 452, bietet nur eine kurze Erinnerung an die Passionserzählung ohne jede Deutung, nur mit einer kleinen Öffnung am Schluss: «reißt durch seinen Tod uns aus Nacht und Not». Schließlich stellt das Lied *Was ihr dem geringsten*
457 *Menschen tut, das habt ihr mir getan* (RG 457) Jesu Leben und Leiden als Grundmuster unseres Lebens dar: Jesus begegnet uns in den Armen, Leidenden und Verstoßenen, so wie es im Gleichnis vom Weltgericht beschrieben ist (Mt 25,31–46).

Den Ruf in die Nachfolge als Parteinahme, zu bedingungsloser Liebe verbinden auch schon ältere, von Aufklärung und Pietismus beeinflusste Lieder mit dem Passionsgedenken: *Herr, stärke mich, dein*
449 *Leiden zu bedenken* von Christian Fürchtegott Gellert (RG 449) und
450 *Liebe, du ans Kreuz für uns erhöhte* von Karl Bernhard Garve (RG 450).

Der Verzicht auf die ausführliche Deutung findet sich in älteren
435 Liedern, nämlich im mittelalterlichen *Ehre sei dir, Christe* (RG 435) und ein Stück weit ebenfalls in *Wir danken dir, Herr Jesu Christ* (RG
439 439), und auch die erzählenden Lieder haben ihre Vorgänger in den häufig sehr langen Passionshistorien in Liedform aus dem 16. und 17. Jahrhundert, von denen heute nur noch Bruchstücke beziehungsweise Rahmenstrophen erhalten sind: *O Mensch, bewein dein*
438, 436 *Sünde groß* (RG 438) und *O hilf, Christe, Gottes Sohn* (RG 436).

Das eingangs genannte Bedürfnis nach neuen Sichtweisen entsprechend der Vielfalt und Unabgeschlossenheit des biblischen Zeugnisses kann das neue Gesangbuch nur teilweise erfüllen – offensichtlich ist das neue Nachdenken über die Passion noch nicht bis zur konzentrierten Formulierung in der strengen Form des Liedes vorgedrungen. Viele Fragen sind zwar gestellt, aber zu neuen Positionen haben sie noch kaum geführt. Da bleibt eine Aufgabe für das nächste Gesangbuch unerledigt liegen.

Auffallenderweise ist das Passionskapitel auch auf der formalen Ebene wenig innovativ. Neben drei Bibeltexten aus den Passionserzählungen enthält es ausschließlich Lieder. Von diesen 23 Liedern stammen 14 aus dem alten Gesangbuch, wenn auch teilweise aus anderen Rubriken. Verschlägt uns am Ende das Nachdenken über das Leiden Jesu und über das Leiden überhaupt dermaßen die Stimme, dass nur die stabile Form des Liedes noch trägt? Die freieren Formen bleiben auf der Strecke. Das hat vielleicht auch eine positive Seite: Der schnellere Ablauf, der engere Rhythmus liturgischer Gestaltung mit kurzen musikalischen Formen – Leitversen, Rufen, manchmal auch Kanons – könnte sich durchaus als wenig geeignet zeigen für den stilleren Ablauf etwa einer Passionsmeditation, als dem längeren Atem des Strophenliedes unterlegen. Umso sorgfältiger müssen jedoch Lieder und Liedstrophen ausgewählt und im formalen und inhaltlichen Ablauf eingebaut werden.

Ostern

Anders als im Passions- spielen im Osterkapitel die nicht liedmäßigen Formen eine wichtige Rolle. Mit vier Kanons und zwei kurzen liturgischen Stücken neben 22 Liedern sind sie zahlenmäßig zwar nicht überaus gewichtig, umso naheliegender ist ihre Verwendung als «Osterruf», mit dem sich Christen an Ostern in der Liturgie – und im Bereich der östlichen Kirchen auch außerhalb des Gottesdienstes – begrüßen. Der Ruf «Christus ist auferstanden» prägt die Feier der Osternacht,[60] etwa in der Form, dass beim Einzug mit der Osterkerze in die Kirche einige Male angehalten wird. Bei jeder Station ertönt der Osterruf – vom Pfarrer oder einer kleinen Vorsängergruppe angestimmt, von der ganzen Gemeinde antwortend wiederholt. Die Osterrufe in Kanonform könnten dabei in «wachsender» Form gesungen werden: beim ersten Mal einstimmig, dann zweistimmig und so fort.

Osterruf

Ganz anders als an Weihnachten ist an Ostern das Geschehen, von dem die Bibel berichtet, nur schwer vorstellbar. Diese Berichte fassen Glaubenserfahrung in konkrete Geschichten und rufen ihre Leser selbst wieder in die Glaubenserfahrung. In diesem Vorgang, in dieser Weitergabe, stehen auch die Osterlieder (wie natürlich geistliche Lieder überhaupt), und sie reagieren unterschiedlich auf die Schwierigkeit, dass wir uns Ostern, die Auferstehung Jesu, kaum so recht vorstellen können. Manche belassen es sozusagen beim Osterruf; sie rufen das «Christus ist auferstanden» weiter und rufen zur Freude und zum Glauben auf. Klassisches Beispiel dafür ist das alte *Christ ist erstanden* (RG 462), aber auch das volksliedhafte *Christus ist auferstanden* (RG 472). Auffallenderweise siedeln sich die ersten volkssprachlichen Lieder des Mittelalters an den Hauptfesten an: Weihnachten, Passion, Ostern, Pfingsten. Sie haben alle die beschriebene Funktion:[61] eine kurze Erinnerung an die Erzählung oder das Thema des Festes, eine knappe Interpretation in Form einer Bitte oder eines Aufrufs, abgeschlossen mit dem *Kyrie eleison* – von da haben sie die Bezeichnung «Leisen» erhalten. Unser

462
472

Leisen

---

60 Alfred Ehrensperger: Die Osternachtfeier. In: MGD 52. Jg. 1998, S. 46–57.
61 Franz Karl Praßl: Das Mittelalter. In: Christian Möller (Hg.): Kirchenlied und Gesangbuch. Quellen zu ihrer Geschichte. Tübingen/Basel 2000, S. 29–68, hierzu S. 58–62.

Gesangbuch enthält, zum Teil in später überarbeiteter und um weitere Strophen ergänzter Form, vier alte Leisen: *Gelobet seist du, Jesu Christ* (RG 392), *Ehre sei dir, Christe* (RG 435), *Christ ist erstanden* (RG 462), *Nun bitten wir den Heiligen Geist* (RG 502).

392, 435
462, 502

Historienlieder Andere Lieder, vor allem solche aus der Reformationszeit, erzählen in vielen Strophen die Ostergeschichte, oder besser: eine Zusammenstellung der einzelnen Ostergeschichten in den vier Evangelien. Von diesen «Osterhistorien in Liedform», soweit sie überhaupt noch im Gebrauch sind, haben sich in den heutigen Gesangbüchern meist nur die Rahmenstrophen und wenige der Erzählstrophen erhalten. Zu dieser Kategorie zählen *Gelobt sei Gott im höchsten Thron* (RG 466), *Erstanden ist der heilig Christ* (RG 467), *Erschienen ist der herrlich Tag* (RG 469). Wenn schon diese «Historienlieder» das Ostergeschehen durch Rahmenstrophen, durch die Art der Formulierung oder durch kleine Textzusätze interpretieren, wird in der Folgezeit die Interpretation immer gewichtiger, tritt die Erzählung zurück – etwa in *Jesus, meine Zuversicht* (RG 478). Manchmal begegnet dabei der Gedanke einer Auferstehung aus Nacht und Tod der Sünde, zu welcher uns Jesu Auferstehung den Weg frei gemacht hat, so in Paul Gerhardts *Nun freut euch hier und überall* (RG 476) in der vierten Strophe: *Ich will von Sünden auferstehn, wie du vom Grab aufstehest.* Noch deutlicher – und kennzeichnend für den Pietismus mit seinen Zentralbegriffen wie Wiedergeburt, Neuanfang, Neues Leben – formuliert es Lorenz Lorenzen in *Wach auf, mein Herz, die Nacht ist hin* (RG 483): *Steh aus dem Grab der Sünden auf und such ein neues Leben.*

466, 467
469

478

476

483

In anderen Liedern ist der Gedanke des Neuen, des Neuanfangs zentral: *Ich sag es jedem, dass er lebt* (RG 484), *Seht, der Stein ist weggerückt* (RG 481). Die Welt hat mit Ostern *einen neuen Sinn* bekommen, sie ist in ihren Grundfesten verändert: *nichts ist, wie es war.* Dass sich dieses Neue nicht nur in der Vorstellung oder gar lediglich in der Erwartung einer fernen, außerweltlichen Zukunft abspielt, sondern konkrete Wirklichkeit werden will, fomuliert Kurt Martis «anderes Osterlied» (so der originale Titel) *Das könnte den Herren der Welt ja so passen* (RG 487): Ungerechte Verhältnisse dürfen nicht bestehen bleiben. Sie sind Herrschaftsinstrumente des Todes, und wenn wir Christen als «Protestleute gegen den Tod» an Ostern bekennen, dass Christus dem Tod die Macht genommen hat, dann äußert sich dieses Bekenntnis auch so, dass wir an der Beseitigung dieser ungerechten Verhältnisse arbeiten. Ostern ist politisch. Die Melodie von Peter Janssens schlägt am Ende des Osterkapitels den Bogen

484
481

487

zurück zu seinem Anfang: Sie nimmt die Töne von *Christ ist erstanden* (RG 462) auf, und in der rhythmischen Deklamation des Textes wird aus der alten Osterleise ein marschartiger Protestsong, der sich in die Linie des politischen Chansons einreiht.

462

Himmelfahrt

«Da wurde er vor ihren Augen emporgehoben», lesen wir in Apg 1,9. Damit verbindet sich nur allzu leicht eine bildlich-konkrete Vorstellung, die ausgesprochen befremdlich wirkt. Sinnvoller wäre es wohl, statt von «emporgehoben», von «entrückt», «weggenommen», «entzogen» zu reden, was alles in dem griechischen Wort auch enthalten ist. Der Evangelist und Verfasser der Apostelgeschichte wollte das Ende der leiblichen Anwesenheit des Auferstandenen auf der Erde an einem Datum konkret machen: Von diesem Datum an wirkt Christus durch seine Jünger, die er in die Welt schickt.

Ein Hauptgedanke des Himmelfahrtsfestes ist im so genannten «Christushymnus» Phil 2,5–11 (RG 216) ausgedrückt, nämlich die Erhöhung Christi zur Herrschaft über die Welt. Dieses «regnum Christi», die «Königsherrschaft», ist gerade für die reformierte Tradition wichtig. Danach kann es keine Bereiche geben, die sich auf eine «Eigengesetzlichkeit» berufen und dem Gerechtigkeitsanspruch Gottes entziehen können. Die «Barmer Erklärung» hat 1934 nicht zuletzt in diesem Gedanken die geistlichen Grundlagen des Widerstandes gegen den Nationalsozialismus gefunden: «Wir verwerfen die falsche Lehre, als gebe es Bereiche, in denen wir nicht Jesus Christus, sondern anderen Herren zu eigen wären, Bereiche, in denen wir nicht der Rechtfertigung und Heiligung durch ihn bedürften» (2. These der Theologischen Erklärung der Bekenntnissynode von Barmen, abgedruckt im Textteil des neuen «Evangelischen Gesangbuchs», Nr. 810).

Herrschaft

Wir neigen allerdings heute dazu, die Rede von «Herrschaft» unter den Verdacht von Patriarchalismus und Autoritarismus zu stellen. Das ist kurzschlüssige und oberflächliche «political correctness». Sie vergisst, dass es um die «Herrschaft» eines Gottes geht, der sich in der Gestalt eines einfachen, machtlosen, gewaltlosen und schließlich ermordeten Menschen gezeigt hat, dass damit jede menschliche Herrschaft, jede unbefragte Autorität, jede Hierarchie grundsätzlich in Frage gestellt ist. Freilich haben triumphalistische Formulierungen in traditionellen Oster- und Himmelfahrtsliedern wacker mitgeholfen, diesen Gedanken zu verschleiern. So sind manche der alten Lieder nicht mehr brauchbar, und wegen der genannten Schwierigkeiten mit der Himmelfahrtserzählung und mit der Rede von der «Herrschaft» sind auch nicht neue Lieder entstanden. Dementsprechend dünn ist dieses Gesangbuchkapitel ausgefallen. Neben zwei Leitversen zum Stichwort «Herrschaft Christi» haben wir drei Lieder, die alle schon im bisherigen Gesangbuch standen: *Gen Himmel aufgefahren ist* (RG 491) vertritt den Typus des frühen Kirchenjahr-Liedes, das nur kurz an die Erzählung des Festes erinnert, kaum interpretiert und eher summarisch Lob und Bitte anschließt. *Jesus Christus herrscht als König* (RG 492) stand bisher bei den Missionsliedern und hat jetzt den Platz gewechselt, und *An Christi Himmelfahrt schau an* (RG 493) ist das alte *Der Herr fährt glorreich in die Höh* mit einer neuen ersten Strophe, die auf das Triumphvokabular verzichtet.

Die schmale Basis von Himmelfahrt im Gesangbuch ist sicher auch ein Spiegel der schwindenden Bedeutung dieses Festes in Kirche und Gesellschaft. Es ist heute weithin zum Ausflugs- und Reisedatum (möglichst mit der «Auffahrtsbrücke» zum nächsten Sonntag) verkommen. Nun gut – auf das Datum könnten wir allenfalls verzichten, der Verzicht auf den herrschaftskritischen Gedanken von der Herrschaft Christi wäre aber die Selbstauflösung der Kirche.

Pfingsten

Das Teilkapitel zu Pfingsten vereinigt zwei recht verschiedene Gattungen von Liedern. Die einen, nur wenige an der Zahl, sind eigentliche Pfingstfestlieder, die auf die Erzählung von der Ausgießung des Heiligen Geistes (Apg 2,1–13) direkt oder indirekt Bezug nehmen. *Jauchz, Erd und Himmel, juble hell* (RG 503) erzählt in der ersten Strophe die Pfingstgeschichte und interpretiert sie in den folgenden Strophen. Zwei andere Lieder, *O komm, du Geist der Wahrheit* (RG 511) und *Dass es auf der armen Erde* (RG 513), bitten Gott um ein neues Pfingsten und sind im Grunde genommen Missionslieder: Die Sendung des Heiligen Geistes findet ihre Fortsetzung in unserer Sendung in die Welt. Der Kehrvers-Kanon *Ihr werdet die Kraft des Heiligen Geistes empfangen* (RG 512) drückt diesen Gedanken mit einem Jesuswort aus: «Ihr werdet meine Zeugen sein» (Lk 24,48).

Die weitaus meisten Lieder in diesem Abschnitt sind aber nicht an Pfingstdatum oder -erzählung gebunden und entsprechen eigentlich nicht dem anamnetischen Charakter des Kirchenjahres, sondern sie sind Bitten um den Heiligen Geist, Anrufungen des Geistes um sein Kommen. Sie sind somit nicht nur Pfingst-, sondern Heiliggeistlieder, sind nicht nur an Pfingsten zu gebrauchen, sondern das ganze Jahr über an jenen Stellen der Liturgie, wo die Gemeinde um Anwesenheit und Beistand des Geistes bittet. Solche «Epiklesen» haben ihren festen Platz in Taufe und Abendmahl; sie können aber auch im Eingangsteil des Gottesdienstes sinnvoll sein, und dort, wo das Wirken des Geistes im Lied konkreter beschrieben ist, können sie sich auch in thematisch geprägte Teile des Gottesdienstes einfügen. So erscheint der Geist vor allem in älteren Liedern als «Tröster» (gemäß einer möglichen Übersetzung der Bezeichnung «Paraklet» im Johannesevangelium) in Not und Tod, als Führer ins ewige Leben (*Nun bitten wir den Heiligen Geist*, RG 502). Auf die Pfingsterzählung stützt sich die Vorstellung vom Geist als Feuer, das in uns das Feuer der Liebe entzündet: O *Heiliger Geist, o heiliger Gott* (RG 506, zweite Strophe) oder der Taizé-Gesang *Veni Sancte Spiritus* (RG 514) – die Grundlage jeglichen Redens von «Leben und Handeln aus dem Glauben» und von christlicher Weltverantwortung.

502
506
514

Fast zu jedem Thema gibt es von den Pfingst- und Heiliggeistliedern aus Verbindungen, manchmal ausdrücklich formuliert, manchmal mehr im Hintergrund. Das ist kein Zufall, sondern theologisch durchaus sachgerecht. Wenn wir uns nicht von den schwierigen Formulierungen der klassischen Trinitätslehre blockieren lassen und konsequent statt «Heiliger Geist» «wirksame Gegenwart Gottes» sagen, so wird rasch klar, dass all diese Texte mit der Grundstruktur christlicher Existenz zu tun haben. «Gott ist Geist», heißt es im Johannesevangelium (Joh 4,24), und es ist immer uneingeschränkt von Gott die Rede, wenn wir «Heiliger Geist» sagen. Gottfried Wilhelm Locher, Professor für Dogmatik und Dogmengeschichte in Bern, hat um 1970 mehrfach in seinen Vorlesungen angeregt, man müsste den alten Satz «pater est fons totius trinitatis» («der Vater ist die Quelle der ganzen Dreieinigkeit») abändern zu «spiritus est fons totius trinitatis». Das würde in unserer Gottesvorstellung Statik durch Dynamik ersetzen, Distanz durch Nähe, vermeintliche Schöpfungsordnungen durch kritische Verantwortung, Hierarchie durch heilsame Revolution – es war eben die Zeit nach 68, und vielleicht haben wir uns in der Theologie durch den bald darauf einsetzenden Schöpfungs- und Öko-Boom zu rasch von diesen Überlegungen ablenken lassen (nicht zuletzt zum Schaden eines qualifizierten Nachdenkens über Schöpfung und Mitwelt!), so dass das Thema «Heiliger Geist» wie schon oft in der Geschichte der Theologie wieder einmal zu kurz gekommen ist.

Das zeigt sich deutlich auch im Liedbestand unseres Gesangbuchs. Von den 15 Strophenliedern des Abschnittes «Pfingsten» standen zwölf schon im alten Gesangbuch, nur drei sind neu: Eines ist Markus Jennys reimlose Neufassung des alten Pfingsthymnus *Veni creator spiritus* (RG 500); Maria-Luise Thurmairs *Komm, o Tröster, Heilger Geist* (RG 515) unterlegt einer alten Melodie eine Reihe von sicher richtigen, aber völlig traditionellen Aussagen, und lediglich das schwedische Kinderlied *Wind kannst du nicht sehen* (RG 516) – ein Loblied *über* den Geist – geht etwas neue Wege und spricht in schlichter und geradliniger Weise vom Geist als Gottes wirksamer Gegenwart. Ähnlich wie beim Passionskapitel müssen wir auch hier leider feststellen, dass unsere Zeit es nicht fertig gebracht hat, ein wichtiges Thema so weit durchzudenken, dass es einen neuen verbindlichen Ausdruck in Form des Liedes hätte finden können.

Dank-, Buß- und Bettag

Dieser Abschnitt fehlte im Gesangbuchentwurf, und zwar aus der Überlegung heraus, dass Lob und Dank, Schuldbekenntnis und Gebet in anderen Kapiteln ja gut vertreten sind. Dasselbe gilt für das Thema der christlichen Weltverantwortung, das an diesem politisch motivierten kirchlichen Feiertag naheliegenderweise eine bedeutende Rolle spielt. Politisch motiviert war denn auch letztlich der Beschluss, nun doch eine besondere Rubrik einzurichten, die besondere Beziehung zwischen Kirche und Staat und die öffentliche, politische Relevanz der christlichen Botschaft schon durch die Anlage des Gesangbuchs deutlich zu machen.

Diese löbliche Absicht hat allerdings eine Realisierung gefunden, die nicht über jeden Zweifel erhaben ist. Auch hier fehlt leider die Stimme der Gegenwart, und die beiden gegenüber dem alten Gesangbuch neu hinzugekommenen Lieder sind schwülstige «Schinken» aus dem 19. Jahrhundert, die weder inhaltlich noch sprachlich noch musikalisch den Maßstäben entsprechen, die sonst an Gesangbuchstücke gelegt wurden. Sowohl das Landsgemeindelied *Alles Leben strömt aus dir* (RG 520) als auch die Landeshymne *Trittst im Morgenrot daher* (RG 519) sind nur aus «gesangbuchpolitischen» Überlegungen aufgenommen worden, die Landeshymne übrigens als einziges Stück auf direkten Beschluss nicht der fachlich verantwortlichen Gesangbuchkommissionen, sondern des übergeordneten kirchenpolitischen Gremiums, der Gesangbuchkonferenz. «Gott im hehren Vaterland» zu «ahnen» ist ja wohl gerade das, was die 1. These der Barmer Erklärung mit Blick auf den religiös überhöhten Nationalismus unter «andere Ereignisse und Mächte,

Gestalten und Wahrheiten als Gottes Offenbarung» in Christus verstanden hat.[62]

Wenn hingegen die beiden anderen Bettagslieder regelmäßig gesungen und auch ernst genommen werden, bekommt der Bettag ein Gesicht, das nichts mit der pathetischen Selbstgefälligkeit des «Schweizerpsalms» zu tun hat. *Beschirm uns, Gott, bleib unser Hort* (RG 517) gibt die Stichworte, die die politische Verantwortung prägen sollen: Freiheit, Frieden, Recht, verantwortliches Regieren, Versöhnlichkeit, Befreiung aller Völker von Knechtschaft, Einheit der ganzen Menschheit. 517

Und Karl von Greyerz' Fassung von *Großer Gott, wir loben dich* (RG 518) verkündet in recht traditionellem Sprachgewand revolutionäre Botschaften: radikalen Pazifismus in der vierten Strophe, Abkehr von nationaler Abschottung in der fünften, das Gebet um Befreiung vom Kapitalismus in der sechsten Strophe – im Zeitalter des euphemistisch als «Globalisierung» bezeichneten gewalttätigen Anarcho-Kapitalismus, des rücksichtslosen «shareholder value» und der wachsenden Konzentration des Volkseinkommens und -vermögens auf eine Hand voll superreicher Finanz- und Steuerakrobaten, die sich noch dazu anschicken, den Staat finanziell auszuhungern und den sozialen Zusammenhalt der Gesellschaft zu zerstören, hat dieser aus dem so genannten religiösen Sozialismus des frühen 20. Jahrhunderts stammende Text wahrhaftig nicht das Mindeste von seiner Aktualität eingebüßt. Wenn das die Stoßrichtung des Bettags ist, können wir dankbar sein für die nun doch noch eingerichtete besondere Rubrik. 518

Schöpfung, Jahreszeiten, Erntedank

Dass es gute Gründe geben kann, einer «Schöpfungstheologie» mit Misstrauen zu begegnen, wird kaum zu bestreiten sein: Die strikte Bindung der Offenbarung Gottes an Christus, wie sie etwa die «dialektische Theologie» vertrat, steht einer selbstständigen Schöpfungslehre entgegen. Schwer wiegt auch, dass mit dem Hinweis auf «Schöpfungsordnungen» nur zu oft in der Geschichte gesellschaftliche Ungleichheiten und Ungerechtigkeiten legitimiert wurden, und auch rassistische Perversionen des Denkens – sei es im nationalsozialistischen Deutschland, sei es im Südafrika des «Apartheid»-Regimes – bedienten sich dieses Ansatzes. Die Scheu, von Schöpfung überhaupt zu reden, hat aber wohl auf der anderen *Schöpfungsordnungen?*

---

[62] Evangelisches Gesangbuch, Nr. 810, s. o. S. 83.

Seite auch dazu geführt, dass die Kirchen erst spät auf den immer sorgloseren Umgang mit der Schöpfung reagiert haben.

Hier hat in den letzten Jahrzehnten eine kräftige Gegenbewegung eingesetzt, und so liegt es nur nahe, dass «Schöpfung» nun auch als Gesangbuchrubrik erscheint. Dem Versuch ökologisch engagierter Kreise, neben Weihnachts- und Osterfestkreis in der «festlosen Zeit» der zweiten Jahreshälfte eine «Schöpfungszeit» als kirchliche Festzeit zu definieren, dürfte zwar kaum ein großer Erfolg beschieden sein. Hingegen lassen sich Sommer-, Herbst- und Winterlieder und die Lieder zum Erntedank zeitlich und thematisch zwanglos diesem Zeitraum zuordnen, so dass dieses Gesangbuchkapitel eine durchaus sinnvolle Einheit bildet. Fünf der sechs aus dem alten Gesangbuch übernommenen Lieder standen dort in der Rubrik «Jahreszeiten», Joachim Neanders Schöpfungslied *Himmel, Erde, Luft und Meer* (RG 530) stand bisher etwas einsam bei den Lob- und Dankliedern. Dass in der neuen Rubrik hauptsächlich neue Stücke stehen, kann kaum überraschen.

Eröffnet wird das Kapitel nach den Bibeltexten allerdings von einem alten Schöpfungslob in neuer sprachlicher (und zum Teil auch musikalischer) Gestalt, nämlich vom berühmten Sonnengesang des Franz von Assisi. Zwei Fassungen in Liedform werden auf traditionelle Melodien gesungen: *Gottes Geschöpfe, kommt zu Hauf* (RG 526) und *Herr, dich loben die Geschöpfe* (RG 527). Dazu kommt das bei Konfirmanden sehr, bei Organisten eher weniger beliebte *Laudato si* (RG 529) – sicher ein musikalisch mehr als nur harmloses und etwas langfädiges Schlagerchen, das aber mit seinem Wechsel zwischen Refrain/Ostinato und Strophe ausgezeichnete Möglichkeiten für musikalisch motivierte, aber nicht besonders gut vorgebildete Konfirmandenklassen abgibt. Wichtig ist allerdings eine klare Organisation des Ablaufs.

Die Problematik unseres gebrochenen Verhältnisses zur Schöpfung kommt explizit nur in Kurt Martis *In uns kreist das Leben* (RG 534) zur Sprache. Man mag diese schmale Basis bedauern; zu bedenken ist aber, dass das Lob der guten Schöpfung und ihres Schöpfers, wie es in vielen anderen Liedern enthalten ist, im geeigneten Kontext, in der Konfrontation mit konkreter Kritik an gesellschaftlichen Verhältnissen und menschlichen Verhaltensweisen, ein großes kritisches Potenzial entfaltet. Das gilt sogar für die vielleicht etwas naiven Kinderlieder dieses Abschnitts: *Weißt du, wie viel Sternlein stehen* (RG 531), *Meinem Gott gehört die Welt* (RG 535) und *Gott hät di ganz wiit Wält* (RG 536).

Unter den Jahreszeitenliedern sei auf Paul Gerhardts unverwüstliches Sommerlied *Geh aus, mein Herz, und suche Freud* (RG 537) besonders hingewiesen, das im neuen Gesangbuch endlich jene Melodie bekommen hat, mit der es die meisten Leute sowieso schon kennen, und auf das feinsinnige schwedische Sommerlied *Nun kommt das große Blühen* (RG 539), in dem auch die Melancholie über den allzu kurzen nordischen Sommer leise mitschwingt.

Jahreswechsel

Zwar sind Silvester und Neujahr keine kirchlichen Feiertage (sieht man einmal von der nur wenig im Bewusstsein verankerten Bedeutung des Neujahrstages als «Fest der Namengebung Christi» ab), doch ist es üblich, sie mit besonderen Gottesdiensten zu begleiten. Dahinter mag ganz allgemein das Bedürfnis stehen, den Einschnitten, die den unaufhaltsamen Verlauf der Zeit gliedern, mehr Verbindlichkeit zu geben. Und so, wie auch im profanen Bereich der Jahreswechsel Anlass für Rückblick und Ausblick, für Bilanz und Erwartung ist, zeigt auch der Gottesdienst diese beiden Gesichter: Wir danken für das vergangene Jahr, wir bekennen aber auch die Schuld, die wir auf uns geladen haben, und bitten Gott um Vergebung; wir befehlen unsere Zukunft Gott an und bitten ihn um Kraft in allem, was uns erwartet. Ein weiterer häufiger Aspekt ist das «memento mori», das Denken an unsere Endlichkeit in der verrinnenden Zeit.

Diese Aufzählung zeigt, dass grundlegende Fragen unserer Existenz hier zur Sprache kommen und es darum keineswegs nur die Lieder des Abschnitts «Jahreswechsel» sind, die in diesen Gottesdiensten zu brauchen sind. Die besonderen Jahreswechsellieder sprechen zusätzlich die konkrete Kalendersituation an, entsprechen sonst aber den genannten Grundstrukturen. Von den sechs Liedern standen vier schon im alten Gesangbuch. Neu ist *Lobpreiset all zu dieser Zeit* von Heinrich Bone (RG 551). Von Jochen Klepper *Der du die Zeit in Händen hast* (RG 554) stand bisher nur die letzte Strophe, *Der du allein der Ewge heißt*, im Gesangbuch, und zwar im Kapitel «Schluss des Gottesdienstes» – selbstverständlich ist auch dieser Gebrauch weiterhin möglich und sinnvoll.

Ein besonderes Problem ist Dietrich Bonhoeffers Neujahrslied *Von guten Mächten* (RG 550, Text). Es ist ein sehr persönliches Gedicht, aus der Gefangenschaft an die Angehörigen zu Hause geschrieben. Manches darin ist nur angemessen zu verstehen, wenn man diese Situation vor Augen hat. Darum sperrt sich der Text (wenn man ihn denn ernst nehmen will) gegen die Übertragung auf andere Situationen, und er sperrt sich auch und gerade gegen den gemeinschaftlichen Vollzug im Lied. Dass er so populär geworden ist, verdankt er wohl der Prominenz seines Verfassers (allerdings: Wer hat denn schon Bonhoeffers theologische Schriften gelesen? Wer hat denn schon seine Religionskritik beherzigt?), vielleicht aber auch seiner zurückhaltenden Formulierung: Von *guten Mächten* können auch jene noch reden, die mit einem biblischen Gott schon längst nichts mehr anfangen können – im Sinne von «Religion ja – Gott nein». Nur hat Bonhoeffer das kaum so gemeint, und er hätte wohl gerade umgekehrt formuliert: «Gott ja – Religion nein»! Der Missbrauch des Neujahrsgedichts für einen diffusen Konsum religiöser Gefühle wird noch verstärkt durch die skandalöse Schunkelmelodie von Siegfried Fietz, mit der sich der Text in der «religiösen Hitparade» verbreitet hat. Man wird wohl nicht umhin können, hier von der Schändung des Andenkens an Dietrich Bonhoeffer zu sprechen ...

Dass es außerordentlich schwierig ist, diesen Text angemessen zu vertonen, hat die Kleine Gesangbuchkommission erfahren, als sie um die dreißig (!) Melodien geprüft und nichts wirklich Zwingendes gefunden hat. Diese Verlegenheit kann kaum ein Zufall sein und liegt doch wohl in der beschriebenen Schwierigkeit begründet, den privaten Brief eines politischen Gefangenen als Gemeindelied zu brauchen. Ehrlicherweise hat man darum auf eine singbare Fassung verzichtet. Am besten gelingt die Übertragung noch bei der letzten Strophe, die deshalb bei den Gottesdienstschlussliedern steht (RG 353), und zwar mit der behutsamen und etwas introvertierten Melodie von Otto Abel. Ich kann diejenigen beruhigen, die um des viel bemühten «Ankommens» willen die Fietz'sche Schnulze meinen brauchen zu müssen: Die Abel-Melodie ist in unserer Gemeinde und sogar bei Konfirmanden ausgesprochen gut aufgenommen worden (und wer es unbedingt will, kann ja das ganze Neujahrslied auf sie singen).

Gottesdienst im Tageskreis

«Rhythmus des Betens»

«Gott sprach: Es werde Licht. Und es wurde Licht. ... Gott schied das Licht von der Finsternis ... Es wurde Abend, und es wurde Morgen: erster Tag.»[63] Der Wechsel von Licht und Finsternis, von Tag und Nacht ist eine der elementarsten Erfahrungen überhaupt, auch wenn unsere moderne Lebensweise dies oft nicht mehr so deutlich macht – so elementar, dass der biblische Schöpfungsbericht mit ihm die Schöpfung beginnen lässt. Und dieser Bericht fährt beim vierten Tag fort: «Dann sprach Gott: Lichter sollen am Himmelsgewölbe sein, um Tag und Nacht zu scheiden. Sie sollen Zeichen sein und zur Bestimmung von Festzeiten, von Tagen und Jahren dienen.»[64] Der Tagesrhythmus ist die Grundlage jedes Zeiterlebens, und die Zeit erscheint so als ein von Gott geschaffener und uns zur Verfügung gestellter Rahmen. Wenn in vielen Religionen Riten und Gebete an den Tageslauf gebunden sind, so ist das ein Ausdruck dieses Bewusstseins von der Unverfügbarkeit der Zeit und ihrer Strukturierung in Hell und Dunkel. Wir könnten dafür den klassischen Begriff der «Heiligung der Zeit» brauchen: sich vergegenwärtigen, dass die Zeit geschaffene und geschenkte Zeit ist. Auf der anderen Seite schafft ein solcher «Rhythmus des Betens»[65] bei den Betenden einen Lebensrhythmus, der in wacherem Bewusstsein mit der eigenen Zeitlichkeit umzugehen vermag.

Tagesrhythmus

Das Reformierte Gesangbuch bietet für das gemeinschaftliche oder auch private Morgen-, Mittags-, Abend- und Nachtgebet je ein ausgearbeitetes Modell an (RG 555, 583, 586, 610). Das ist für ein reformiertes Gesangbuch durchaus neu, will aber nicht heißen, dass es bisher einfach nichts gegeben hätte: Im ganzen evangelischen Bereich haben mindestens seit dem Aufkommen des Pietismus die «Andachten» den Platz des Tagzeitengebetes eingenommen und halten ihn bis heute in Gruppen und Gemeinden, bei Tagungen und Gemeindereisen und auch im persönlichen Gebet. In Inhalt und Form sind diese Andachten in hohem Masse abhängig davon, wer sie hält; auch werden sie nicht selten zu Predigtver-

Gottesdienst-Modelle 555, 583, 586 610

---

[63] Aus Gen 1,3.4.5, Einheitsübersetzung.
[64] Gen 1,14, Einheitsübersetzung.
[65] So der Titel des Aufsatzes von Alfred Ehrensperger zur Tagzeitenliturgie, in: MGD 3/1994, S. 103–113.

anstaltungen im Kleinen. Wenn im Gesangbuch Modelle angeboten werden, bedeutet das zunächst ganz praktisch eine Entlastung der Verantwortlichen, die nicht jedesmal bei null anfangen müssen, und es bedeutet grundsätzlicher, dass neben dem Predigt- und dem Abendmahlsgottesdienst eine eigenständige dritte Form zu ihrem Recht kommt. Dass die Modelle sich im weitesten Sinn an die Tradition des Tagzeiten- oder Stundengebets anschließen, korrigiert darüber hinaus die Isolierung, in der sich reformierter Gottesdienst gegenüber der weltweiten Christenheit nur allzu oft befindet.

eigener Gottesdiensttypus Wir sprachen vom Tagzeitengottesdienst als einer eigenständigen Gottesdienstgattung neben Predigt- und Abendmahlsgottesdienst: Damit sind die drei Grundzüge des Gottesdienstes, wie sie Calvin formuliert hat, je als besonderer (wenn auch natürlich nicht ausschließlicher) Akzent in je einer Gottesdienstform vertreten.[66] Wenn der Mahlgottesdienst, speziell in der Form der Messe, seine größte Intensität eben in der eucharistischen Mahlfeier findet (und natürlich dem Gebet und prinzipiell auch der Verkündigung ebenfalls breiten Raum gewährt), wenn der Predigtgottesdienst von der Verkündigung ausgeht (und das Gebet notwendigerweise ein-, die Mahlfeier wenigstens nicht ausschließt), so beruht der Tagzeitengottesdienst fast vollständig auf dem Gebet. Dieses macht seine Grundhaltung, seine Substanz aus, auch wenn Elemente der Verkündigung und Lehre dazutreten können, wie dies vor allem im Gefolge der Reformation verbreitet geschehen ist. Es wird heute jedoch gerade im reformierten Kontext von großer Wichtigkeit sein, sich auf diese Grundausrichtung zu besinnen. Der Tagzeitengottesdienst soll nicht primär ein Informationskanal, nicht eine Kommunikationsplattform sein, sondern ein Ort, wo Christen sich gemeinsam vor Gott stellen unter der Verheißung, dass sie in der Kraft seines Geistes innerlich zur Ruhe kommen und Stärkung für ihr Leben erfahren können.

«Spiritualität» Es ist heute viel von «Spiritualität» die Rede – gerade auch mit dem soeben angedeuteten therapeutischen Einschlag, und diese Spiritualität wird an allen möglichen und unmöglichen Orten gesucht. Die Tradition hält uns hier ein Angebot bereit, auf das wir in aller Freiheit eingehen können. Wir können uns dem «Rhythmus des Betens» im Tages-, Wochen- und Jahreslauf anschließen und dadurch zu einem eigenen Rhythmus finden. Deshalb sind auch die festen und repetitiven Elemente wichtig, so befremdlich sie reformiertem

---

[66] S. o. Anm. 13.

Informations- und Reflexionsbedürfnis auch scheinen mögen und so problematisch sie anderseits sein können, wenn sie zu einer Mechanisierung und zu einem gedankenlosen «Absolvieren» des Gebetspensums führen. Feststehende Form und wiederholte Elemente schaffen einen Rahmen, der sich aus dem wechselnden Lebenskontext immer wieder neu und anders füllt und der auch durch schwierige Zeiten durchzutragen vermag, wenn die Kraft nicht mehr ausreicht, Formen selbst zu schaffen oder zu finden.

Geschichtliches[67]

Eine wichtige Wurzel des Tagzeitengottesdienstes liegt im gemeinsam gehaltenen jüdischen Morgen- und Abendgebet und im privaten Mittagsgebet. Wir übergehen hier die schwierige Frage, wie in den Gemeinden des 1. Jahrhunderts der Übergang von der jüdischen zur christlichen Praxis vor sich gegangen sein mag; festzuhalten bleibt in jedem Fall, dass die dominierende Rolle der Psalmen im Tagzeitengottesdienst auf diese jüdischen Ursprünge zurückgeht, ebenso das Nebeneinander oder ergänzende Zusammenspiel von privatem und gemeinschaftlichem Beten. *jüdische Gebetspraxis*

Ein zweiter Ansatz ist der Aufruf zum «Beten ohne Unterlass»[68] in der Bereitschaft für die anbrechende Gottesherrschaft. Die beiden Ansätze fanden ihre Ausprägung in unterschiedlichen Lebensformen: In den Ortsgemeinden war in erster Linie das Morgen- und Abendgebet möglich, das damit, bedingt durch die stärker städtisch geprägte Gesellschaftsstruktur, vor allem in der Ostkirche Fuß fasste; das Beten im ganzen Tages- und Nachtrhythmus war dagegen nur in klösterlichen Gemeinschaften zu verwirklichen, wie sie für die Entwicklung der abendländischen Kultur von Bedeutung waren. Seine «klassische» Formung erhielt dieses Stundengebet im 6. Jahrhundert in der Benediktinerregel, in der sowohl Elemente der «monastischen», das heißt klösterlichen, als auch der «kathedralen»[69], das heißt gemeindemäßigen Tradition eine Rolle spielen. *Mönchtum*

Im Laufe der Zeit, an verschiedenen Orten und in verschiedenen Ordensgemeinschaften hat das Stundengebet immer wieder starke *Mittelalter*

---

[67] Zu verschiedenen historischen, theologischen und praktischen Aspekten des Tagzeitengottesdienstes vgl.: Martin Klöckener, Heinrich Remmings (Hg.): Lebendiges Stundengebet. Vertiefung und Hilfe. Freiburg i. Br. 1989.
[68] Kol 4,2; Eph 4,18.
[69] Von «cathedra» (griech.) = «Sitz» im Sinne von «Bischofssitz» oder hier «Gemeindekirche».

Veränderungen und Reformen erfahren. So hat im Spätmittelalter eine Tendenz zum Vollzug im Einzelgebet eingesetzt, bedingt durch die Bildung kleiner Pfarreien auf dem Lande und die damit verbundene Vereinzelung der Kleriker, ebenso bei den so genannten Bettelorden (Franziskanern und Dominikanern), welche die strikte Ortsgebundenheit der benediktinischen Ordnung (die «stabilitas loci») aus missionarischen und seelsorgerlichen Gründen aufgaben und so die gemeinsamen Gebetszeiten, das «Chorgebet»[70], nicht durchhalten konnten. Das franziskanische «Brevier»[71], das heißt ein auf die wesentlichen Bestandteile gestraffter Text für den Einzelvollzug, bildete das zu absolvierende «Pensum». Das Pensumdenken stand in Gefahr, zur Vorstellung einer Gott geschuldeten Gebetsleistung, eines verdienstlichen Werkes zu führen. Martin Luther hat es aus diesem Grund scharf bekämpft. Dagegen behielt die Reformation einzelne Tagzeitenfeiern als Gemeindegottesdienste bei und reicherte sie mit lehr- und predigthaften Elementen an. Die Zürcher «Prophezey» kann durchaus als eine Ablösung der Tagzeitenfeiern gesehen werden.

Reformation Während im lutherischen Bereich die Tagzeitentradition im 18. Jahrhundert verschwand – immerhin waren etwa Bachs Passionen noch für die Karfreitagsvesper bestimmt –, feiert die anglikanische Kirche in Kontinuität mit der Tradition nach wie vor «Mattins» und «Evensong». In der römisch-katholischen Gemeindepraxis bekamen die Tagzeitengottesdienste schon seit dem Spätmittelalter Konkurrenz, vor allem durch Rosenkranz-, Mai- oder Rorate-
Erneuerung Andachten. Das Zweite Vatikanische Konzil hat die Tagzeiten in ihrer Bedeutung als Gemeindegottesdienste wieder gestärkt und zugleich das Pensumdenken stark zurückgedrängt. Priorität hat die «Veritas horarum», das heißt jedes Gebet soll zu der Tageszeit gehalten werden, für die es bestimmt ist; dafür kann je nach der Lebensordnung der jeweiligen Gemeinschaft die Anzahl der Gebetszeiten reduziert werden.

Die liturgischen Reformbewegungen des 20. Jahrhunderts, katholische wie evangelische, haben sich intensiv mit dem Tagzeitengebet befasst und es vermehrt auch wieder auf die Gemeinde ausgerichtet. Ausformulierte Modelle standen im deutschen Evangelischen Kirchengesangbuch von 1950, das neue Evangelische Gesangbuch (seit 1993) bietet Tagzeitengottesdienste mit einer neu gefassten

---

70 «choros» (griech.) bedeutet «alle», «die ganze Gemeinschaft».
71 Von «brevis» (lat.) = «kurz».

Psalmodie, sowohl im katholischen Einheitsgesangbuch «Gotteslob» (1975) als auch im neuen Katholischen Gesangbuch der Schweiz sind vollständige Tagzeitengottesdienste angeboten, und nun reiht sich auch unser Reformiertes Gesangbuch mit einer eigenständigen Stimme in diesen Chor ein.

Die zeitliche Struktur des Tagzeitengebetes

Zur zeitlichen Gestaltung des Rhythmus von Tag und Nacht, von Wachen und Schlafen gehören:
- die Morgenfeier (*laus matutina*, im katholischen Sprachgebrauch *Laudes* genannt, im lutherischen *Mette*, im englischen *mattins*),   *Laudes, Mette*
- die Abendfeier oder Vesper, englisch *evensong*,   *Vesper*
- die Nachtfeier oder *Complet* (*Komplet*).   *Complet*

Die Gliederung des Tages in den Rhythmus von Beten und Arbeiten übernehmen die «kleinen Horen» des klösterlichen Stundengebetes. Ihre Bezeichnungen stammen von der antiken Tageseinteilung in zwölf Stunden vom Morgen zum Abend:
- die Prim am Morgen (die allerdings bei der Kombination von öffentlichem und klösterlichem Tagzeitengebet häufig mit der Laudes in Konflikt geriet und nach dem Zweiten Vatikanischen Konzil aufgehoben wurde),   *Prim*
- die Terz um neun Uhr,
- die Sext mittags,
- die Non nachmittags um drei Uhr.

Terz, Sext und Non halten täglich die Erinnerung an den Karfreitag wach, werden doch diese Zeiten in der Passionserzählung des Markusevangeliums für die Kreuzigung Jesu, den Beginn der Finsternis und als Todesstunde Jesu genannt (Mk 15,25.33.34; Mt 27,45.46; Lk 23,44).

Dazu kommen nächtliche Gebetszeiten, die vor den Festtagen besonders ausgestaltet sind. Sie heißen *Nocturnen* oder *Vigilien*   *Nocturn, Vigil*
(«Nachtwachen»). Sie wurden manchmal gegen den frühen Morgen hin gehalten; daher rührt die Bezeichnung *Vigilia matutina*, die hinter dem katholischen Sprachgebrauch des Begriffs «Mette» steht (zum Beispiel «Christmette» für die Nachtfeier in der Christnacht). Manchmal wurden die Vigilien auch auf den Abend vorverlegt (vgl. das französische Wort «la veille»): Der liturgische Ort der «leçons de ténèbres» beispielsweise ist eine solche Karfreitagsvigil am Abend oder gar Nachmittag des Gründonnerstags (oder «Hohen Donnerstags»).

Für das gottesdienstliche Leben in der Gemeinde sind vor allem diese besonderen Vigilien von großer Bedeutung, dazu im Grundsatz die erstgenannten Feiern zum Tag-Nacht-Rhythmus. Morgen- und Abendfeier sind ja von jeher im «kathedralen» Stundengebet verankert. Zusätzlich ist da und dort auch der Mittag als Gebetszeit, als kurzes Innehalten für Gemeinde und Gruppen, entdeckt worden, obwohl die Sext von der Tradition her im monastischen oder privaten Gebet zu Hause ist. Der Erfolg von Mittagsbesinnungen zum Beispiel in «City-Kirchen» zeigt jedoch, dass da durchaus ein Bedürfnis vorhanden ist.

Elemente der Tagzeitenliturgie

Psalmen

Zum Grundbestand des Tagzeitengottesdienstes gehören die Psalmen. Sie verweisen auf die jüdischen Wurzeln dieser Feiern und unseres Glaubens überhaupt. Die alte römische Regelung ließ in der klösterlichen Ordnung jede Woche den ganzen Psalter durchlaufen; das Zweite Vatikanische Konzil hat auch hier Qualität vor Quantität gesetzt und den Durchlauf auf vier Wochen verlängert.

Jedem der Tagzeiten-Modelle im Reformierten Gesangbuch ist ein Psalm zugeordnet, der zur Tageszeit einen besonderen Bezug hat.

555 Im Morgengebet (RG 555) schließt Psalm 63 mit dem Vers «Sättige uns am Morgen mit deiner Gnade, so werden wir jubeln und
583 uns freuen alle unserer Tage», am Mittag (RG 583) schafft der bekannte Vers im 145. Psalm die Assoziation zum Tischgebet: «Aller Augen warten auf dich, und du gibst ihnen ihre Speise zur rechten
586 Zeit», im Abendgebet (RG 586) steht Psalm 139 mit dem Vers «auch die Finsternis ist nicht finster für dich», und Psalm 4 im
610 Nachtgebet (RG 610) spricht ebenfalls von der Finsternis: «Entschwunden ist über uns das Licht *deines* Angesichts».

Diese Zuordnung versteht sich aber – im Gegensatz zur althergebrachten Zuweisung der Cantica (s. u.) – nicht als ausschließlich. Wer die Modelle nur im Einzelfall oder für die eng begrenzte Zeit etwa einer Kurswoche oder einer Tagung braucht, wird den darin abgedruckten Psalm sicher verwenden können. Wer dagegen eines der Modelle über eine längere Zeit feiern will, etwa als wöchentlichen Gottesdienst an einem bestimmten Wochentag, wird mit Vorteil jedesmal einen anderen Psalm beten, zum Beispiel im Durchgang durch die bei Nr. 106–146 abgedruckten und für die Wechsellesung eingerichteten Psalmen.

Für die Ausführung des Psalmgebets sind verschiedene Möglichkeiten denkbar:
- Der Psalmtext wird im Wechsel zwischen Vorbeter und Gemeinde gelesen. *Ausführungsmöglichkeiten*
- Vorzuziehen ist die Lesung im Wechsel zwischen zwei Gemeindegruppen, im Gesangbuch durch «I» und «II» bezeichnet. Wer befürchtet, dass diese Gruppen mit ihrem Part nicht anzufangen wagen, kann sie von je einem Sprecher oder einer Sprecherin anführen lassen.
- Die Wechsellesung wird durch einen Leitvers gerahmt, eventuell zusätzlich nach geeigneten Psalmabschnitten gegliedert. Ein Verzeichnis der (leider im Hinblick auf eine regelmäßige Psalmgebets-Praxis zu wenig zahlreichen) Leitverse findet sich im Gesangbuch auf Seite 1100. Ihre Auswahl richtet sich nach einem Leitgedanken des betreffenden Psalms. Die Ausführung geht traditionellerweise so, dass ein Vorsänger, eine Vorsängerin oder eine Vorsingegruppe zuerst den Leitvers singt, worauf ihn alle wiederholen. Im weiteren Verlauf wird der Leitvers jeweils ohne Wiederholung direkt von allen gesungen.
- Anstelle des Leitverses kann eine thematisch sinnvolle Liedstrophe oder ein Kanon treten. Den Kanon sollte man dabei nicht jedesmal gleich ausführlich singen; zwischendurch kann auch ein einfaches Durchsingen genügen, oder man baut den Kanon von Mal zu Mal etwas mehr aus.
- Musikalisch geübte und in der Zusammensetzung einigermaßen konstante Gruppen können den Psalm auch psalmodisch singen.[72] Dazu braucht es dann allerdings ein weiteres Buch, da die Psalmodie im RG nicht berücksichtigt werden konnte. In Frage kommen das «Cantionale» zum schweizerischen Katholischen Gesangbuch[73], das katholische Einheitsgesangbuch «Gotteslob», das deutsche Evangelische Gesangbuch oder die Psalmenausgabe der Lutherischen Liturgischen Konferenz[74]. Zur Psalmodie gehören dann auch die Leitverse/Antiphonen.
- Zusätzlich zum Psalm kann die trinitarische Doxologie («Ehre sei dem Vater und dem Sohn und dem Heiligen Geist ...») ge-

---

[72] S. o. S. 19 – Alfred Ehrensperger: Rhythmus des Betens. In: MGD 48. Jg. 1994, S. 103–113.
[73] Cantionale. Kantoren- und Chorbuch zum Katholischen Gesang- und Gebetbuch der deutschsprachigen Schweiz. Zug 1999.
[74] Psalmen. Singheft, hg. von der Lutherischen Liturgischen Konferenz Deutschlands. Hannover 1993.

betet oder gesungen werden (RG 226–228). Entgegen der lutherischen und katholischen Praxis verzichtet reformiertes Psalmenbeten mit Rücksicht auf die Treue zum biblischen Wortlaut meist auf diesen Zusatz,[75] doch kann er im Blick auf ökumenisches Feiern auch dann und wann sinnvoll sein.
- Der Psalm kann in Liedform gesungen werden. Dies ist im traditionellen Stundengebet zwar keineswegs vorgesehen, würde aber ein Spezifikum reformierten Liturgieverständnisses in den Tagzeitengottesdienst bringen.
- Musikalisch wohl etwas heikel, aber nicht zum Vornherein unmöglich ist die Kombination eines Psalmliedes mit einem gesungenen Kehrvers oder einem Kanon.
- Schließlich ist daran zu erinnern, dass Tagzeitengottesdienste auch mit größerem Aufwand begangen werden können, etwa als Konzert, als Chorvesper, als Orgelvesper. Der Chor kann dann den Psalm in Motetten- oder Kantatenform ausführen, auf der Orgel können hier Bearbeitungen von Psalmliedern oder Werke mit einem thematischen Bezug zu Psalmen oder Psalmversen gespielt werden.

Hymnus

Der Tagzeitengottesdienst ist die liturgische Heimat des Hymnus. Von Bischof Ambrosius von Mailand im 4. Jahrhundert als volkssprachlicher Gesang in den Gottesdienst eingeführt, wurde dieses älteste geistliche Lied mit regelmäßigem Strophenbau zu einer der fruchtbarsten Gattungen geistlicher Dichtung im Mittelalter. Die Knappheit seiner Form – am häufigsten in Strophen zu vier Zeilen mit je acht Silben – zwingt den Hymnus zu einfachen, geradlinigen Aussagen. Häufig spricht er das Lob Gottes in Reihen von Gleichsetzungen aus, besonders schön zu sehen am Pfingsthymnus *Veni creator spiritus*, dessen zweite Strophe in der deutschen Nachdichtung von Abraham Emanuel Fröhlich (RG 499) nicht weniger als sieben Prädikate für den Heiligen Geist nennt: Tröster, Gabe, Quelle, Sonne, Labung, Liebe, Wonne. Neben das Lob tritt im Hymnus, ebenso knapp formuliert, die Bitte um Gottes Beistand und Bewahrung in den Aufgaben des Tages oder im Dunkel der Nacht. Das Gesangbuch enthält einige alte Hymnen in neuerer Fassung. Für den Morgen sind dies *Schon zieht herauf des Tages Licht* (RG 556) und *Du Glanz aus Gottes Herrlichkeiten* (RG 558), für den

---

[75] S. o. S. 19 f.

Abend *Bevor des Tages Licht vergeht* (RG 587) und *Christus, du bist uns Licht und Tag* (RG 588). Dazu kommen eine Reihe weiterer Lieder, die den hymnisch knappen Charakter aufnehmen: *All Morgen ist ganz frisch und neu* (RG 557), *Du höchstes Licht, du ewger Schein* (RG 560), *Ich sag dir Dank, Gott Vater gut* (RG 561), *Die helle Sonn leucht' jetzt herfür* (RG 562), *Nun ist vorbei die finstre Nacht* (RG 577). Abendhymnen sind *Hinunter ist der Sonne Schein* (RG 590) und *Da nun der Tag uns geht zu End* (RG 591), in modernerer Form *Vom hohen Baum der Jahre fällt ein Blatt zu Boden* (RG 602) und *Bevor die Sonne sinkt* (RG 606), bei den Nachtliedern ist zu verweisen auf *Ich bitt dich, Herr, durch deine Macht* (RG 620).

587
588

557, 560
561
562, 577
590
591
602, 606

620

Cantica

Das dritte musikalisch gewichtige Hauptelement des Tagzeitengebetes sind die Cantica, die allerdings in den «kleinen» klösterlichen Gebetszeiten Prim, Terz, Sext und Non nicht vorgesehen sind. Von Form und Charakter her gehören die Cantica zu den Psalmen, nur dass sie eben nicht im biblischen Psalter, sondern in anderen biblischen Büchern stehen.[76] Drei Lieder im Anfangsteil des Lukasevangeliums haben ihren festen Platz im Tagzeitengebet gefunden; das vierte, der Lobgesang der Engel (Lk 2,14), bildet den Anfang des «Gloria» im Mess-Ordinarium.

In der Laudes ist seit dem 6. Jahrhundert der Lobgesang des Zacharias, des Vaters Johannes des Täufers, nachweisbar, das «Benedictus Dominus» (Lk 1,68–79). Die Verbindung zum Morgen ergibt sich leicht aus dem Bild des «aufstrahlenden Lichts aus der Höhe» (Vers 78). Der Anbruch des Morgens wird zum Bild für den Anbruch der neuen Zeit in Christus, angekündigt durch Johannes den Täufer wie der neue Tag durch die Morgenröte. Eine singbare Fassung ist im Reformierten Gesangbuch leider nicht enthalten. Wer an dieser Stelle nicht nur gesprochenes, gelesenes Wort haben will, muss einen Leitvers, eine Liedstrophe, einen Kanon suchen, der den Text zum Klingen und zum Sprechen bringt, so wie dies die Antiphon in der traditionellen Psalmodie tut.

Benedictus

Das Canticum der Vesper ist das Magnificat, der Lobgesang der Maria. Der Evangelist legt dieses Lied der Mutter Jesu in den Mund. Es nimmt Motive aus dem Hanna-Psalm auf (1. Sam 2,1–10), der ebenfalls im Kontext einer außergewöhnlichen Geburtsankündigung steht, ferner aus dem Psalm 113. Vor allem

Magnificat

---

[76] S. o. S. 16 f.

aus dieser zweiten Vorlage stammt der durchaus revolutionäre Gedanke, dass Gott die Hohen niedrig und die Niedrigen hoch macht. Wenn man bedenkt, dass die Kirche mindestens seit dem 6. Jahrhundert, der ersten eindeutigen Erwähnung des Magnificat für die Vesper, täglich an Hunderten und Tausenden von Orten dieses Lied singt, wäre eigentlich zu erwarten, dass das Christentum eine weniger herrschaftskonforme Grundhaltung an den Tag gelegt hätte, als es dies mindestens über weite Strecken seiner Geschichte getan hat ...

Für die Ausführung des Magnificat bietet sich außer dem Lesen – mit oder ohne gesungenen Leitvers – die Liedfassung *Hoch hebt den*
1 *Herrn mein Herz und meine Seele* an, das erste Stück im Gesangbuch.
2 Eher ein Lied *zum* Magnificat ist *Gottes Lob wandert* (RG 2), eine durch die starke Verkürzung der Sprache nicht ganz unproblematische
3 Übertragung eines norwegischen Liedes, und auch RG 3 kann als Kanon über den Anfangsvers *Meine Seele erhebt den Herren* natürlich keine gültige Alternative zum ganzen Magnificat sein; brauchbar wäre er dagegen als Leitvers zum gelesenen Magnificat. Dabei muss beachtet werden, dass dieser Kanon nicht gerade zu den einfachsten gehört: Der verschobene Einsatz der ersten beiden Teile und die Schwierigkeit der Atemeinteilung in der zweiten Hälfte stellen gewisse Hürden dar, mit denen sorgfältig umgegangen werden muss.

Sowohl in Nr. 2 wie in Nr. 3 finden sich melodische Spuren jenes Psalmtonmodells, das häufig für das Magnificat verwendet wurde, des so genannten «Tonus peregrinus», des «fremden Tones» – fremd deshalb, weil er nicht ins Schema der übrigen Psalmtonmodelle passt: Für die erste und die zweite Vershälfte sieht er zwei verschiedene Rezitationstöne vor.

Nunc dimittis   Beim Lobgesang des Simeon, dem «Nunc dimittis» (Lk 2,29–32) ist der Bezug zum Nachtgebet, der Complet, klar. Es ist das «memento mori», das «erinnere dich daran, dass du sterben musst», das traditionellerweise zum Nachtgebet gehört. Das Vergehen des Tages verweist auf unsere Vergänglichkeit, das Dunkel der Nacht auf das Dunkel des Todes. Seit dem 9. Jahrhundert ist das Canticum Simeonis für die Complet nachgewiesen. In der Reformationszeit setzten es die Straßburger und ihr folgend die Genfer Liturgie als Schlussgesang zum Abendmahl.[77] Im Reformierten Gesangbuch ist es gleich mehrfach in Liedform enthalten: *Mit Fried und Freud ich fahr*

---

[77] S. o. S. 62.

dahin von Martin Luther (RG 103), das ökumenische *Nun lässest du,* 103
o Herr von Georg Thurmair (RG 104) und das schlichte *Nun darf ge-* 104
trost ich gehen des methodistischen Theologen Hans Hauzenberger
(RG 105). 105

Anders als die Psalmen können die Cantica in der Ordnung des Tagzeitengottesdienstes nicht ausgewechselt werden. Ihr Reiz liegt gerade darin, dass sie regelmäßig, unter Umständen sogar täglich wiederkehren.

Lesung

Zum Tagzeitengebet gehört – in unterschiedlichem Maße – die Lesung. Sie ist im Morgen- und Abendgebet unseres Gesangbuches als Möglichkeit vorgesehen und bringt ein Element der Lehre, der Information in die Liturgie herein. So verhindert sie, dass man vor lauter Vertrautheit und Gewohnheit nur noch im eigenen religiösen Saft schmort. Sie sollte also möglichst nicht fehlen und mit großer Sorgfalt ausgewählt und geplant werden. Da wo die Reformation das Tagzeitengebet weitergeführt hat, hat sie auf dieses lehrhafte Element viel Gewicht gelegt – vielleicht zu viel, was uns nun umgekehrt nicht dazu verleiten sollte, ins Gegenteil zu verfallen.

Für eine längere Serie von Tagzeitengottesdiensten empfiehlt sich sicher das vollständige oder auswahlweise Durchlesen von biblischen Büchern, wobei allerdings auf eigentliche Auslegungen verzichtet werden sollte: Die Texte sprechen entweder für sich oder können mit kurzen Hinführungen oder mit Kontrasttexten zum Sprechen gebracht werden; oft leistet dies ein sinnvoll ausgewähltes Lied. Die klösterliche Tradition kennt für den Tagzeitengottesdienst auch die «Väterlesung», die Verwendung wichtiger Texte aus der Tradition der Kirche. Dieses Prinzip kann durchaus auch heute Anwendung finden und wird wohl weniger die alten Kirchenväter als vielmehr neuere Väter und Mütter oder Brüder und Schwestern zur Sprache kommen lassen. Dass die Auswahl durchaus heikel sein kann, muss wohl nicht gesondert betont werden ...

Stille

Morgen-, Abend- und Nachtgebet unseres Gesangbuches führen ausdrücklich die Stille auf. Dieses liturgische Element, im reformierten Gottesdienst vor nicht allzu langer Zeit weitgehend unbekannt, hat eine regelrechte Renaissance erlebt. Zu wenig bewusst ist dabei allerdings oft, dass die Stille in verschiedenen liturgischen Kontexten sehr unterschiedliche Funktionen und unterschiedlichen Charakter haben kann[78] und dabei auch theologischer Kritik unter verschiedenen Aspekten zugänglich sein muss.

Gebetsstille Am klarsten wird die Funktion bei der Gebetsstille: Das Gebet geht weiter, nur betet eben jetzt jeder und jede eine Weile still für sich, bringt seine persönlichsten Anliegen vor Gott. Damit verwandt kann die Stille sein, die man nach der Lesung eines Textes hält (wie *gefüllte und* es die Tagzeitentradition weithin vorsieht): Sie gibt explizit Gele-*ungefüllte Stille* genheit, das Gehörte zu überdenken, sich seine eigenen Gedanken dazu zu machen. Es ist aber auch Stille denkbar, die nicht mit definierten Gedanken, mit gedachten Worten «gefüllt» ist. Wenn Ger-
162 hard Tersteegen schreibt: *Alles in uns schweige* (RG 162), oder noch deutlicher: *Herr, rede du allein beim tiefsten Stillesein zu mir im Dunkeln* (RG
623 623), oder auch: *Schweig dem Herrn und halt ihm still, dass er wirke, was er*
615 *will* (RG 615), dann geht es um eine Art «heiliges Schweigen», ein Verstummen des Menschen vor Gott, ein Still-, ja ein Leerwerden, damit im Herzen Platz wird für Gott. Das ist sehr eindrucksvoll, wenn auch theologisch nicht ganz unproblematisch. Es ist von Tersteegens mystisch gestimmter Frömmigkeit nur noch ein kleiner Schritt zu einer religiösen «Technik», die im Grunde nur noch den psychischen Komfort sucht. Gewiss hat der Gottesdienst auch eine therapeutische Dimension – diese kann aber letztlich nur aus dem klaren Zuspruch des Evangeliums von der unverdienten Gnade Gottes erwachsen. Wir haben hier nichts von dem zurückzunehmen, was die Reformatoren in der «Rechtfertigungslehre» formuliert haben. Das heißt keineswegs, dass wir auf Stille als selbstständiges und nicht gedanklich-verbal gefülltes Element verzichten müssten. Die fundamentale theologische Kritik ist aber mit zu bedenken, damit sie eingeordnet bleibt in einen verantworteten Kontext und nicht unter den modischen Schlagwörtern von «Meditation» und «Spiritualität» (unter denen ohnehin jeder und jede etwas anderes versteht), einer postmodernen Konturlosigkeit und Beliebigkeit Vorschub leistet. Auch muss immer deutlich bleiben, dass sie nicht eine Technik zur Erreichung bestimmter Ziele ist, sondern gerade der Verzicht auf unsere aktive Verfügung über die Zeit.

---

[78] Eine gründliche Darstellung der Fragen um die Stille im Gottesdienst bietet Alfred Ehrensperger: In Stille und Vertrauen liegt eure Kraft. Erfahrungen mit Schweigen und Stille im Horizont des Gottesdienstes. In: Liturgisches Jahrbuch, 46. Jg. 1996, S. 139–157. Vgl. auch Alfred Ehrensperger: Gottesdienst. Visionen, Erfahrungen, Schmerzstellen. Zürich 1988, S. 137–142.

Wenden wir die Argumentation nun positiv. Was kann denn eine solche nicht verbal gefüllte Stille leisten?

- Schweigen kann eine äußerste Form des Gebetes sein, der Punkt, an dem wir anerkennen, dass wir vor Gottes Heiligkeit buchstäblich «nichts zu melden» haben, wo wir «nicht wissen, was wir beten sollen» (Röm 8,26) und darum «den Geist für uns eintreten» lassen. Es wäre auch die letzte Konsequenz aus dem Jesus-Wort, dass wir beim Beten nicht viele Worte machen sollen, weil «unser himmlischer Vater weiß, was wir nötig haben, bevor wir ihn darum bitten» (Mt 6,8) – so ähnlich wie jener jüdische Rabbi, der sein Gebetbuch nicht bei sich hatte und darum einige Male ganz langsam das Alphabet aufsagte, mit der Bitte, Gott möge daraus die Bitten, die er ja schon längst und viel besser kenne, selber daraus zusammensetzen. Freilich ist diesem Verstummen im Gebet dann auch wieder korrigierend entgegenzusetzen, dass Jesus seinen Jüngern und Jüngerinnen einen Gott zeigt, der gerade nicht in unnahbarer Heiligkeit thront, zu dem wir vielmehr in geradezu familiärem Vertrauensverhältnis reden können. *Beten ohne Worte*

- Schweigen im Gottesdienst heißt auch Zeit haben, heißt, sich dem ständigen Zwang zum «Timing» und Zeit-Management zu entziehen, das mehr und mehr auch unseren Gottesdienst zu verderben droht. Diese Gefahr wächst leider gerade mit der «Verlebendigung» der Liturgie, wenn diese sich in einer Vermehrung der Einzelelemente oder «Programmpunkte» auswirkt. Die viel gepriesene gottesdienstliche Vielfalt wird nur zu leicht zur Addition einer Vielzahl kleiner Elemente, und wenn von diesen jedes nur eine Minute oder eine halbe Minute länger ist als beim probeweisen Minutieren, ist bald eine ansehnliche Zeitüberschreitung gegeben. Für manche Leute scheint aber ein Gottesdienst von mehr als 55 Minuten bereits eine Katastrophe zu sein, und so beginnen sie, in Planung und Durchführung Sekunden zu schinden: da eine Strophe weniger, da ein Antwortvers weg, da ein Lied gestrichen, ein anderes schneller gesungen, ein kürzeres Orgelstück – und vielleicht sogar die Predigt etwas gestrafft ... *Zeit haben*

- Wir müssen im Gottesdienst wieder lernen, Zeit zu haben, müssen lernen, dass nicht immer alles Schlag auf Schlag gehen, dass nicht immer «etwas laufen» muss. Die uns geschenkte Zeit dürfen wir auch einmal entgegennehmen, ohne sie gleich nutzbringend anzuwenden. Der Ort, dies in besonderen stillen Zeiten zu erfahren, ist vielleicht weniger der Predigtgottesdienst mit seiner Ausrichtung auf das Verkündigungsgeschehen, weniger der *Zeit im Gottesdienstablauf*

Abendmahlsgottesdienst mit seinem reichen liturgischen Programm, umso eher aber der Tagzeitengottesdienst, der in der Gestaltung der Zeit gerade auf diese Weise deren Geschenkcharakter deutlich machen kann. In den anderen Gottesdiensten muss es aber darum gehen, den «kleinen Stillen» vermehrt Aufmerksamkeit zu schenken: den Übergängen zwischen liturgischen Teilen, zwischen Liedansage und Lied, zwischen Gebetsansage und Gebet, bei Handlungselementen in Taufe und Abendmahl. Es ist nicht einfach, hier das rechte Maß zwischen Stocken und Hektik zu finden, und die verschiedenen Liturgieverantwortlichen müssen diesen Rhythmus auch ähnlich empfinden, damit nicht der Organist vor seinen Einsätzen lange Atempausen einhält und der Pfarrer dafür noch fast während des letzten Tones eines Liedes oder Orgelstücks zu reden beginnt (oder umgekehrt). Generell sollten wir uns heute wohl eher um einen ruhigen Ablauf bemühen, der Zeit zum Atemholen lässt. Hektik und Betriebsamkeit haben wir im Alltag genug, und der Gottesdienst soll nicht ablaufen wie ein moderner Actionfilm, in dem keine Kamera-Einstellung länger als fünf Sekunden dauern darf.

zur Ruhe kommen • In der Stille kann ich zur Ruhe kommen und weiß mich zugleich getragen durch die Gemeinschaft der Mitschweigenden. Der therapeutische Aspekt des Gottesdienstes darf durchaus zum Tragen kommen, er soll es aber auf dem Hintergrund der evangelischen Botschaft: Ich bin bei Gott geborgen und brauche mich dafür nicht abzustrampeln, weder moralisch noch liturgisch.

Nachsinnen • Zwischen dem verbal-gedanklich strukturierten Schweigen und dem Schweigen als heilsamem leerem Raum ist der Zwischenbereich des assoziierenden Nachsinnens anzusiedeln, der viel mit dem Zur-Ruhe-Kommen zu tun hat: Ich gehe in Gedanken den vergangenen oder den kommenden Tag durch, ich sinne über eine Beziehung nach, ich versuche, Ordnung in meine Gedanken und Gefühle zu bringen, und dies auf dem Hintergrund dessen, was ich soeben gebetet, gesungen und gehört habe.

Aus den genannten Funktionen der Stille – explizites Weiterbeten, Beten als wortloses Stehen vor Gott, Zeit haben, zur Ruhe kommen, Gedanken ordnen – ergibt sich auch die Antwort auf die Frage nach ihrer Länge. Während ein stilles Weiterbeten in der Fürbitte relativ kurz sein kann, verlangt die selbstständige Stille eine gewisse Dauer. Sie in Minuten anzugeben, ist schwierig; sie sollte aber so bemessen sein, dass das unmittelbare Zeitgefühl sich gewissermaßen ausschaltet (erkennbar daran, dass man sich in der Dauer gehörig zu verschätzen beginnt). Das kann vielleicht nach drei bis fünf Minuten der Fall sein, und wo eine gottesdienstliche Gruppe etwas mehr Erfahrung und Gewohnheit hat, wird man gut gegen zehn Minuten (wie zum Beispiel in Taizé) gehen können. Der oder die Liturgieverantwortliche wird aber gut daran tun, die stille Zeit mit der Uhr nach einer vorher geplanten Dauer zu bemessen.

Stille braucht auch Übung und Gewöhnung. Im Alltag kommt sie kaum noch vor, und wo sie vorkommen könnte, macht man sie möglichst schnell mit «Hintergrundmusik» zunichte. So müssen viele Menschen erst wieder lernen, dass es einige Zeit nichts zu hören gibt, dass man einen Raum und die verrinnende Zeit auch anders als akustisch wahrnehmen kann. Weil das tatsächlich zunächst belastend sein kann, liegt die Versuchung nahe, die Stille «musikalisch zu überbrücken» oder zu «unterlegen». Das ist barer Unsinn: Musik ist eben gerade nicht Stille, und wir sollten sie auch nicht zur «Vertreibung der Stille»[79] missbrauchen. Wir können keine Hintergrundmusik in der Liturgie brauchen, sondern nur Musik, die etwas Substanzielles zu ihr beiträgt. Musik als «meditativ» zu bezeichnen ist allzu oft nur die Entschuldigung für eine konturlose Klangkulisse, in welcher weder die Wirkungen strukturierter Musik noch die Kraft der Stille sich entfalten kann.

Musik und Stille

Da aber für viele Menschen heute Stille etwas Fremdes ist, das durchaus negativ erlebt werden, das beklemmend oder peinlich wirken, das Unbehagen oder gar Angstgefühle auslösen kann, ist es wichtig, die Situation richtig einzuschätzen. Die stärker gemischte und in einem gewissen Sinne auch «zufällige» Sonntagsgemeinde mit regelmäßigen und gelegentlichen Gottesdienstbesuchern, mit Tauffamilien, Konfirmanden und Trauerfamilien der vergangenen Woche ist häufig zu heterogen für ein gemeinsames Schweigen; der Tagzeitengottesdienst ist eher der Ort, wo sich eine konstanter zusammengesetzte Gemeinde treffen wird, die auch zu einem längerfristigen gemeinsamen Lernprozess in der Lage ist.

Wichtig ist weiter eine sinnvolle verbale Rahmung der Stille. Ihre Funktion muss aus dem Kontext deutlich werden, und die Formulierungen, mit welchen sie eingeleitet und dann auch wieder gebrochen wird, wollen sorgfältig überlegt sein. Hier, bei der Rahmung und nicht bei der «Füllung», hat dann auch die Musik ihre

---

[79] Rüdiger Liedtke: Die Vertreibung der Stille. Kassel/München 1966. Das letzte Kapitel «Sich wehren gegen die Vertreibung der Stille» ist abgedruckt in: Musik und Kirche, 68. Jg. 1998, S. 301–306.

Funktion. Sie kann – das Wort ergänzend oder ersetzend – die Stille ein- und ausleiten. Gerade das behutsame Abholen ist eine dankbare musikalische Aufgabe, lässt es doch die Hörenden noch eine Weile bei sich selbst, während es dem Raum um sie herum bereits wieder Gestalt verleiht.

Fürbitten

Im Schlussteil der Tagzeitengottesdienste stehen die Fürbitten. Auch hier ist Verschiedenes denkbar: Verteilung auf mehrere Sprecherinnen und Sprecher mit vorbereiteten Bitten, freies Gebet mit spontanen Bitten aus dem Teilnehmerkreis, Gebetsstille, Ersatz der in den Modellen vorgesehenen Gebete durch andere (vor allem bei häufigerem Gebrauch), Beteiligung aller am Gebet durch einen Kyrie-Ruf. In unseren Tagzeitenmodellen steht das Unser Vater als Zusammenfassung des Gebetes am Schluss; denkbar (und in der Tradition auch vertreten) ist die Variante, mit dem Herrengebet zu beginnen und es so zur Basis und zum Ausgangspunkt jeglichen Betens zu machen.

Übrige Elemente

Die Tagzeitentradition kennt außer den nun besprochenen Grundelementen noch verschiedene verbindende Elemente wie Responsorien und Versikel. In Form von Liedern, Liedstrophen, Kanons oder anderen gesungenen Stücken lassen sich unsere Modelle in diesem Sinne ebenfalls noch reicher ausgestalten; die Bedürfnisse und Möglichkeiten der jeweiligen feiernden Gemeinde geben dabei den Ausschlag.

Mittags-, Abend- und Nachtgebet im Reformierten Gesangbuch werden nicht durch einen gesprochenen Segen abgeschlossen, sondern durch ein gemeinsames Lied. Das mag etwas ungewohnt erscheinen; zu bedenken ist jedoch, dass der ganze Tagzeitengottesdienst eine Bitte um Gottes Segen ist, welche im Schlussgesang nochmals gebündelt wird.

Chancen des Tagzeitengottesdienstes

demokratisch   Über seine grundlegenden Funktionen hinaus bietet der Tagzeitengottesdienst einige besondere Möglichkeiten. Zum einen ist er die «demokratischste» der traditionellen Gottesdienstformen. Die Sakramentsfeier braucht einen durch kirchliche Ordination legitimierten Leiter (in vielen Kirchen ist immerhin auch eine ordinierte Leiterin möglich …), die Leitung des Predigtgottesdienstes verlangt in der Regel ein akademisches Studium. Beim Tagzeitengottesdienst gibt es zunächst einfach Funktionen zu verteilen, die nur bedingt an Ordination und Ausbildung gebunden sind: Jemand eröffnet und schließt den Gottesdienst und führt das Gebet an, jemand stimmt die Gesänge an und übernimmt allfällige Solopartien, jemand liest vor. Neben diesen klassischen Aufgaben des Offiziators, des Kantors und des Lektors können je nach Situation weitere treten, so dass die gemeinsame Trägerschaft einer Gruppe auch im Vollzug deutlich wird.

Zum andern ist der Tagzeitengottesdienst die ökumenische Gottesdienstform schlechthin. Er ist wenig belastet durch konfessionelle Sonderentwicklungen, nicht beeinträchtigt durch unterschiedliche Sakramentstheologien und unvereinbare Amtsverständnisse, und in seiner relativ offenen Form können die verschiedenen Seiten leichter Schritte aufeinander zu tun. Zu diesem oft vorgebrachten Argument für den Tagzeitengottesdienst ist allerdings einzuwenden, dass es im Grunde unbefriedigend ist, vor den Schwierigkeiten der eucharistischen Gemeinschaft auf eine Gottesdienstform auszuweichen, die ein eigenes Profil hat und nicht nur Lückenbüßer für nicht stattgefundene gemeinsame Abendmahlsfeiern sein will. Der Skandal des getrennten Tisches darf nicht durch eine noch so befriedigende ökumenische Tagzeitenpraxis vernebelt werden.

ökumenisch

Zum dritten ein Tipp für Leute, welche geistliche Konzertprogramme zu gestalten haben, sei es mit Chor, Orgel oder beiden: Der Aufbau einer Abendmusik, einer liturgisch-musikalischen Feier, einer «Orgelvesper» (!) könnte sehr wohl der Struktur des Tagzeitengebets folgen, mit Eröffnung, Hymnus, Psalm, Bibelwort, Canticum, Gebet und Abschluss. Für alle Teile lassen sich verschiedenste musikalische Realisierungen finden, auf die wir hier nicht näher eingehen, sondern sie der Fantasie der Gestaltenden überlassen wollen.

musikalisch

Die Gesänge und Gebete zu den Tageszeiten

Morgen

Bei der Besprechung der gottesdienstlichen Feiern zu den Tageszeiten und ihrer Elemente ist zu den einzelnen Stücken schon dies und jenes ausgeführt worden, so dass wir uns jetzt auf einige Hinweise beschränken können. Das Kapitel «Morgen» enthält zwei Kanons und zwanzig Lieder; von diesen haben wir neun bereits bei den Hymnen oder hymnenartigen Stücken genannt.[80] Ausdrück-

---

[80] S. o .S. 98 f.

lich mit der Morgenfeier am Werktag rechnet *Aus meines Herzens Grunde* (RG 564): Mit der letzten Strophe geht der Betende an die Arbeit, die ihm von Gott zugewiesen ist – zugleich ein Zeugnis des «protestantischen Arbeitsethos» im Gesangbuch. Barocke Morgenlieder haben sich teilweise zu regelrechten Predigten ausgewachsen. So geht Paul Gerhardts *Die güldne Sonne* (RG 571, jetzt wieder mit dem originalen und klanglich viel schöneren «güldne» statt des modernisierten «goldne») von der Betrachtung des morgendlichen Himmels über Gotteslob, christliches Leben, die Vergänglichkeit alles Irdischen und Gottes Beständigkeit bis zum Ausblick auf die Ewigkeit. Für den funktionsgerechten Einbau eines so komplexen Textes in den liturgischen Ablauf stellen sich fast unlösbare Probleme, und man darf nicht vergessen, dass barocke Lieder eben sehr oft gar nicht unter dem Aspekt des Gottesdienstes, sondern der privaten Erbauung verfasst worden sind. Entsprechend sind sie oft besser angewandt, wenn sie mit ihrem ausführlichen Gedankengang einen längeren liturgischen Zusammenhang prägen – eine (Lied-)Predigt, einen Eröffnungsteil, eine ganze Morgenfeier.

Dreizehn der Morgenlieder fanden sich schon im alten Gesangbuch. Neu hinzugekommen sind die beiden Kanons *Singt dem Herren* (RG 563) und *Ein heller Morgen* (RG 578), der Hymnus *Schon zieht herauf des Tages Licht* (RG 556), das barocke *Die güldene Sonne bringt Leben und Wonne* (RG 565), dann zwei Lieder, die man wohl als ausgesprochen neobarock wird bezeichnen müssen, nämlich *Er weckt mich alle Morgen* von Jochen Klepper (RG 574) und *Wenn alle Sterne schlafen gehn* von Gerhard Fritzsche (RG 575), weiter Kurt Roses Morgen-Schöpfungslied *Dein Morgen, dein Tag, du führst ihn heraus* (RG 581) auf die etwas schwerblütige nordische Melodie, das heftig umstrittene *Danke für diesen guten Morgen* (RG 579) und als inhaltlich wohl originellstes Lied dieser Rubrik *Aber auch der Regenmorgen* (RG 580), das man halt meist nur spontan wird einsetzen können, wenn die meteorologischen Voraussetzungen stimmen ...

Aufs Ganze gesehen ist das Morgenkapitel formal und inhaltlich nicht sehr innovativ; es ist aber mindestens noch zu ergänzen um Georg Schmids Lied nach Psalm 92 *Am Morgen will ich singen* (RG 50), das einige unerwartete und anregende Formulierungen bringt – etwa: *Die Werke deiner Hände verstehe ich im Lied* (Strophe 2).

Hinzuweisen ist auf Gerhard Tersteegens *Wann sich die Sonn erhebet* (RG 573). Sein Thema ist eigentlich nicht der Morgen, sondern unser Leben vor Gott in der von ihm geschenkten Zeit. Nur gerade die sechste Strophe weist auf die Tageszeit, kann aber wahlweise (und vom Autor so vorgesehen) als Morgen- oder als Abendlied gesungen werden (*Nun sich die Nacht [der Tag] geendet*). Im alten Gesangbuch hatte man sich – einer seit dem 19. Jahrhundert begegnenden Praxis folgend – für die Abendversion entschieden und die vorausgehenden Strophen als selbstständiges Lied abgedruckt (Nrn. 90 und 57 im Gesangbuch von 1952). Der Text gehört in die große Familie der Lieder in der Form der «Innsbruck-Strophe», ausgehend vom Abschiedslied *Innsbruck, ich muss dich lassen* und der langen Kontrafakturenkette, die daraus hervorgegangen ist: das geistliche Abschieds- und Sterbelied *O Welt, ich muss dich lassen* (RG 772, Nürnberg um 1555), das Passionslied *O Welt, sieh hier dein Leben* (RG 441, Paul Gerhardt), das Abend- und Sterbelied *Nun ruhen alle Wälder* (RG 594, Paul Gerhardt) und ausgehend von diesem Letzteren eine Reihe weiterer Abendlieder bis hin zu *Der Mond ist aufgegangen* (RG 599), das Matthias Claudius 1779 auf die Innsbruck-Melodie (in ihrer späteren Form für *Nun ruhen alle Wälder*) gedichtet hatte und das dann 1790 durch Johann Abraham Peter Schulz zu seiner unverwechselbaren eigenen Melodie kam. Im alten Gesangbuch stand bei der ersten Hälfte des Tersteegen-Liedes (als Nr. 57 bei den allgemeinen Lobliedern eingereiht) die Melodie von Christoph Peter, 1655 zu *Nun ruhen alle Wälder* komponiert, bei der zweiten Hälfte (Nr. 90) jene von Heinrich Scheidemann zu einem Lied von Johann Rist, *Kommt her, ihr Menschenkinder*, die jetzt auch für das wiedervereinigte Lied gewählt worden ist.

772
441
594

599

90

Mittag

Für die Mittagsfeier gibt es kaum spezifische Stücke. Das kommt wohl daher, dass die Sext, das Mittagsgebet, in die Reihe der klösterlichen Gebetszeiten gehört und früher für den öffentlichen Gottesdienst – anders als die Morgen- und die Abendfeier – kaum eine Rolle gespielt hat. Nur gerade Jochen Kleppers Mittagslied *Der Tag ist seiner Höhe nah* (RG 584) nimmt die Situation explizit auf. Es trägt, wie andere Klepper-Lieder auch, deutlich die stilistischen Kennzeichen seiner Entstehungszeit, die den einen als poetische Vorzüge, den anderen als manieristisch neobarocker Ballast erscheinen mögen, noch dazu in einer nostalgisch anmutenden, patriarchalisch-agrarischen Bildwelt befangen, die im Grunde so auch für Klepper schon nicht mehr stimmig sein konnte: *Er segnet dir auch Korb und Krug und Truhe, Trog und Schrein* (Strophe 5; man beachte die barocken Wortketten!), *Er segnet deiner Bäume Frucht, dein Kind, dein Land, dein Vieh* (Strophe 6; in mir sträubt sich alles, wenn ich

584

«mein Kind» unter meinen Besitztümern aufgezählt höre – das an sich nicht ganz unmögliche Possessivpronomen bekommt in diesem Kontext gerade den Klang, den wir eigentlich vermeiden sollten). Dazu graust es einen fast, wenn man sich die Propagandabilder der Nazis vergegenwärtigt. Diese Bilder warben mit ebenderselben patriarchalisch-agrarischen Welt und ihren Familienidyllen für ein «gesundes Volk» und für eine Ideologie, die Klepper letztlich in den Tod getrieben hat. Subtil dagegen ist Kleppers kleiner Hinweis in Strophe 3: *denk an den Tisch des Herrn*. Das Abendmahl und das alltägliche Mahl sollen aufeinander bezogen bleiben. Das Abendmahl darf nicht zum bloßen rituellen Kultmahl verkommen, soll vielmehr die Erinnerung wachhalten, dass eigentlich für jedes Tischgebet gilt: «Dies tut, so oft ihr es tut, zu meinem Gedächtnis.» Und ebenso anregend ist die zweite Strophe: *Wie laut dich auch der Tag umgibt:* Ganz direkt ist hier die Situation angesprochen, wie sie für das Mittagsgebet in einer «City-Kirche» gegeben ist. Diese Linie ließe sich dann noch weiter ausziehen mit der Strophe eines neueren Liedes: *Komm in unsre laute Stadt* (RG 833,3).

Die liturgische Tradition weist dem Mittagsgebet die Seligpreisungen zu. Sie sind im Gesangbuch als Text zum wechselweisen Lesen ins Gottesdienstmodell direkt eingebaut. Da und dort hat sich das ostkirchliche vierstimmige Rezitationsmodell (RG 585) eingebürgert. Ähnlich wie beim Unser Vater (RG 289) – beide Stücke sind erst durch die Vernehmlassung zum Gesangbuchentwurf 1995 ins Gesangbuch gekommen – stellen sich erhebliche Probleme in der Ausführung, die von kleineren und in der Zusammensetzung einigermaßen konstanten Gruppen eher gemeistert werden können als von der ganzen Gemeinde. Eine Führung des auf einem gleich bleibenden Klang rezitierenden Gesangs ist von der Orgel aus kaum zu realisieren, da nur Harmoniewechsel oder aber rhythmisch klar strukturierte Wiederholungen mit deutlichen Zäsuren Orientierung ermöglichen würden und beide hier nicht zur Verfügung stehen. Zudem ist ohnehin die instrumentale Begleitung ostkirchlicher Gesänge ein über Stilbruch, beschränkt sich doch die orthodoxe Liturgie mit äußerst seltenen Ausnahmen auf reine Vokalmusik. Aus wohl überlegten praktischen Gründen hatte man bei der Zusammenstellung des Gesangbuchentwurfs darauf verzichtet, psalmodische Gesänge ins Gesangbuch aufzunehmen – die beiden genannten Stücke stellen insofern eine Inkonsequenz dar und tragen nun ein zusätzliches Ausführungsproblem ins Gesangbuch.

Abend und Nacht

Das Kapitel ist durch die Stellung der beiden Modelle für den Tagzeitengottesdienst (RG 586 und 610) in zwei Abschnitte geteilt. Im ersten geht es unter dem Stichwort «Abend» eher um den Rückblick auf den Tag, im zweiten stehen die ausgesprochenen Nachtlieder; allerdings ist die Trennung keineswegs konsequent durchführbar und dient lediglich als erste Orientierung in dem recht umfangreichen Kapitel, das gegenüber dem alten Gesangbuch stark gewachsen ist. Diese Tatsache darf wohl in Verbindung gesehen werden mit der ebenfalls größer gewordenen Bedeutung von Gottesdiensten am Abend, durchaus entsprechend den allgemeinen gesellschaftlichen Gepflogenheiten, die als Versammlungszeit den Abend ja deutlich bevorzugen.

586, 610

Der Abendteil des Kapitels (RG 586–609) enthält neben dem Gottesdienstmodell sechs Gebete, den bekannten Kanon *Herr, bleibe bei uns* (RG 604) und 16 Lieder, von denen sechs im alten Gesangbuch bereits enthalten waren. Von Letzteren gehören zwei zum Hymnus-Typ (*Christus, du bist uns Licht und Tag*, RG 588, und *Da nun der Tag uns geht zu End*, RG 591) und drei zur «Innsbruck»-Familie,[81] nämlich *Nun ruhen alle Wälder* (RG 594), *Herr, der du mir das Leben* (RG 597) und *Der Mond ist aufgegangen* (RG 599). Allerdings ist *Nun ruhen alle Wälder* im Grunde genommen kein Abend-, sondern ein Sterbelied. Die Abendsituation ist Anlass für das Nachdenken über den Tod und liefert die Bilder, die von der dritten Strophe an jeweils in der zweiten Strophenhälfte ins «memento mori» übersetzt werden. Die zweiteilige Strophenform mit ihren zwei formal und melodisch fast identischen Hälften kommt diesem Hin und Her zwischen Bild und Sache natürlich sehr entgegen.

604

588

591

594

597, 599

An der Melodie zeigt sich übrigens geradezu exemplarisch das Problem der Orientierung an den Originalfassungen. Diese ist als Prinzip für heutige Gesangbucharbeit weithin unbestritten – Vorwürfe, das Gesangbuch werde dadurch zum Museum, müssen sich die Gegenfrage gefallen lassen, ob nicht ein Verzicht auf kritische historische Arbeit zur Konservierung eines irgendeinmal (beispielsweise 1952) erreichten Zustandes führen und diesen seinerseits museal konservieren müsse. Dennoch: die Sache ist keinesfalls einfach. Die rhythmisch reich gestaltete originale Melodiefassung (im RG ist sie enthalten bei *O Welt, ich muss dich lassen*, Nr. 772) erfuhr eine schrittweise Vereinfachung; dazu wurden der erste und

772

---

[81] S. o. S. 109.

der zweite Melodieteil einander immer mehr angenähert, wodurch die Formsymmetrie – barockem Formgefühl durchaus entsprechend – verstärkt wurde. Paul Gerhardt schrieb sein Abendlied bereits auf eine Melodiefassung, die gegenüber dem Original wesentlich glatter verlief, und die Fortwirkung des Liedes ging dann in der völlig «ausgeglichenen» Melodiefassung vor sich. Eine Verbindung des Gerhardt-Textes mit der ursprünglichen Gestalt der Melodie hätte ein Gebilde entstehen lassen, das so gar nie existiert hat. Historische Gewissenhaftigkeit im Einzelnen hätte ein völlig unhistorisches Ergebnis zur Folge gehabt.

596   Das sechste der aus dem alten Gesangbuch übernommenen Abendlieder ist *Der Tag ist hin, mein Jesus, bei mir bleibe* (RG 596) von Joachim Neander auf die Genfer Melodie von Psalm 8, auch dieses Lied ein Lehrstück für die Eigentümlichkeiten, die bei der Melodieübernahme aus anderen Epochen entstehen können. Der zeilenweise durchgehende Spannungsbogen der Genfer Melodie wird nämlich dem viel stärker gegliederten Text Neanders nicht gerecht. Jeweils die ersten vier Silben jeder Zeile bilden eine textliche Einheit und verlangen nach einer Zäsur, die musikalisch jedoch nur in einem (für Neanders Zeit durchaus vorauszusetzenden) ziemlich langsamen Singtempo sinnvoll ist. Noch deutlicher wird der Typuswechsel dieser Melodie, wenn wir sie in Bachs Harmonisierung im Schemelli-Gesangbuch (mit dem Text *Der Tag ist hin. Die Sonne gehet nieder*) ansehen. Fast auf jedem Melodieton findet sich Platz für zwei musikalische Schritte: für einen Harmoniewechsel, einen Durchgangston, eine Bewegung der Bassstimme. Der Melodieton wird so aus einem kleinsten Baustein im Tonraum selber wieder zu einem kleinen musikalischen Raum, der seinerseits kleinere musikalische Elemente enthält. Das hat eine höhere Durchformung und Individualisierung des musikalischen Verlaufs zur Folge, die wiederum mit der viel individuelleren Prägung der barocken Texte in engem Zusammenhang steht.

587, 590   Von den neu hinzugekommenen Liedern sind auch wieder zwei dem Hymnus-Typ zuzurechnen, nämlich *Bevor des Tages Licht vergeht* (RG 587) und *Hinunter ist der Sonne Schein* (RG 590). Bei den neueren lassen sich zwei thematische Gruppen unterscheiden: Die traditionelleren sind in erster Linie Gebete um Gottes Schutz und
600   Bewahrung in der Nacht: *Nun wollen wir singen das Abendlied* (RG 600),
601, 603   *Abend ward, bald kommt die Nacht* (RG 601), *Bleib bei mir, Herr* (RG 603)
607   und *Bleib, o Herr, auch jetzt in der Nacht* (RG 607). Dazu treten drei Liedtexte, die mehr das Zurückschauen auf den vergangenen Tag

ansprechen, das Bedenken des Erlebten vor Gott, bis hin zur Erinnerung ans Ende, zum «memento mori». Es sind dies *Vom hohen Baum der Jahre fällt ein Blatt zu Boden* (RG 602), *Bevor die Sonne sinkt* (RG 606) und *Nun trägt der Abendwind den Tag* (RG 608). Thematisch originell ist das Lied *Der Tag, mein Gott, ist nun vergangen* (RG 605), welches das neuzeitliche Weltbild ausdrücklich aufnimmt: Irgendwo auf der Welt ist immer Abend, irgendwo ist immer Morgen, so dass das Lob zu den Tageszeiten fortwährend um die Erde geht – ein Lied der weltweiten Kirche.

Musikalisch besonders zu erwähnen ist *Bleib bei mir, Herr* (RG 603). Die Melodie von William Henry Monk (1861) gehört zu jener Gattung der «klassizistisch-romantischen» Melodien des englischen Sprachraums, die wir hierzulande bisher eher mit freikirchlichem Gesang in Verbindung brachten und die im alten Gesangbuch kaum vertreten waren. Ihre Wirkung entfaltet sie natürlich erst so richtig im nicht zu schnell gesungenen vierstimmigen Satz; bei ihrer melodischen Schlichtheit, fast Anspruchslosigkeit lebt sie zu einem guten Teil vom Klangeindruck.

Im Nacht-Teil des Kapitels stehen neben sechs Liedern fünf Gebete, der Kanon *Ruhet von des Tages Müh* (RG 614) und die Antiphon *Bewahre uns, o Herr, wenn wir wachen* (RG 611). Von den Liedern sind vier aus dem alten Gesangbuch übernommen. Neu sind die Gebetslieder *Ich bitt dich, Herr, durch deine Macht* (RG 620) und *Müde bin ich, geh zur Ruh* (RG 621). Beiden sind Melodien aus der älteren Tradition beigesellt, Letzteres hat einen lediglich zweistimmigen Satz erhalten, mit Rücksicht auf einen häuslichen Gebrauch in schlichtem Rahmen. Die einzige einigermaßen zeitgenössische Melodie in diesem Abschnitt ist nach wie vor Willy Burkhards *Ich liege, Herr, in deiner Hut* (RG 622), ein Musterbeispiel für den sorgfältigen Umgang mit den Möglichkeiten modaler Melodiebildung und für den wohl überlegten engen Zusammenhang zwischen Text und Musik.[82]

Die Gebetstexte in allen bisher besprochenen Abschnitten sind in erster Linie als persönliche Gebete gedacht. Sie können aber auch in der gemeinsamen Tagzeitenfeier verwendet werden, wenn nicht weitere Gebetssammlungen zur Verfügung stehen oder jemand von den Feiernden einen eigenen Text verfasst. Die Texte bei den Nrn. 582 und 592 sind Rahmengebete, die Raum für eigene Anliegen of-

---

[82] Vgl. dazu Andreas Marti: «Ich liege, Herr, in deiner Hut». In: MGD 41. Jg. 1987, S. 1–6.

fen halten, im persönlichen Gebet oder in der gemeinsamen Feier, dort entweder im stillen Weiterbeten oder in laut von Einzelnen vorgebrachten Bitten. Bei den Nachtgebeten stehen zwei Texte von Gerhard Tersteegen; der eine davon, *Nun schläfet man* (RG 623), hat in anderen Gesangbüchern meist eine Melodie. Er eignet sich jedoch im Grunde wenig für das gemeinsame Singen, dafür umso besser für das stille Lesen, das ins *tiefste Stillesein* führt. Zudem erzeugt dieses Gedicht durch die Anordnung der hellen und dunklen Vokale im Textverlauf eine ganz eigene «Sprachmusik», die man am besten unvertont auf sich wirken lässt.

623

Während in vielen traditionellen Nachtgebeten der Betende vor allem um Schutz für die Nacht, um Vergebung der Schuld oder um Kraft für den nächsten Tag bittet, sind zwei der Nachtgebete im RG ausgesprochene Fürbittegebete: 617 betet für Schlaflose, 619 für Leute, die nachts arbeiten.

617, 619

Bei Tisch

Während diese Rubrik sonst häufig beim Kapitel «Mittag» anzutreffen ist, erscheint sie hier gesondert angehängt – schließlich isst man ja nicht nur mittags, und heute ist sogar für viele Menschen der Abend die wichtigere Essenszeit. Von den fünf Liedern standen zwei im alten Gesangbuch (das allerdings als ausgesprochenes *Kirchen*gesangbuch keine besondere Rubrik «Bei Tisch» enthielt); dazugekommen sind auch neun Kanons, sieben Gebetstexte und ein Gesang in freierer Form (*Alle guten Gaben*, RG 628). Die Kanontexte können natürlich auch als gesprochene Tischgebete verwendet werden. Manche von ihnen sind in dieser Form sogar verbreiteter, doch hat man auf eine doppelte Wiedergabe mit und ohne Melodie sinnvollerweise verzichtet. Inhaltlich gehen nur wenige Stücke über das hinaus, was schon die ältesten Texte enthalten: Dank für Gottes Gaben, Erinnerung daran, dass wir zur leiblichen auch die geistliche Speise nötig haben, dann und wann auch der Hinweis auf Menschen, die nicht genug zum Essen und zum täglichen Leben haben. In dieser Hinsicht deutlicher sind das Lied *Herr, gib uns unser täglich Brot* von Edwin Nievergelt (RG 638, auf die Genfer Melodie von Psalm 134) und der ungewohnte Gebetstext von Rudolf Bohren (RG 637), der zusammen mit einigen wenigen weiteren Gebetstexten in anderen Abschnitten die zeitgenössische Lyrik mit ihren freieren Formen vertritt.

628

638

637

In der Praxis werden sich vielleicht Schwierigkeiten zeigen, bei Tisch das Gesangbuch bei sich zu haben. Darum ist es zu empfehlen, mit einer Gruppe, welche ihre Tischgemeinschaft mit einem

Gesang eröffnen möchte, diesen vorher auswendig zu lernen. Gerade bei Kanons sollte das kein großes Problem sein. Ganz einfache Kanons lassen sich je nach Situation auch direkt durch Vorsingen und Nachsingen im Vollzug erlernen (vor allem, weil fast immer unter den Singenden auch einige sind, die ihn schon kennen), etwa *Sei unser Gast, Herr Jesu Christ* (RG 630), *Segne, Herr, was deine Hand* (RG 632), *Vater, segne diese Speise* (RG 634) oder *Was wir brauchen, gibt uns Gott* (RG 640). Besonders schnell zu erlernen ist der kleine Kanon *Danket dem Herrn und lobsingt seinem Namen* (RG 219). Nach wie vor gehört es auch für nicht wenige Kirchenchorsängerinnen und -sänger zum guten Ton, den Tischgesang von Heinrich Schütz, *Aller Augen warten auf dich, Herre* (RG 97, im Psalmenkapitel) mit der eigenen Stimme des vierstimmigen Satzes auswendig zu beherrschen. Die beiden letztgenannten Stücke erinnern uns daran, dass sich als Tischgesänge auch eine ganze Reihe von Stücken aus anderen Gesangbuchkapiteln eignen, so aus den Psalmen, aus «Anbetung und Lob» oder aus «Lob und Dank».

630
632, 634
640
219

97

Gottesdienst im Lebenskreis

Wenn sich für die Teile 1–4 des Reformierten Gesangbuchs Systematik und Bezeichnung fast wie von selbst ergeben haben, wenn entsprechende Kapitel meist auch in anderen Gesangbüchern zu finden sind, so betreten wir mit den Gesängen und Texten des fünften und sechsten Teils einen Bereich, der sich einer Systematisierung gegenüber als eher sperrig erweist; entsprechend unterschiedlich sind auch Einteilung und Bezeichnung dieses Stoffes in verschiedenen Gesangbüchern.

Anders als in den Teilen 2, 3 und 4 liefern nun weniger die Verwendungssituationen als vielmehr die Inhalte die Ordnung, und zwar in ihrem Bezug auf die Existenz des Menschen. Grundlegende existenzielle Situationen und Befindlichkeiten sind angesprochen, und zwar im fünften Teil eher im Blick auf den einzelnen Menschen, im sechsten dann ausgeweitet auf Kirche und Welt.

«Ich-Lieder» und «Wir-Lieder»

«Ich» und «Wir» – Der Einzelne und die Gemeinde

Es gibt in der Hymnologie eine gewisse Tendenz, den Blick auf das Individuum gegenüber dem gemeindlich-kirchlichen Aspekt abzuwerten und für das Kirchenlied als eine Art Verfallsgeschichte zu beschreiben, die im 17. und 18. Jahrhundert, in Barock, Pietismus und Aufklärung, die Grundlagen wahren reformatorischen Glaubens habe untergraben helfen. Das führt dann zum Beispiel zu der irreführenden Einteilung in «Wir-» und «Ich-Lieder», wobei die Wertung natürlich gleich mitgesetzt ist.

Zum Problem der neuzeitlichen Individualisierung ist in der theologischen Literatur viel geschrieben worden, was hier nicht wiederholt zu werden braucht. Nur einige wenige Aspekte sollen aufgegriffen werden:

Die Individualisierung ist zunächst einmal ein gesellschaftliches und kulturelles Faktum. Noch vor jeder positiven oder negativen Wertung ist sie eine Vorgabe, auf die sich kirchliche Verkündigung einlassen muss, will sie der «Fleischwerdung des Wortes» die «Inkulturation des Evangeliums» folgen lassen.

Glaube und Individuum

Individualisierung ist nicht der Feind christlichen Glaubens, sondern in einem gewissen Sinne sogar sein Kind: Die Bibel lässt sich als Befreiungsgeschichte lesen, die – unter anderen Befreiungen – auch auf die Befreiung des Einzelnen aus scheinbar unverrückbaren gesellschaftlichen Strukturen hinausläuft, begründet in dem unendlichen Wert jedes einzelnen Menschen als Geschöpf Gottes. Die Reformation hat das emanzipatorische Gefälle durch die Postulierung der Gottunmittelbarkeit des glaubenden Menschen, den Ausschluss einer menschlichen priesterlichen Mittlerschaft, nochmals verstärkt. Der katechetisch-informatorische Zug im Gottesdienst, unterstützt durch Gottesdienstformen wie Katechismuspredigten, die zum Vornherein der religiösen Information dienten, zielte nicht nur in allgemeinem Sinn auf Glauben, sondern suchte das Verstehen, das klare Wissen[83] um den Glauben und seinen Gegenstand und damit die Fähigkeit, in geistlicher Mündigkeit die biblische Botschaft aufzunehmen, sich (im religiösen Sinne) seines Verstandes selbstständig zu bedienen, wie Kant es später als Programm der Aufklärung formuliert hat.

Individuum und Gemeinschaft der Glaubenden sind nicht einfach Extrempunkte auf einer Skala, auf welcher sich das kirchliche und religiöse Leben je nach Geschmack oder nach kulturellen Umständen einmal mehr nach links und einmal mehr nach rechts verschieben. Sie stehen zueinander gerade beim Singen nicht in einer ausschließenden, noch nicht einmal in einer komplementären, sondern in einer eigenartig dialektischen Beziehung. Wenn ich in der Gemeinde singe, dann singt die Gemeinde, aber es ist meine Stimme, es sind die Stimmen all der andern «Ichs», die den Gesang ausmachen. Dabei bin ich mit meiner Person in diesem Moment besonders intensiv beteiligt und beschäftigt. Der physische Vorgang des Singens, vom Atmen über die Aktivität von Kehlkopf und Sprechwerkzeugen bis zum Resonanzempfinden im Körper bringt einen hohen Grad an Eigenaktivität, an Eigenwahrnehmung, an «Bei-mir-selbst-Sein» mit sich, und das genau da, wo ich wie kaum sonst in gemeinsamer Aktion und Wahrnehmung mit anderen verbunden bin. Individuum und Kollektiv (um dieses problematische Wort jetzt doch zu gebrauchen) bedingen sich – sie schränken sich nicht gegenseitig ein, sondern verstärken sich geradezu. Was so im Singen modellhaft zu erfahren ist, könnte durchaus auf die Indivi-

Dialektik von Individuum und Gemeinschaft

---

[83] So verlangt z. B. Martin Luther in der Einleitung zur «Deutschen Messe», das Volk müsse «teglich ynn der schrifft vnd Gottis wort geubt vnd erzogen werden/ das sie der schrifft gewonet/ geschickt/ leufftig vnd kündig drynnen werden» (zit. nach Wolfgang Herbst: Evangelischer Gottesdienst, Quellen zu seiner Geschichte, 2. Aufl. Göttingen 1992, S. 70). Auch Calvin beginnt seine Genfer Gottesdienstordnung von 1542 mit einer entsprechenden Forderung: «Denn zu sagen, wir könnten im Gebet oder im öffentlichen Gottesdienst auch andächtig sein, ohne etwas davon zu verstehen, ist ein schlechter Witz» (zit. nach: Calvin-Studienausgabe Bd. 2, Neukirchen 1997, S. 151, Übersetzung: A.M.).

dualismus-Diskussion überhaupt übertragen werden, wie sie zum Beispiel im Zusammenhang mit Frauenliturgien in neuer Weise geführt wird.[84]

Mehrstimmigkeit *Kanon* Das spannungsvolle Zusammenspiel wird wohl in der Mehrstimmigkeit oder beim Kanonsingen noch deutlicher erlebbar: Einerseits hebt sich die Einzelstimme deutlicher vom Gesamtklang ab, andererseits verbreitert sich dieser Gesamtklang zu einer von der Einzelstimme, aber auch von der Einstimmigkeit nicht zu erreichenden Klangdimension, bekommt also ein Eigenleben als Kollektivklang.

Konkret auf einzelne Lieder bezogen heißt die beschriebene Beziehung, dass die ohnehin fließenden Grenzen zwischen «Ich-» und «Wir-Lied» im Vollzug vollends durchlässig werden. «Es ist das Heil uns kommen her» singe ich als einzelne Stimme in der Versammlung, so dass es auch zu meinem persönlichen Bekenntnis wird, und «Jesu, meine Freude» singen viele Stimmen in der Versammlung gemeinsam, so dass damit durchaus auch gemeinschaftliche oder gemeinschaftsfähige Erfahrung ausgedrückt wird. Dies relativiert auch die Zuordnung der Lieder zum einen oder zum andern Teil des Gesangbuchs. Diese entspringt dem Überwiegen eines Gesichtspunktes, weniger einer dezidierten Situationszuordnung, und schon gar nicht einer Ausschließlichkeit – vor allem in jenen Kapiteln, die im zweiten Teil nahe Entsprechungen haben: «Lob und Dank» neben «Anbetung und Lob» und «Glaube» neben «Bekenntnis des Glaubens».

Der Ort des Gesangbuchs

Im Spannungsfeld Individuum-Gemeinde ist ein weiterer Gesichtspunkt zu beachten, der nicht das einzelne Lied, sondern das Gesangbuch als Ganzes betrifft, nämlich die Frage seines gemeinschaftlichen oder persönlichen Gebrauchs.

Rollenbuch der *Gemeinde* Welchem Zweck soll ein Gesangbuch dienen, welche Funktion soll es übernehmen? Als Minimum wäre wohl zu bestimmen, dass es Lieder anbieten soll, die im Gottesdienst gesungen werden. In zwei Richtungen geht unser Gesangbuch über dieses Minimum hinaus. Einmal will es, wie im Grundkonzept formuliert wurde,[85] «Rollen-

---

[84] Christoph D. Müller: Einige Hinweise zur liturgischen Relevanz von Frauengottesdiensten. In: Bruno Bürki, Martin Klöckener: Liturgie in Bewegung. Freiburg/Schweiz 2000, S. 338–353, bes. S. 346 f.
[85] Konzept eines neuen Gesangbuches. MGD 3/1985, S. 115–116.

buch der Gemeinde im Gottesdienst» sein, und deshalb enthält es außer den eigentlichen Liedern auch liturgische Singstücke und Sprechtexte. Das geht über die Anlage des alten Gesangbuchs von 1952 wesentlich hinaus. Und auch die andere Richtung bedeutet eine Erweiterung: In viel stärkerem Maß hat das Reformierte Gesangbuch andere Situationen als die gottesdienstliche im Blick, sei das der Unterricht, das häusliche Singen oder nun eben die individuelle Lektüre und das persönliche Gebet.

Das Gesangbuch wird damit zum geistlichen Begleiter, zum Glaubensbuch, so wie es bisher vor allem der Tradition katholischer Gesangbücher entsprochen hat. Konsequenterweise heißen diese auch häufig «Gesang- und Gebetbuch».[86]

Ähnlich wie wir es für das Singen im Gottesdienst beschrieben haben, gibt es auch hier keine strikte Scheidung zwischen privatem und gemeinschaftlichem Gebrauch, und zwar diesmal nicht vom Vollzug, sondern von der Auswahl her: Manche (nicht alle) Gebete eignen sich ebenso gut für das gemeinsame Sprechen im Gottesdienst wie für das persönliche Beten, und manch ein Liedtext kann auch der Lektüre oder als Gebet dienen (und war in manchen Fällen ursprünglich auch so gedacht). Aus diesem Grund sind (was als mangelnde Übersichtlichkeit auch schon kritisiert wurde), die Gebets- und Lesetexte nicht in einem separaten Teil abgedruckt, sondern zwischen den Liedern an thematisch passender Stelle eingeordnet. Wer ein Gebet sucht oder einen Text zur geistlichen Lektüre, wird so automatisch auch auf Liedtexte stoßen, und wer im Gottesdienst das Gesangbuch aufschlägt, wer vielleicht vor dem Gottesdienst schon die Lieder sucht und etwas herumblättert (das tun nicht wenige, wie ich von der Orgelempore herunter feststellen kann), der wird leicht entdecken können, dass in dem Buch auch Gebete enthalten sind. Die Durchmischung trägt der unscharfen Abgrenzung des Materials Rechnung und will zugleich erreichen, dass die Gebrauchssituationen aufeinander verweisen.

geistlicher Begleiter

Die Teilkapitel

Glaube

Dass das Gesangbuch dieses Unterkapitel enthalten sollte, war nicht zum Vornherein klar. Ein Teil seines Inhalts könnte auch im

---

[86] Beispiele: «Katholisches Gesang- und Gebetbuch der Schweiz» (1966/1978), «Gotteslob. Katholisches Gesang- und Gebetbuch» (1975), «Katholisches Gesangbuch. Gesang- und Gebetbuch der deutschsprachigen Schweiz» (1998).

Gottesdienstkapitel bei «Bekenntnis des Glaubens» stehen, ein anderer überschneidet sich mit «Vertrauen» in der Weise, dass bei manchen Stücken auch gerade die umgekehrte Zuordnung möglich gewesen wäre. Von den 19 Nummern ist die erste ein biblischer Lesetext (die Geschichte vom blinden Bartimäus: Glaube macht nicht blind, sondern sehend!), und zwei recht unkonventionell formulierte Gebetstexte über die bewegende Kraft des Glaubens (Silja Walter, RG 655) und über das Glauben «mit dem Kopf», die «fides quaerens intellectum» (anonym, RG 657) schlagen die Brücke in die Gegenwart, während das Kapitel sonst eher traditionell daherkommt.

655
657

Alle Gesangsstücke verwenden die Strophenliedform, zehn der 16 Nummern standen bereits im alten Gesangbuch, von den neu hinzugekommenen sind vier textlich älteren Datums: das Bruderklausengebet (RG 650), *Morgenstern der finstern Nacht* (RG 658) von Johannes Scheffler und *Ich bete an die Macht der Liebe* (RG 662) von Gerhard Tersteegen – beide aus der barock-nachbarocken mystischen Linie – sowie der Spiritual *Nobody knows* (RG 664). Einzig das etwas «poppige» *Unser Leben sei ein Fest* (RG 663) und das Mundartlied *Gott, du bisch wie d'Sune* (RG 665) sind jüngeren Datums.

650, 658
662
664
663
665

Aussagen über den Glauben finden sich in neueren Liedtexten offensichtlich eher in Verbindung mit anderen Themen: mit Gottesdienst, Kirchenjahr oder unter dem Stichwort «Leben und Handeln aus dem Glauben» (Kapitel «Gottesdienst in der Welt»). Das Teilkapitel «Glaube» hat dagegen die Aufgabe, Stücke zusammenzufassen, die den Glauben als innere Befindlichkeit, als Beziehung zwischen Gott und Mensch, als Grundausrichtung der Existenz direkt ansprechen, und es ist durchaus sinnvoll, das auf diese christliche Existenz bezogene fünfte Gesamtkapitel damit zu eröffnen, auch wenn die gleichsam isolierte Darstellung des Themas eher eine Sache vergangener Zeiten ist. Die beiden genannten neueren Stücke überschreiten es ja bereits entschieden in Begriffen wie «Werke» und «Wege» in *Unser Leben sei ein Fest* (RG 663) oder im Gedanken, dass Gott unser Leben für seine Sache brauchen kann, in dem zürichdeutschen Lied. Damit schlagen diese beiden Stücke die Brücke zum sechsten Gesangbuch-Kapitel.

663

Die Verbindung zum Teilkapitel «Vertrauen» schafft in besonderer Weise Paul Gerhardts *Ist Gott für mich, so trete* (RG 656), während Luthers Fassung des mittelalterlichen *Media in vita in morte sumus* (*Mitten wir im Leben sind*, RG 648) in knapper Form seine Rechtfertigungslehre zusammenfasst: Dem Tode verfallen sind wir um der

656
648

Sünde willen, und der Tod ist keineswegs sanft, sondern in ihm droht «der Hölle Rachen», die endgültige Trennung von Gott, aus der uns allein Christus retten kann.

Ganz programmatisch gegen die pietistische Lehre von der Wiedergeburt zu einem neuen Leben wendet sich das Lied *Jesus nimmt die Sünder an* (RG 660) des Hamburger Pfarrers und Dichters Erdmann Neumeister, des Autors einiger von Johann Sebastian Bach vertonter Kantatentexte: Wir bleiben immer «Sünder und Gerechte zugleich» und sind als solche bei Gott angenommen, nicht auf Grund einer durch Bekehrung und Wiedergeburt erreichten Vollkommenheit. Die pietistische Auflösung der Dialektik des «simul iustus et peccator» in ein Leben vor und nach einer geistlichen Wiedergeburt wird schon in der ersten Liedzeile abgewehrt.   *660*

Neben diesen Liedern, die mehr die grundsätzlichen Dimensionen des Glaubens betreffen, steht die viel größere Gruppe jener, die die persönliche Gottesbeziehung des glaubenden Menschen zum Ausdruck bringen. Fast durchgehend handelt es sich dabei um Jesus-Lieder: Eine persönliche, von menschlich-emotionalen Zügen geprägte Gottesbeziehung ist offensichtlich da am besten zu realisieren und auszudrücken, wo Gott selbst nicht nur menschliche Züge trägt, sondern ganz Mensch – *vere homo* – wird. Eine Ausnahme bildet Gerhard Tersteegens *Allgenugsam Wesen* (RG 661). Während Tersteegen viele seiner Lieder durchaus auf Jesus bezieht (so gerade das nächste im Gesangbuch, *Ich bete an die Macht der Liebe*, RG 662), kann er in Aufnahme mystischer Traditionen das personale Gottesbild dann und wann auch überschreiten. Gott ist das allumfassende «höchste Gut», das sich nicht in der Vorstellung von «Personen» erschöpft, von dem sich der Glaubende vielmehr getragen und durchdrungen weiß und in welchem er zur Ruhe kommen kann.   *Jesus-Lieder*   *661*   *662*

Ebenfalls nicht auf die Jesus-Beziehung beschränkt ist das trinitarisch ausformulierte zürichdeutsche *Gott, du bisch wie d'Sune* (RG 665), mit welchem man Kindern die Dynamik der Dreieinigkeitsvorstellung einigermaßen plausibel machen kann. Dagegen nennt das Gebet des Niklaus von Flüe (RG 650) den Namen Jesu zwar nicht, ist aber offensichtlich ein Christusgebet: *Mein Herr und mein Gott* ist eine Formulierung aus dem Neuen Testament: Der Apostel Thomas redet mit diesen Worten den auferstandenen Christus an (Joh 20,28). Dieselbe Anrede verwendet auch Leo Jud in seinem Lied *Dein, dein soll sein das Herze mein* (RG 649), doch kann dieses Lied durchaus trinitarisch gelesen werden: Die erste Strophe spricht mit   *665*   *650*   *649* dem Stichwort *Kleid* den Schöpfer und Erhalter, mit den *heiligen Geboten* den Gott der «Tora», der «Weisung» vom Sinai an; die zweite Strophe redet Christus direkt an, und die dritte verwendet mit *Hilf und Trost* traditionelle Prädikationen für den Heiligen Geist. Unzweifelhaft auf Christus bezogen ist hingegen Martin Schallings *Herzlich lieb hab ich dich, o Herr* (RG 651), das am Schluss der ersten beiden Strophen ebenfalls die Anrede *mein Gott und Herr* beziehungsweise *mein Herr und Gott* verwendet. Berühmt geworden ist vor allem die dritte Strophe, *Ach Herr, lass dein' lieb' Engelein* als Schlusschoral von Johann Sebastian Bachs Johannespassion. Sie nimmt ein Motiv auf, das in der spät- und nachmittelalterlichen Vorstellung zu Hause ist und häufig auch in der darstellenden Kunst erscheint, nämlich das «Engelgeleit» für die Seele des verstorbenen Menschen. Ein wichtiges Bildattribut ist dabei übrigens das Tragtuch, das an beiden Enden von Engeln gehalten wird; es erinnert an das Tuch, in welchem das neugeborene Kind aufgefangen wird, entsprechend der schon altkirchlichen Denkweise, den Todestag als Tag der Geburt zu einem neuen Leben aufzufassen und auch zu feiern – so sind zuerst die Heiligentage entstanden. Vielleicht zeichnet die Bewegung der ersten Melodiezeile gar das in der Mitte etwas durchhängende Tragtuch nach?[87]

651

Engelgeleit

Schallings Glaubenslied ist zugleich ein Sterbelied, zu sehen im Rahmen der für das 16./17. Jahrhundert wichtigen «ars moriendi», der Sterbekunst. Dieselbe Doppelfunktion kommt noch öfter vor und hat die Zuordnung der Lieder auf die Kapitel nicht wenig erschwert.

ars moriendi

Fast überraschend mag es erscheinen, dass sich bei näherem Hinsehen auch eines der fröhlichsten Lieder des Gesangbuchs in den Rahmen der «ars moriendi» stellen lässt, nämlich *In dir ist Freude* (RG 652), gedichtet auf die Musik eines textlich überaus leicht geschürzten italienischen Madrigals *A lieta vita amor ci invita* («Zum fröhlichen Leben lädt Amor uns ein») von Giovanni Giacomo Gastoldi. In der vermutlich von Cyriakus Schneegass (1576–1597)[88] stammenden Kontrafaktur steckt mehr Tiefsinn, als man

652

---

[87] Rudolf Henning: «In paradisum» – ein Topos, nicht nur bei Heinrich Schütz. Vortrag am Internationalen Heinrich Schütz Fest, Mistelbach bei Wien, 14.–16. Mai 1999, Kongressband noch nicht veröffentlicht.
[88] Diese Zuschreibung ist zwar heute weitgehend übernommen, lässt sich aber nicht überprüfen. Sie beruht auf mündlicher Mitteilung des 1966 verstorbenen Forschers Reinhold Jauernig an Siegfried Fornaçon, vgl. Handbuch zum EKG III, 2, Göttingen 1990, S. 272.

dem lange Zeit als «Diakonissenwalzer» und Ähnlichem verunglimpften Lied hat zugestehen wollen. Zunächst ist zu beachten, dass der Originaltext in dem von Johann Lindemann 1598 herausgegebenen Gesangbüchlein lautet *an dir wir kleben in Tod und Leben* und keineswegs nur *an dir wir hangen in Freud und Bangen*, und das darauf folgende *nichts kann uns scheiden* nimmt die für christliche Sterbemeditation unentbehrliche Stelle aus Röm 8 wörtlich auf. So geht es eben nicht nur um die kirchliche Nutzbarmachung einer eingängigen, populären Melodie, sondern um eine direkte Entgegensetzung, eine bewusste Kontrafaktur, wörtlich etwa die «Herstellung eines Gegenstücks»: Amor lädt uns zum fröhlichen Leben ein, Christus hingegen zum fröhlichen Leben und Sterben. Dies wird in einer Art geistlichem Liebeslied im Gewand des weltlichen Liebesliedes ausgedrückt. *In dir ist Freude* eignet sich damit überhaupt nicht für die Rechtfertigung neuer Produkte mit populärem Schwung und dürftigem Text nach dem Muster: «Die haben ja schon damals beliebte Melodien religiös genutzt, ohne immer gleich viel Tiefsinn zu suchen.»

Wir haben bereits festgestellt, dass viele Glaubenslieder eigentliche Jesus-Lieder sind und die nahe Gottesbeziehung in menschlichen Bildern und Begriffen gegenüber dem Mensch gewordenen Gott formulieren. Die geistliche Dichtung begibt sich allerdings hier auf eine heikle Gratwanderung, die durchaus in Distanzlosigkeit und Verniedlichung abgleiten, das Gott-Sein Gottes missachten kann. Die Maßstäbe für das, was noch angemessen ist, variieren dabei von Epoche zu Epoche ganz erheblich, je nach den theologischen Tendenzen, aber auch je nach dem sprachlichen Empfinden, den stilistischen Voraussetzungen für den dichterischen Sprachgebrauch. Zeitweise hatte sich eine regelrechte «Jesus-Minne», eine Brautmystik zwischen der frommen Seele und ihrem himmlischen Bräutigam Jesus etabliert, die auch vor der Anwendung erotischer Bilder keineswegs zurückschreckte. Spuren dieser Textgattung finden sich noch im berühmten «Morgenstern»-Lied von Philipp Nicolai (RG 653) – allerdings in einer gegenüber dem Original massiv «entschärften» Form: Statt *Nach dir / ist mir / Gratiosa coeli rosa / Kranck und glümmet / Mein Hertz durch Liebe verwundet* heißt es schon längst nur noch *Nach dir / wallt mir / mein Gemüte, ewge Güte, / bis es findet / dich, des Liebe mich entzündet.*

Jesus-Minne

653

Der Gefahr der Banalität können hier nur poetisch hoch konzentrierte Texte entgehen, so Johann Francks *Jesu, meine Freude* (RG 659), nicht zuletzt durch Bachs Motette zum Klassiker geworden,

659

auch wenn wir heute wohl kaum noch in solch einer Sprache beten und dieser Text für barockungewohnte Leserinnen und Leser Anlass zu einigem Kopfschütteln geben mag. Ähnlich persönliche «Liebeserklärungen» enthalten auch *Ich will dich lieben, meine Stärke* (RG 682) oder *Bei dir, Jesu, will ich bleiben* (RG 693). Der fließende Übergang zum Abschnitt «Vertrauen» wird auch hier wieder deutlich.

682, 693

Auf einer völlig anderen Ebene liegt der Spiritual *Nobody knows* (RG 664). Die Worte – ohne jeden literarischen Anspruch – sagen längst nicht alles, was zu sagen ist. Sie sind Auslöser für religiös-affektive Vorgänge, die in der Musik einen Raum zur Entfaltung finden, so wie dies überhaupt für einen großen Teil der Spirituals der Fall ist. Das hat den Effekt einer gewissen semantischen Distanzierung vom Text: Man braucht gar nicht so buchstabengetreu zu meinen, was man singt (ein Stück weit ist das natürlich bei vielen traditionellen Liedern auch so!), und verstärkt wird dieser Distanzierungseffekt für uns noch durch die Fremdsprache, in der wir diese Lieder singen. Er dürfte nicht unwesentlich zur Beliebtheit von Spirituals und Gospels beitragen, da er den Inhalt im Grunde auf einige Reizworte reduziert, auf faktische «Leerstellen», die jeder und jede Singende aus eigenem Empfinden und aus eigenen Auffassungen heraus füllt und konkretisiert.

664

Vertrauen

Zu den 42 Nummern dieses umfangreichen Abschnitts zählen je zwei Bibelstellen und zwei Gebete. Zum Singen angeboten werden drei Kanons, ein Leitvers, vier freie Formen (alles Taizé-Stücke) und dreißig Lieder. Von Letzteren standen zwanzig bereits im Gesangbuch von 1952. Neu hinzugekommen sind vier alte Lieder, das heißt drei Texte mit vier Melodien: *Schönster Herr Jesu* (RG 685, 686), das auch bei den Glaubensliedern hätte Platz finden können, das ebenso dringend gewünschte wie erbittert bekämpfte *So nimm denn meine Hände* (RG 695), das nun erstmals im offiziellen Deutschschweizer Gesangbuch steht, und der Spiritual *Kum ba yah my Lord* (RG 702), der auch gewichtige Aspekte der Klage enthält. Unter den neuen Liedern ist eines eher traditionell gehalten, nämlich *Es mag sein, dass alles fällt* (RG 697) aus der Kirchenkampfzeit.

685
686

695

702

697

Übrig bleiben fünf neue Lieder: *Gott wohnt in einem Lichte* (RG 696, auf die bis dahin in unserem Gesangbuch nicht enthaltene Genfer Melodie zu Psalm 130), *Du kannst nicht tiefer fallen* (RG 698), *Wir sind dein Eigentum* (RG 701), *Du bist der Weg, Herr, du bist das Licht* (RG 703), die drei letztgenannten in wohltuender Knappheit, dazu das text-

696

698
701, 703

lich nicht gerade überwältigende, aber zeitweise bei Jugendlichen und Unterrichtenden wegen seiner schaukelnden, schlagermäßigen Korrespondenzmelodik sehr beliebte *Weit wie das Meer ist Gottes große Liebe* (RG 700).

700

Etwas verwirrlich sind bei diesem Lied die unterschiedlichen Fassungen des Textanfangs, wie sie in verschiedenen Sammlungen und Gesangbüchern im Umlauf sind. Das Problem ist das folgende: Das schwedische Original spricht von «stranden» und «gräset», Strand und Gras, und zwar ganz offensichtlich als Bild für Weite und Grenzenlosigkeit: ein flacher Strand, vom Land her gesehen, der fast unmerklich ins grenzenlose Meer übergeht – ein unkonventionelles, aber durchaus nicht unpoetisches Bild, das durch das deutsche «Ufer» (so im Evangelischen Gesangbuch, zum Beispiel Regionalteil Bayern-Thüringen Nr. 643, *Herr, deine Liebe ist wie Gras und Ufer*) völlig zerstört wird: Die Assoziation ist bei diesem Begriff eher das «rettende Ufer», vom Meer aus gesehen, und damit ein Bild für Schutz und Geborgenheit, gerade nicht für Freiheit und Grenzenlosigkeit. Nicht besser sind in dieser Hinsicht die beiden Fassungen *Wie sichres Ufer ist die Liebe Gottes* (zum Beispiel Hallelu 9. Aufl. 1989, Nr. 23.12) und der Text im Jugendgesangbuch «Kumbaya» (Nr. 219): *Wie Gras und Ufer ist die Liebe Gottes*. Immerhin verwenden sie die originale beschreibene Sprachform und nicht die Gebetsform, was für den Charakter des Liedes nicht unwesentlich ist, für seinen etwas distanzierten, aber vielleicht gerade dadurch für kirchlich nicht integrierte Menschen einladenden Stil. Die Fassung *Weit wie das Meer* stellt die Stimmigkeit des Bildes wieder her, obwohl nun die besondere Farbe, die Originalität des schwedischen Textes in dieser Allerweltsformulierung natürlich dahin ist – aber man kann bei Übertragungen aus fremden Sprachen eben nie alles haben.[89]

Die große Zahl der Lieder können wir hier nicht im Einzelnen durchgehen; vielmehr beschränken wir uns darauf, einige thematische Grundlinien nachzuzeichnen und an Beispielen zu verdeutlichen. Vorab ist wie beim vorherigen Kapitel auf die unscharfe Abgrenzung hinzuweisen: Manche Lieder könnten bei «Glaube» stehen, andere bei «Klage», noch andere bei den Sterbeliedern. Letzteres ist in ausgesprochener Weise der Fall für *Mein schönste Zier*

---

[89] Vgl. Jürgen Henkys: Gott loben mit einem Mund? Zur Nachdichtung fremdsprachlicher Kirchenlieder. In: Jahrbuch für Liturgik und Hymnologie, 37. Bd. 1998, S. 179–195.

672 (RG 672), und zwar im Blick auf seine vierte Strophe – der Abend verstanden als das zu Ende gehende Leben –, dann auch auf das unbedingt beim Wort zu nehmende *im Tod und auch im Leben* in der dritten Strophe und auf die Anspielung auf das 8. Kapitel des Römerbriefs in der zweiten Strophe – nicht einmal der Tod trennt uns von Gottes Liebe.

700 Das schon beschriebene Strand-und-Gras-Lied (RG 700) würde sich gut unter die Lieder zu «Leben und Handeln aus dem Glauben» einreihen; dasselbe gilt mit Einschränkungen auch für *Du bist*
703 *der Weg, Herr, du bist das Licht* (RG 703). Es zeigt sich eben immer wieder, dass außerhalb der klaren Funktionszuweisung von Kirchenjahres-, Tageszeiten- oder Gottesdienstliedern die breite und immer wieder anders akzentuierte und kombinierte Thematik von Liedern sich einer klaren Systematik widersetzt. Wer also Lieder sucht, wird gut daran tun, im Gesangbuch immer an mehreren Stellen zu blättern. Erste Hinweise geben im durchlaufenden Inhaltsverzeichnis zu Beginn des Gesangbuchs die den jeweiligen Kapiteln angehängten Hinweise auf weitere Lieder zum selben Themenkreis.

Ein erheblicher Teil der klassischen Vertrauenslieder stammt aus der nachreformatorischen Zeit und dem Barock. Schwierige äußere Umstände – Wirtschaftskrise, Missernten, Pestzüge und schließlich der Dreißigjährige Krieg – haben die Entstehung dieser Gattung wesentlich geprägt. Die Erfahrung von Leid und Not musste religiös verarbeitet werden. Ihre Deutung als Prüfung oder Strafe von Gott her wurde verbunden mit dem Glauben an die Rechtfertigung des Sünders aus Gnade allein: Gott selbst versöhnt durch Christus die Menschen mit sich, und so können wir darauf vertrauen, dass sein Wille letztlich für uns das Gute bedeutet. Nicht selten berufen sich Vertrauenslieder ausdrücklich gegenüber Gottes Strafgericht auf Christi Erlösungswerk.[90] Diese durchaus nicht unproblematische Entgegensetzung begegnet so in den Vertrauensliedern des RG nicht, doch findet sich eine deutliche christologische Fundierung des Vertrauens in Ludwig Helmbolds
671 *Von Gott will ich nicht lassen* (RG 671) oder im bekannten *Auf meinen*
674 *lieben Gott* (RG 674).

---

[90] Hans-Georg Kemper: Das lutherische Kirchenlied in der Krisen-Zeit des frühen 17. Jahrhunderts. In: Alfred Dürr, Walther Killy (Hg.): Das protestantische Kirchenlied im 16. und 17. Jahrhundert. Wolfenbütteler Forschungen Bd. 13, Herzog-August-Bibliothek Wolfenbüttel 1986, S. 87–108.

Aber auch ohne den Bezug auf die Kreuzestheologie machen es sich gerade ältere Lieder meist nicht leicht; sie ringen um dieses Vertrauen und halten die Spannung zwischen Leiderfahrung und einem «Dennoch» der dagegen gesetzten Zuversicht aufrecht. Diese heilsame Spannung blieb aber nicht durchwegs erhalten und flachte in späterer Zeit ab bis zu platten und wenig hilfreichen Selbstverständlichkeiten wie *und ein neuer Frühling folgt dem Winter nach* (*Harre, meine Seele*, RG 694). Das Ringen aufgegeben hat auch *So nimm denn meine Hände* (RG 695). Da beschränkt sich die Bewältigung des Leidens darauf, auf jeden eigenen Willen, auf jede eigene Aktivität zu verzichten, sich selbst zu entmündigen. Das kann vielleicht eine Extremsituation beschreiben und dann sogar passend und hilfreich sein; der stereotype Gebrauch dieses Liedes («Die Angehörigen haben es halt gewünscht») ist im Grunde genommen ein Missbrauch, der den meisten Situationen nicht gerecht wird und auch die dialektische Dynamik eines christologisch begründeten Gottvertrauens in keiner Weise aufzunehmen vermag. Aber vielleicht liegt in dieser Unverbindlichkeit des Textes gerade der Grund für seine Beliebtheit (ähnlich wie bei *Stille Nacht*, RG 412, s.o. S. 75). *694*
695

412

Die Häufung von Taizé-Gesängen am Ende dieses Kapitels lässt es angezeigt erscheinen, hier auf diese für unser Gesangbuch neue Gattung in einem kleinen Exkurs etwas einzugehen. Erst einmal ist festzuhalten, dass in den Gottesdiensten in Taizé auch noch andere Gesangs-Gattungen verwendet werden, namentlich auch Kanons sowie responsorische und psalmodische Gesänge, die im Gesangbuch nicht oder nur am Rande vertreten sind (etwa das *Kyrie*, RG 194, das im Wechsel mit dem Vorsänger auszuführen wäre). Einfacher ausführbar sind die kurzen ruf- oder singspruchartigen Stücke im vierstimmigen Satz wie *Dans nos obscurités* (RG 705), *Laudate omnes gentes* (RG 71) und andere. Sie sind so gedacht, dass man sie über eine gewisse Zeit hinweg ständig wiederholt, eventuell mit wechselnder Lautstärke oder mit allmählich hinzutretenden Instrumentalstimmen. Dabei sollte man sich den grundlegenden Unterschied gegenüber dem Singen eines Liedes mit mehreren Strophen klar vor Augen halten. Bei Letzterem wird ein Weg beschritten, der die Gedanken von Strophe zu Strophe, von Station zu Station führt. Singen hat auf diese Weise den Charakter einer Aktion, eines gerichteten Vorgangs. Das Wiederholen eines kurzen Rufs, einer kurzen Harmoniefolge, oder das Singen eines Zirkelkanons mit vielen Wiederholungen dagegen bewegt sich im Kreis, oder vielleicht besser auf einer Spirale nach innen, aufwärts oder abwärts, je nach Vorstellung. Singen hat damit den Charakter eines Zustandes, *Taizé*

194

705
71

Aktion und Zustand

eines Sich-Befindens oder Sich-Einfindens in einem Raum.[91] Die Harmonik spielt dabei eine wichtige Rolle, weil sie diesen Raum auch als Klang-Raum erlebbar macht.

Weg und Raum Liturgisch entscheidend (und wohl bei der Verwendung von Taizé-Gesängen nicht in jedem Fall ausreichend bewusst) ist, dass die Dominanz von «Raum»-Gesängen gegenüber «Aktions»- oder «Weg»-Gesängen den Gottesdienst als ganzen von der Weg-Metapher zur Raum-Metapher verschiebt. Sowohl der reformierte Predigtgottesdienst als auch der Messgottesdienst in seinen Ausprägungen nach der Reformation beziehungsweise nach dem Zweiten Vatikanischen Konzil sind jedoch eher mit der Weg-Metapher zu beschreiben, sei diese nun auf einen lehrhaft-pädagogischen oder auf einen «psychagogischen», das heißt «seelenführenden», Aspekt bezogen. Manche neueren Feierkonzepte, beispielsweise in der liturgischen Arbeit von Frauengruppen entwickelt, sind angemessener mit der Raum-Metapher zu erfassen: Die Feiernden kommen in einem Raum an, erfüllen und gestalten ihn, geben sich und einander Raum, in dem sie verweilen können, in welchem Erfahrungen von «Heil» oder «Fülle» möglich sind. Der Gottesdienst als gestalteter, geprägter Raum – verstanden als Zeit-Raum, als Lebens-Raum – ist gleichsam ein Gefäß, in das die Teilnehmenden ihre Erfahrung einbringen und so neue Erfahrung machen.

Auch die Gottesdienste in Taizé entsprechen zu einem guten Teil diesem Muster. Bedingt durch die Vielsprachigkeit der jeweiligen Gottesdienstgemeinde und durch ihre sehr unterschiedlichen Voraussetzungen sind linear fortschreitende verbale Elemente wenig sinnvoll – auf der semantischen Ebene geschieht da relativ wenig, Auseinandersetzung mit Inhalten findet nicht oder kaum statt. Diese hat jedoch durchaus ihren Ort, nämlich in den Gesprächsgruppen, die zwischen den Gottesdiensten an der Arbeit sind. Der Gottesdienst muss gar nicht alles selber leisten, sondern bildet zusammen mit seinem Umfeld ein Ganzes. Er ist der Ort, der «Raum», wo Menschen ihre Erfahrungen spirituell vertiefen und verarbeiten, wo sie sie in eine weitere Dimension einbringen können. Die Sprache der liturgischen Elemente ist dabei von einer gewissen Allgemeinheit, Offenheit und Vieldeutigkeit, so dass sie als Auslöser und Vehikel all der verschiedenen Gedanken und Gefühle dienen kann, die die Teilnehmenden mit sich in den Gottesdienst tragen.

---

[91] Andreas Marti: Weg und Raum als Metaphern von Liturgie und Gemeindegesang. In: JLH 39. Bd. 2000, S. 179–190.

Von ihrer Ursprungssituation her setzen somit die Taizé-Gesänge gleich in doppelter Weise einen Kontext voraus, der für die meisten unserer Gottesdienste im Grunde nicht gegeben ist: für die Gesänge selbst den Kontext eines Gottesdienstes nach dem «Raum»-Konzept, für diesen den Kontext eines intensiven und auch inhaltlich differenziert gefüllten geistlichen Lebens in unmittelbarer örtlicher und zeitlicher Nachbarschaft der liturgisch gestalteten Zeit.

Ein Gottesdienst, zu dem die Menschen aus ihrem Alltag kommen und aus dem sie auch wieder dahin zurückkehren, muss inhaltlich stärker prägen, und das wiederum begünstigt (wenn auch nicht ausschließlich) eher das «Weg»-Konzept, in welches sich ausgesprochen repetitive Gesänge nicht so ohne weiteres einfügen, schon gar nicht in größerer Zahl. Selbstverständlich geht es bei den beiden Liturgie-Konzepten nicht um lupenreine Extremformen, sondern um Tendenzen und Gewichtsetzungen. Diese müssen jedoch als Voraussetzung und auch als Folge der Verwendung von Taizé-Stücken bewusst in Rechnung gestellt werden, wenn Gottesdienste in sich einigermaßen stimmig sein sollen.

Klage

Ein Kapitel mit dieser Überschrift findet sich nur selten in Gesangbüchern. Dabei handelt es sich um eine grundlegend wichtige Dimension biblisch geprägten Glaubens. Bekanntlich führt ja die Frage nach dem Leid und dem Bösen in der Welt und danach, wie Gott dies alles zulassen könne – die so genannte «Theodizee»-Frage nach der «Rechtfertigung Gottes» – unweigerlich in ein unlösbares Dilemma. Entweder ist Gott umfassend und allmächtig, der Grund und Ursprung allen Seins: Dann muss er letztlich der Urheber auch des Bösen sein; er schickt es uns als Strafe oder als Prüfung oder bleibt der rätselhafte, dunkle, verborgene Gott. Oder aber Gott ist der Inbegriff des Guten: Dann kann das Böse nicht von ihm stammen, sondern ist eine widergöttliche Macht, und die Welt zerfällt dualistisch in zwei miteinander ringende Machtsphären, wobei diese Teilung relativiert wird durch die Hoffnung auf ein «Eschaton», ein letztes Ziel, an dem Gott «alles in allem sein wird». Beide Konzepte enthalten sowohl Unverzichtbares wie auch Inakzeptables, und sie sind miteinander nicht vereinbar. Auch die Bibel bietet mit der Geschichte vom «Sündenfall» keine rationale Lösung, sondern mehr eine Interpretationshilfe für die Formulierung des Dilemmas an.

Theodizee

Erst recht «unlogisch» geht das Buch Hiob mit dem Problem um. Es macht aber, wie auch viele Klagepsalmen, deutlich, dass nicht

Hiob

die rationale Diskussion der Frage nach dem Bösen und dem Leid weiterführt, sondern die Klage darüber, und zwar die Klage vor Gott. Das Leid wird damit statt in die Rede *über* Gott ins Reden *mit* Gott eingebracht, wird von der begrifflichen in die existenzielle Dimension verschoben. Und während bei Hiob diese Klage an Gottes rätselhafter Größe ihre Grenze findet, geht das Neue Testament den Weg zu Ende: Seit Karfreitag und Ostern klagen wir zu einem Gott, der sich in Christus selbst dem Leiden ausgesetzt hat.

Trotz der grundlegenden Bedeutung der Klage als theologisch-existenzieller Dimension ist das Kapitel im Gesangbuch schmal ausgefallen. Es zeigt einen besonders hohen Anteil an nicht singbaren Texten, wohl, weil es einem beim Klagen häufig nicht ums Singen ist und weil überhaupt fest Formuliertes angesichts der individuellen Leiderfahrungen problematisch ist und allenfalls als Anstoß und Ermutigung zum eigenen Klagen dienen kann.

Immerhin wären funktional zu diesem Kapitel noch die Klagepsalmen zu rechnen. Im thematischen Inhaltsverzeichnis des Gesangbuchs sind deren 13 aufgeführt, dazu noch zwei Lieder aus dem Gottesdienst-Kapitel. Unter der Überschrift «Klage» selbst stehen nur fünf Gesänge: ein Leitvers (*Meine Seele dürstet nach dir, mein Gott*, RG

711 711, gut zu gebrauchen zusammen mit einem gelesenen Klagepsalm oder einem situativ verfassten Gebet), der hebräische Kanon *Haschi-*

720 *wenu* (RG 720) und drei Lieder. So wie die alttestamentlichen Klagepsalmen fast immer die Wendung zu Vertrauen oder Dank bringen, geht auch Zwinglis «Pestlied» *Hilf, Herr Gott, hilf in dieser Not*

713 (RG 713) den Weg von der Klage in Todesnot zum Dank für die Rettung. Die beiden anderen münden jeweils in die vertrauensvolle Bitte um «wunderbare» Führung (*Mein Gott, wie bist du so verborgen*, RG

715 715 – gemeint ist eine Führung, über die man sich wundert, die einem zunächst unbegreiflich scheinen mag: im Originaltext stand sogar das Wort «wunderlich») oder um Gottes Licht in der dunklen

717 Welt (*Herr, du weißt, wie arm wir wandern*, RG 717).

Das letztgenannte Lied mit dem Text von Adolf Maurer und der ebenso kargen wie expressiven Melodie von Albert Moeschinger, ist wohl eines der eindrücklichsten Ergebnisse der Bemühungen um einen neuen Ton im Kirchenlied in der ersten Hälfte des 20. Jahrhunderts – eines Jahrhunderts, das der Erfahrung von Leid und dem Wirken des Bösen bisher unbekannte Dimensionen eröffnet hat. So ist es sicher kein Zufall, dass Text und Melodie beide aus Weltkriegszeiten stammen: 1917 und 1941.

Lob und Dank

Auch dieses Kapitel ist mit einem biblischen Text, je einem Kanon und Leitvers und acht Liedern (eines davon mit zwei Melodien) relativ schmal, und zwar deshalb, weil die meisten Loblieder als gottesdienstliche Lieder im dortigen Abschnitt «Anbetung und Lob» stehen. Das Lob Gottes erklingt «im Kreis der Aufrichtigen und der Gemeinde», wie Psalm 111 es ausdrückt (RG 131). Hier stehen nun einige individueller formulierte Lieder, davon zwei von Paul Gerhardts bekannten Texten: *Ich singe dir mit Herz und Mund* (RG 723) und *Sollt ich meinem Gott nicht singen* (RG 724 und 725). Neben der heiteren und wohl etwas naiven Melodie von Albrecht Peter Bertsch (RG 724) hat diejenige von Johann Schop (RG 725) hierzulande im Gebrauch keine große Chance, so sehr das von kirchenmusikalischer Seite her immer wieder bedauert wird. Es ist aber zu bedenken, dass diese barocke Melodie mit ihrem dramatisch großen Gestus affektmäßig nicht unbedingt zum Text passt und ja auch zu einem völlig anders gearteten Text komponiert worden ist, nämlich zu dem Osterlied *Lasset uns den Herren preisen*.

Übernommen aus dem alten Gesangbuch sind *Womit soll ich dich wohl loben* (RG 727) und *O dass ich tausend Zungen hätte* (RG 728), beide in ihrer textlichen und inhaltlichen Qualität nicht ganz unbestritten, aber doch bis dahin einigermaßen im Gebrauch – ob sie es im neuen Gesangbuch mit seinem reicheren und differenzierteren Angebot auch bleiben werden, wird sich noch weisen müssen.

Ebenfalls aus dem alten Gesangbuch übernommen wurde der Text von Christian Fürchtegott Gellert *Gott ist mein Lied* (RG 730), ein an poetischer Gestaltung und biblischen Bezügen überaus reiches Lied, nun aber mit der Melodie des Hamburger Musikdirektors Carl Philipp Emanuel Bach – einem gediegenen Beispiel für das klassizistische Ideal der «edlen Einfachheit» und schlichten Würde. Bereits in früheren Schweizer Gesangbüchern gestanden hatte Gellerts *Wenn ich, o Schöpfer, deine Macht* (RG 729). Im 1952er-Gesangbuch war es wohl der damaligen Abneigung gegen die Schöpfungstheologie und den Bedenken wegen einer möglicherweise drohenden *theologia naturalis*, einer Gotteserkenntnis aus der Natur statt aus der Offenbarung in Christus, zum Opfer gefallen (vgl. zum Abschnitt «Schöpfung» S. 87 f.).

Aus neuerer Zeit stammt *Ich will dem Herren singen* (RG 731) von Arno Pötzsch, ein neobarockes Gedicht, das wenig Neues bringt, mit einer etwas zu verspielten, wanderliedmäßigen Melodie von Erna Woll – insgesamt doch wohl zu harmlos. Mehr Tiefe bringt das

733 zweite neue Stück, das von Jürgen Henkys aus dem Norwegischen übertragene *Herr, du hast mich angerührt* (RG 733), das erkennbar auf Leid und Klage zurückblickt und Gott für die erfahrene Hilfe dankt. Es entspricht gewissermaßen der zweiten Hälfte eines biblischen Klagepsalms und bildet damit am Schluss des Abschnitts die Klammer mit dem vorhergegangenen.

Auf dem Weg des Lebens

In diesem Teilkapitel manifestiert sich am deutlichsten, was in der Überschrift des Gesamtkapitels angezeigt ist, nämlich der Bezug des Glaubens auch auf die individuelle menschliche Lebensgeschichte. Als solches wurde es allerdings nicht planmäßig konzipiert und anschließend mit Material aufgefüllt – man hätte ja durchaus noch mehr Stationen und Lebensabschnitte berücksichtigen können. Vielmehr wurden Stücke, die in den verschiedenen Quellen gefunden und für brauchbar erachtet worden waren, hier zusammengeordnet.

Lebensstationen und -abschnitte verlangen immer wieder nach Interpretation und Neuorientierung. Der Glaube kann Menschen helfen, diese Interpretation zu leisten, ihren Platz in der Welt, gegenüber anderen, gegenüber Gott, in der persönlichen Identität immer wieder neu zu finden, auch in den wechselnden biografischen Konstellationen. So sind Kasualien, Gottesdienste an solchen Wendepunkten, mehr als nur eine «missionarische Gelegenheit».[92] Ein auf das Leben bezogener, ein biografisch «geerdeter» Glaube kann die Struktur gebenden Elemente dieses Lebens nicht nur nicht außer Acht lassen, sondern wird umgekehrt gerade an dieser Stelle konkret und verbindlich werden müssen.[93]

Konfirmation

175

Von den Kasualien im klassischen Sinne ist allerdings in diesem Kapitel nur gerade die Trauung berücksichtigt. Die Taufe ist als Sakrament und gottesdienstliche Handlung der gesamten Gemeinde im Gottesdienstkapitel untergebracht, die Bestattung wird im Teilkapitel «Im Angesicht des Todes» berücksichtigt, und für die Konfirmation, die durchaus an diese Stelle gehört hätte, fehlt schlicht das Material. Das einzige Konfirmationslied, das aus dem alten Gesangbuch übernommen wurde (*Sorge, Herr, für unsre Kinder*, Nr. 175), steht bei «Taufe und Taufgedächtnis». Diese Lücke mag für die Sy-

---

[92] Zur Kritik an der «Gelegenheits»-Vorstellung vgl. Rudolf Bohren: Unsere Kasualpraxis – Eine missionarische Gelegenheit? In: Theologische Existenz heute. München ²1961.
[93] Zum Thema vgl. Theophil Müller: Konfirmation – Hochzeit – Taufe – Bestattung. Sinn und Aufgabe der Kasualgottesdienste. Stuttgart 1988.

stematik des Gesangbuchs störend sein – für den Gebrauch ist sie es nicht. Gesungen werden an Konfirmationen entweder Lieder, die einem bestimmten, im Gottesdienst besonders behandelten Thema entsprechen, etwa «Frieden», «Zukunft», «Umgang mit Gewalt», oder aber alte und neue «Schlager» von *Großer Gott, wir loben dich* (RG 247) über *Morning has broken / Morgenlicht leuchtet* (RG 533) bis *Laudato si* (RG 529). Es stellt sich bei der Zusammensetzung der Gemeinde von Konfirmationsgottesdiensten ja immer auch die Frage der Singfähigkeit überhaupt. Für einen großen Teil der Gottesdienstteilnehmer ist gemeinsames Singen in der Öffentlichkeit offenbar eine recht befremdliche Angelegenheit. Damit ist der Handlungs- und Auswahlspielraum eng. Am besten gelingt das Singen noch, wenn es mit einem bekannten traditionellen Kirchenlied beginnt, weil es manchen Erwachsenen doch noch eine halbwegs bekannte Situation für die Verhaltensweise «gemeinsames Singen» zu erzeugen vermag; dagegen sind die Erfahrungen mit neuen, auch durchaus populären Stücken oft nicht gerade berauschend, weil sie Assoziationen zu Musik hervorrufen, die man eher hörend oder allenfalls diskret mitsummend oder -singend mitvollzieht, wenn's hoch kommt, bis zum Mitklatschen gesteigert. Wer mit einer Konfirmationsgemeinde singen will, muss diesen Anmarschweg bedenken und dann klare Strukturen vorgeben, die denen, die sich zum Singen motivieren lassen, Verhaltenssicherheit in einer durchaus ungewohnten Situation geben. Anweisungen wie «Wer will, kann dann etwa von der dritten Strophe an den Refrain mitsingen» führen in der Regel nur zu betretenem Schweigen …

247

533, 529

Ähnliches gilt auch für die gottesdienstliche Gemeinde bei Trauungen, die meist – wenn überhaupt – nur zu den stereotypen «Schlagern» fähig ist. Geeignet als spezifische Trauungslieder wären daher allenfalls neue Texte auf bekannte Melodien, wie dies bei *Gott, unser Festtag ist gekommen* (RG 741) der Fall ist. Die Ausbeute einer langen und intensiven Suche war aber mager, und die meisten der da und dort umlaufenden Lieder konnten durchschnittlichen Qualitätsmaßstäben nicht standhalten.

Trauung

741

Mit einer etwas singwilligen Gemeinde gut zu realisieren ist der Kehrversgesang *Ihr sollt da sein füreinander* (RG 740), wobei die Strophen solistisch (Gesangssolisten sind bei Trauungen ja gar nicht so selten und könnten durchaus zu «Caro mio ben» oder zum «Largo» hinzu noch etwas liturgisch Sinnvolles singen) oder durch eine kleine Gruppe zu singen wären – notfalls könnte man sie auch bloß lesen. Schwieriger wird's mit dem gehaltvollen *Freuet euch im Herren allewege*

740

738, 737 (RG 738), während *Vor dir, o Gott, mit Herz und Mund* (RG 737) zwar schon im alten Gesangbuch stand, jedoch kaum verwendet wurde und zudem sprachlich etwas altbacken daherkommt. Die Auswahl ist also schmal, und das ist sicher ein Mangel; eine Katastrophe ist es indessen auch hier nicht: Das Ausweichen auf nicht situationsspezifische Lieder ist nämlich nicht nur ein Notbehelf, sondern ergibt auch inhaltlich einen Sinn: Kasualien stellen Lebensgeschichte in einen größeren Zusammenhang von Vertrauen, Hoffnung, Dank und Verantwortung. Diese Dimensionen können repräsentiert sein in den gesungenen Liedern, die dann den Rahmen bilden, in dem Situation und Individuelles aufgenommen und eingebettet werden, ohne dass dazu eine explizite nochmalige Formulierung nötig wäre.

Geburtstag Außer dem Stichwort «Trauung» enthält das Teilkapitel noch einen Geburtstagskanon, so dass vielleicht wenigstens die mit dem Gesangbuch Vertrauten die stupide Happy-Birthday-Brüllerei durch etwas Gescheiteres ersetzen können, danach zwei Lieder und ein Gebet zum Alter und zwei Gebete zum Alleinsein – es gibt ja durchaus nicht nur verheiratete Menschen, und wir tun gut daran, die fast exklusive Hochschätzung der Ehe durch das Ernstnehmen anderer Lebensformen etwas zu relativieren.

Zurzeit wird in vielen reformierten Schweizer Kirchen und auch anderswo über Feiern im Zusammenhang mit anderen Partnerschaften als der Ehe nachgedacht. Dafür bietet das Gesangbuch erst recht nichts Spezifisches, abgesehen davon dass die ersten drei
740 Strophen von *Ihr sollt da sein füreinander* (RG 740) auch in solchen Situationen brauchbar wären.

Im Angesicht des Todes

Es gehört heute nachgerade zu den Selbstverständlichkeiten, zu sagen, wir hätten in der modernen Gesellschaft den Tod verdrängt: Man stirbt nicht mehr zu Hause, sondern im Spital oder gar in einem besonderen Sterbehaus, Leichenzüge sind weitgehend verschwunden, Trauerfeiern finden ohne Sarg oder Urne statt, die Tendenz zur Bestattung «im engsten Familienkreis» unter Ausschluss der Öffentlichkeit nimmt zu (böse Mäuler bezeichnen solche Veranstaltungen als «diskrete Entsorgung» ...). Mag sein – doch das alles ist nur die eine Seite. Es gibt durchaus Tendenzen, die dieser Verdrängung entgegenstehen: Sterbebegleitung ist ein Thema in der Seelsorge und darüber hinaus, Medizin und Krankenpflege gehen wieder bewusster mit dem Sterben und der Würde des sterbenden Menschen um, manchmal werden Verstorbene auch wieder zu Hause aufgebahrt, und diverse esoterische und neu-religiöse Strömungen bieten ihre Interpretations- und Bewältigungshilfen nicht ohne Erfolg auf einem offensichtlich wachsenden Markt an.

Zwei zeitgenössische Texte im Gesangbuch nehmen die Kritik an der Verdrängung und Verharmlosung des Todes auf, nämlich *Erschreck mich* von Wolfdietrich Schnurre (RG 758) und *Lass mich nicht sterben* von Joseph Kopf (RG 759). Sie provozieren in vielleicht schockierender Weise die Konfrontation mit dem Tod. Der Mensch ist bekanntlich das einzige Lebewesen, das um seinen Tod weiß; darum gehört die «meditatio mortis», das Nachsinnen über den Tod, in ganz besonderer Weise zum menschlichen Leben, ist geradezu ein Kennzeichen des Humanum, dessen, was das Leben zum Menschlichen macht.   758
    759

Hier ist auch die traditionelle «ars moriendi», die «Sterbekunst», anzusiedeln. Sie beschränkt sich keineswegs auf fallweise individuelle Sterbevorbereitung, sondern meint die Gestaltung des Lebens im Horizont dieses Wissens um den Tod. Das Leben gewinnt in dieser Konfrontation an Spannung und Intensität; nur zusammen mit seinem Ende ist es vollständig gedacht. So ist die «ars moriendi» letztlich «ars vivendi», wird die Sterbekunst zur Lebenskunst.   *ars moriendi*

Solche Gedankengänge finden sich bereits in der antiken Philosophie. Die christliche Tradition hat sie aufgenommen und theologisch interpretiert. Der Vergänglichkeit alles Irdischen und des menschlichen Lebens wird die Ewigkeit Gottes gegenübergestellt. So folgen sich in Andreas Gryphius' *Die Herrlichkeit der Erden* (RG 750) starke Bilder in einer dichten, düsteren Reihe, den Kontrast zwischen Tod und Leben scharf konturierend.   750

Fast zu elegant, aber in seiner unerbittlichen Reihenform dennoch angemessen, zählt *Ach wie flüchtig, ach wie nichtig* (RG 751) die verschiedenen Aspekte der Vergänglichkeit auf, um sie zuletzt in einem einzigen Satz zu überholen: *Wer Gott fürcht', wird ewig stehen*.   751

Schlichter formuliert diesen Gedanken der Sinnspruch *Der Mensch lebt und bestehet* von Matthias Claudius (RG 749).   749

Christologisch vertieft und persönlich gefärbter erscheint die «ars moriendi» in *Wer weiß, wie nahe mir mein Ende* (RG 754): Christi Kreuzestod ist der Grund für die Hoffnung, dass wir in unserem Sterben von Gott gehalten sind. Ähnliches gilt für Paul Gerhardts   754

753	*Ich bin ein Gast auf Erden* (RG 753), das allerdings mit seinen resignativen Zügen die Grenze des Erträglichen streift und nicht unbesehen auf jede Situation zu übertragen sein dürfte.
	Zwei neue Liedtexte nehmen biblische und traditionelle Bezüge auf und bringen sie in eine knappe Form: *Herr, lehre uns, dass wir sterben
760	müssen* (RG 760) mit einer nicht ganz alltäglichen Melodie – die nebeneinander geschobenen Dreiklänge lassen viel von der Gebrochenheit und Unsicherheit angesichts des Todes spüren – und
757	Lothar Zenettis *Wir sind mitten im Leben zum Sterben bestimmt* (RG 757). Wie in einem Wortspiel wird aus dem bekannten «media in vita» seine trotzige und vertrauensvolle Umformung. Auch hier ist die Melodie durchaus außergewöhnlich: Über mehr als ein Drittel ihrer Dauer bleibt sie auf einem Ton stehen, an liturgische Rezitation anklingend, in dieser Statik aber auch das Ende des Lebens und damit jeder Bewegung versinnbildlichend.
	Ähnlich karg gibt sich der Antwortgesang *Weder Tod noch Leben* (RG
761	761), zu singen im Wechsel zwischen Vorsänger(-Gruppe) und Gemeinde.
	Während bis zu dieser Stelle des Gesangbuch-Kapitels das Gewicht auf der lebenslangen Auseinandersetzung mit dem Tod liegt, wird es in seinem zweiten Teil konkreter. Nun geht es um den Tod eines nahen Menschen oder um den bevorstehenden eigenen Tod in eigentlichen Sterbeliedern.
762–771	Zunächst bietet das Gesangbuch unter den Nrn. 762–771 Hilfen zum Beten am Sterbebett – zur Hauptsache eine Zusammenstellung geeigneter biblischer Texte, aber nun nicht mehr wie im alten GB als «Sprüche, dem Sterbenden vorzusprechen» im Anhang versteckt, sondern in unmittelbarer Nachbarschaft zu Liedtexten, die ebenfalls in dieser schwierigen Situation gebraucht werden können. Schon kurz nach der Einführung des Gesangbuchs hat in unserer Kirchgemeinde eine Frau ihren sterbenden Mann mit diesen Texten begleitet und davon als von einer großen Hilfe berichtet.
	Unter den fünf Sterbeliedern finden sich drei «Klassiker»: *O Welt,*
772	*ich muss dich lassen* (RG 772, die geistliche Kontrafaktur von *Innsbruck,*
773	*ich muss dich lassen*[94]), *Wenn mein Stündlein vorhanden ist* (RG 773) und
774	*Christus, der ist mein Leben* (RG 774). Eines der berühmtesten Sterbelieder ist im Reformierten Gesangbuch nur noch mit der zweiten Strophe erhalten, nämlich *Valet will ich dir geben* (*In meines Herzens*

---

[94] Zur «Innsbruck»-Liedfamilie s. o. S. 109.

Grunde, RG 775). Im alten Gesangbuch hatte man sich an dem lateinischen Wort «Valet» gestoßen und die erste Zeile zu *Ich will dir Abschied geben* umformuliert. Größer ist allerdings das Problem, dass in diesem Lied, nimmt man die Textaussage der ersten Strophe beim Wort, die «ars moriendi» in eine Weltverachtung umschlägt, die so auch biblisch nicht haltbar ist. Was in dem individuellen Kontext eines persönlichen Sterbeliedes als überspitzte Einzelaussage durchaus sinnvoller Teil einer übergeordneten Gesamtaussage sein kann, wird in einem von einer gottesdienstlichen Gemeinde gesungenen Lied generalisiert und zudem im Vorgang des Singens fragmentarisiert, das heißt, als Einzelaussage aus seinem Kontext herausgelöst[95] – als allgemein gültige Einzelaussage ist aber eine «arge, böse Welt» nicht akzeptabel.

Die zweite Strophe ist gegen ein solches generalisierendes Missverständnis schon durch ihren sehr persönlichen Anfang *In meines Herzens Grunde* geschützt. Ihre Aussage ist in das starke Bild des «Funkelns» gefasst und nimmt damit in charakteristischer Weise die mystische Vorstellung des «Seelenfünkleins» auf. In der Tiefe des Herzens leuchtet nun aber nicht mehr jener unzerstörte Rest der Gottebenbildlichkeit (wie nach mittelalterlicher mystischer Anschauung), sondern – kreuzestheologisch überholt – das Bild des leidenden Christus, der erst und gerade in dieser Gebrochenheit das zerbrochene Gottesbild im Menschen wieder herstellt. Die «unio mystica» geschieht nicht auf dem Weg der ursprünglichen und letzten Einheit zwischen Schöpfer und Geschöpf, sondern in der Zugehörigkeit des sterbenden Menschen zum sterbenden Gekreuzigten. Nicht zuletzt hat wohl auch die Verwendung dieser Strophe in Bachs Johannespassion zu ihrer Aufnahme ins Gesangbuch beigetragen.

Ein einziges Sterbelied ist neu ins Gesangbuch gekommen, Jochen Kleppers *Nun sich das Herz von allem löste* (RG 777), dessen behutsamer Text vom schwebenden Rhythmus der Genfer Zehngebotemelodie in idealer Weise getragen wird. Zwei Gebete (RG 776 und 778) und ein Singspruch mit dem Text von Joh 11,25.26 (RG 779) ergänzen diesen Gesangbuch-Abschnitt.

---

[95] «... die Sinneinheit des Textganzen wird in der Regel nicht wahrgenommen. Strophen und Abschnitte, ja, schon längere Sätze zerfallen in eine Abfolge einzelner Signale. Der Text wird durch das Singen fragmentarisiert.» Hermann Kurzke: Poetik und Metaphorik in der Geschichte des Kirchenliedes. In: Hermann Kurzke, Hermann Ühlein (Hg.): Kirchenlied interdisziplinär. Mainz 1999, S. 9–26, hier S. 9, s. o. S. 32.

Musik bei Trauerfeiern – einige Bemerkungen

Nach dem Durchgang durch den Bestand dieses Abschnitts wenden wir uns nochmals einer gottesdienstlichen Frage zu, nämlich jener nach der musikalischen Gestaltung von Trauerfeiern. Dabei ist grundsätzlich an das zu erinnern, was in Kürze beim Abschnitt «Auf dem Weg des Lebens» zu den Kasualgottesdiensten bereits gesagt wurde (S. 132 f.). Die Bedingungen für den Gemeindegesang sind wegen der Zusammensetzung der Trauergemeinden mit denen an Trauungen und Konfirmationen durchaus zu vergleichen: viele singungewohnte Leute, wenig Vertrautheit mit dem Gesangbuch, allenfalls klingt *Großer Gott, wir loben dich* (RG 247) einigermaßen passabel. Allerdings kommt es auch nicht allzu selten vor, dass der «Stamm» der sonntäglichen Teilnehmerschaft an einer Trauerfeier teilnimmt, und dann kann natürlich aus einem viel größeren Repertoire ausgewählt werden. Während im alten Gesangbuch einige spezifische Bestattungslieder in einem besonderen Kapitel bei den «kirchlichen Handlungen» standen (und kaum gebraucht wurden), kennt das RG kein liturgisches Kapitel «Bestattung». Es bieten sich dafür die thematisch nahe liegenden Lieder unter dem Stichwort «Im Angesicht des Todes» an, darüber hinaus auch eine ganze Reihe von Liedern, die in anderen Abteilungen stehen, das Thema «Tod» aber direkt ansprechen – auf *In dir ist Freude* (RG 652) und *Mein schönste Zier und Kleinod bist* (RG 672) haben wir oben bereits hingewiesen (S. 125 f.). Geeignet sind weiter verschiedene Psalmlieder, etwa Ps 36 (*O Höchster, deine Gütigkeit*, RG 27), vor allem die dritte Strophe (*O Herr, du bist des Lebens Quell*), oder Ps 90 (*Wer unterm Schutz des Höchsten steht*, RG 49), und dies vielleicht gerade wegen der in manchen Fällen paradoxen Aussage: *kein Unheil, das im Finstern schleicht*. Erste Erfahrungen nach der Einführung des neuen Gesangbuches zeigen denn auch eine erfreulich breite Verwendung verschiedenster Lieder an Trauerfeiern, wie auch im Zuge einer bewussteren Gestaltung dieser Gottesdienste der Gemeindegesang an Boden zu gewinnen scheint. Denn auch da, wo «nur» die allgemein bekannten unspezifischen Loblieder möglich sind, wird doch auf diese Weise das Schweigen gemeinsam durchbrochen, in das die Trauer die trauernden Menschen nur allzu leicht einschließt.

Zu Problemen führen oft musikalische Wünsche der Angehörigen, besonders schwierig im Falle von «letzten Wünschen» des Verstorbenen. Nicht selten fixieren sie den Gottesdienst auf Stereotypien, auf starre Gefühls- und Verhaltensmuster, von denen man eigentlich loskommen möchte oder im kirchlichen Selbstverständnis schon längst losgekommen zu sein meint – auf die vom Text her meist ungerechtfertigte Verwendung von *So nimm denn meine Hände* (RG 695) wurde oben bereits hingewiesen (S. 127). Andere Wünsche haben mit dem Gottesdienst inhaltlich überhaupt keine Verbindung; Organistinnen und Organisten, die häufig an Trauerfeiern spielen, können hier jede Menge Beispiele erzählen, von denen *Im schönsten Wiesengrunde* noch zu den harmloseren gehört. Nun kann man aus konsequentem theologischem oder musikalischem Qualitätsdenken solches grundsätzlich ablehnen und so weit wie möglich zu verhindern versuchen, oder aber man kann aus so genannt «seelsorgerlichen Gründen», Bequemlichkeit oder Opportunismus alles akzeptieren, was daherkommt. (Einmal abgesehen von dem schändlichen Fall, dass ein Krematorium als nicht kirchlicher Arbeitgeber einen Organisten entlässt, weil er zwar vieles, aber nicht gewissenlos jeden Unfug mitmacht – so geschehen 1999!) Beide Extremvarianten sind keine Lösung; eine Möglichkeit für einen sinnvollen liturgischen Umgang mit persönlichen Wünschen liegt im Weg-Konzept des Trauergottesdienstes, wie es sinngemäß das Zürcher Kirchenbuch[96] und ausdrücklich der Bestattungsband der Deutschschweizer Liturgie[97] beschreiben, und zwar in Analogie zum Aufriss des Sonntagsgottesdienstes.

In diesem Gottesdienstaufriss (RG 150) wird nun für die Bestattung der Schritt «Anbetung» durch einen Schritt «Gedächtnis» ersetzt. Hierhin gehört alles, was auf das Leben des Verstorbenen zurückblickt, was es nochmals gegenwärtig werden lässt und es im Angesicht Gottes bedenken hilft. Dazu können auch musikalische Elemente gehören – ein Lieblingslied, ein Musikstück, das im Leben des Verstorbenen eine besondere Rolle gespielt hat, vielleicht sogar von Tonband oder CD wiedergegeben. Dann aber führt der Weg weiter über die Verkündigung und die Fürbitte zur Sendung: Statt zurück auf ein zu Ende gegangenes Leben geht nun der Blick nach vorn auf unser eigenes Leben; diese Wendung der Blickrichtung sollte sich auch musikalisch manifestieren. Gegen Schluss des Gottesdienstes hat all das keinen Platz, was ausschließlich mit dem Gedenken zu tun hat, weil es nochmals den Blick zurück fixiert, statt ihn nach vorne zu öffnen.

---

[96] Zürcher Kirchenbuch 2, II. Bestattung. Zürich 1973.
[97] Liturgie, hg. im Auftrag der Liturgiekonferenz der evangelisch-reformierten Kirchen in der deutschsprachigen Schweiz. Bd. V, Bestattung. Bern 2000.

Die Weg-Dynamik des Trauergottesdienstes ist freilich eine symbolische; die Wendung weg vom Grab hin zum Leben kann nicht so einfach in einer Stunde vollzogen werden, und auch wenn der Trauerprozess durchaus eine solche Wendung enthalten kann oder enthalten sollte, ist es ja keineswegs gegeben (wenn auch nicht ausgeschlossen), dass diese ausgerechnet im Trauergottesdienst geschieht. Dennoch bleibt es Aufgabe dieser Feier, die Wendung in symbolisch verdichteter Weise darzustellen und – vielleicht vorausnehmend – zu vollziehen. Stellt man diese Dynamik des liturgischen Verlaufs in Rechnung, so dürfte sehr vieles sinnvoll einzubauen sein, wovon Organistinnen und Organisten traditionellerweise nicht eben begeistert sind. Tragender Grund jeder Trauerfeier muss aber die Neues eröffnende Verkündigung des Evangeliums bleiben, und diese Forderung umzusetzen, sind Pfarrerinnen und Pfarrer, Organistinnen und Organisten gleichermaßen aufgerufen. Freilich setzen mancherorts die örtlichen Bräuche ungünstige Rahmenbedingungen – bis hin zu den skandalösen zeitlichen Beschränkungen in einigen Krematoriumskapellen oder dem reinen «Kundenauftragsdenken» von Krematoriumsverwaltern. Doch auch solche Bedingungen sind nicht für die Ewigkeit gemacht und sollten beharrlich überdacht und verbessert werden.

Im Herbst 2000 ist der von der Deutschschweizer Liturgiekommission erarbeitete Bestattungsband der Reformierten Kirchen erschienen. Er enthält eine breit angelegte Einführung zum reformierten Verständnis der Bestattung, zur Geschichte des Bestattungsgottesdienstes und zu aktuellen und gestalterischen Fragen, unter anderem auch zur Musik.[98] In den meisten Kantonen wird dieses Buch an die Pfarrämter verteilt; Organistinnen und Organisten, welche sich intensiver mit dem Thema befassen möchten, wenden sich mit Vorteil einmal an ihren Pfarrer oder ihre Pfarrerin. Vielleicht wären diese Texte auch geeignet als Thema für eine längere Mitarbeitertagung in der Kirchgemeinde, an der die gemeinsame Verantwortung für den Gottesdienst gestärkt werden könnte.

---

[98] S. o. Anm. 97, S. 62–65.

Gottesdienst in der Welt

«Ich hasse eure Feste, ich verabscheue sie und kann eure Feiern nicht riechen. Wenn ihr mir Brandopfer darbringt, ich habe kein Gefallen an euren Gaben, und eure fetten Heilsopfer will ich nicht sehen. Weg mit dem Lärm deiner Lieder! Dein Harfenspiel will ich nicht hören, sondern das Recht ströme wie Wasser, die Gerechtigkeit wie ein nie versiegender Bach» (Amos 5,21–24). Es ist keineswegs zum Vornherein gut und richtig, wenn wir Psalmen singen und festliche Gottesdienste feiern. Das Reformierte Gesangbuch wird eröffnet mit dem Kapitel «Gottesdienst in der Bibel» – aber dieselbe Bibel, deren Psalmen uns zu Lob und Feier aufrufen, übt daran auch Kritik. Die zitierte Stelle aus dem Buch des Propheten Amos steht dabei keineswegs allein, sondern ist die zugespitzte Formulierung einer Tendenz, die sich durch die ganze Bibel zieht. Neben Psalmen, Hymnen und Anweisungen zu Fest und Opferdienst zeichnet sich deutlich eine kultkritische Linie ab, scharf ausgedrückt bei manchen Propheten, fortgesetzt bei Jesus selbst und teilweise aufgenommen durch die frühe Kirche.

Bibel und Gottesdienst

Amos stellt den Einsatz für Recht und Gerechtigkeit über den Kult, Jesus verlegt das Gebet auf die Ebene der persönlichen Gottesbeziehung («Wenn du aber betest, geh in deine Kammer, schließ die Tür und bete zu deinem Vater, der im Verborgenen ist» Mt 6,6) und stellt den Menschen über die Korrektheit des Kultes («Der Sabbat ist um des Menschen willen geschaffen und nicht der Mensch um des Sabbats willen» Mk 2,28). Der Hebräerbrief verkündet im Vokabular des priesterlichen Kultes das Ende eben dieser Gottesdienstformen und ruft zum Verlassen des heiligen Bezirks auf («Lasst uns also zu ihm ‹vor das Lager› hinausziehen» Hb 13,13). Im Römerbrief weitet Paulus den Gottesdienst-Begriff so radikal aus, dass er seine spezifische «liturgische» Bedeutung verliert: «Angesichts des Erbarmens Gottes ermahne ich euch, meine Brüder, euch selbst als lebendiges und heiliges Opfer darzubringen, das Gott gefällt; das ist für euch der wahre und angemessene Gottesdienst» (Rm 12,1). Dabei ist noch zu bedenken, dass das Wort «Liturgie» von seiner Herkunft her dieser weiten Bedeutung ohnehin nahe steht, bedeutet es doch etwa «öffentliches Werk».

Kultkritik

Das Kultische sieht sich somit durch das Ethische grundsätzlich in Frage gestellt. Kriterium für christliches Leben und Handeln ist nicht die liturgische Korrektheit, sondern der Dienst an den Menschen.

Allerdings wird auch gelten müssen, dass das Ethische sich im Gottesdienst wiederum in Frage stellen lassen muss, damit die Vorläufigkeit, Bruchstückhaftigkeit und Relativität menschlicher Maßstäbe und menschlichen Handelns nicht in Vergessenheit geraten. Die Durchsetzung eines vermeintlich absoluten Guten verkommt allzu leicht zu despotischem Terror – geschichtliche Beispiele dafür gibt es genug.

prophetische Dimension

Die skizzierte kultkritische, prophetische Linie spielte für die Reformation eine große Rolle, und hier besonders für ihre reformierte Ausprägung im oberdeutschen Raum und dann im Calvinismus. Für die Zwinglische Reformation in Zürich ist die «Tendenz zu einer prophetisch-pneumatologischen Theokratie, zu erstreben durch Obrigkeit und Volk» und damit eine grundsätzlich politische, öffentliche Ausrichtung festgestellt worden.[99] Und es muss auffallen, dass Calvin in seiner Einleitung zur Genfer Gottesdienstordnung von 1542[100] keine Begriffe braucht, die unseren Wörtern «Gottesdienst» oder «Liturgie» entsprechen würden. Er spricht von Versammlung oder öffentlichem Gebet und meidet «culte» oder «liturgie». Zwischen dem Gottesdienst als «Gemeindeversammlung» und dem Alltag ist die Grenze fließend, eine Unterscheidung von sakralem und profanem Raum hinfällig. Gottes Ehre wird gerade auch in den Ordnungen des Gemeinwesens zur Geltung gebracht,[101] und den Psalmengesang stellt sich Calvin ebenso in den Häusern und auf den Feldern vor wie in der Kirche.[102] Die traditionelle Kargheit reformierter Gottesdienste hat die kultkritische Linie durchzuhalten versucht und den Gottesdienst immer mit Entschiedenheit auf die Welt des Alltags hin verwiesen und offen gehalten. Dass sie «religiöse Bedürfnisse» der Menschen missachtete, hat sie – wie vor allem in der Diskussion des 20. Jahrhunderts sichtbar wird – streckenweise bewusst in Kauf genommen: Als gottesdienstliches Kriterium greifen diese zu kurz angesichts des Auftrages, um Gottes willen den Dienst an der Welt zu leisten. Und die in den letzten Jahrzehnten erfolgte Wende zu «lebendiger» und «reicherer» Gestaltung reformierter Gottesdienste wirft die Frage auf, ob wir noch in der Lage sind, die Spannung

---

[99] Gottfried W. Locher: Die Zwinglische Reform im Rahmen der europäischen Kirchengeschichte. Göttingen 1979, S. 225.
[100] La forme des prières et chantz ecclésiastiques, Genf 1542, übersetzt und kommentiert von Andreas Marti. In: Calvin-Studienausgabe Bd. 2. Neukirchen 1997, S. 137–225.
[101] Johannes Calvin: Institutio christianae religionis IV, 20. Opera selecta, ed. P. Barth, W. Niesel (OS), Bd. V, München ³1974, S. 471 ff.
[102] La forme des prières et chantz (s. Anm. 100), S. 157.

zwischen «Singt dem Herrn» und «Weg mit dem Lärm deiner Lieder» auszuhalten.

Jedenfalls bildet das sechste Kapitel des Gesangbuchs zusammen mit dem ersten eine notwendige Klammer: «Gottesdienst in der Bibel» muss auch die biblische Kritik an der gottesdienstlichen Feier meinen und schließt den Gottesdienst in der Welt, das Leben und Handeln aus dem Glauben und zum Dienst an der Welt ein. Gerade das Gesangbuch einer reformierten Kirche, die sich in besonders akzentuierter Weise dem biblischen Zeugnis verpflichtet weiß, darf sich unter dem Titel «Gottesdienst in der Bibel» nicht auf Psalmen und Cantica beschränken, sondern muss den Gottesdienst in die Welt tragen. Das letzte Gesangbuchkapitel ist darum nicht einfach das Sammelbecken für alles, was bisher keinen Platz in den Rubriken gefunden hat, sondern es ist die vervollständigende und unverzichtbare Entsprechung zum ersten.

Evangelium und Gesetz

Das Gesangbuchkapitel wird eröffnet durch die Zehn Gebote (RG 780 und 781), ihre Zuspitzung im Doppelgebot der Liebe (RG 782) und das Bekenntnis, das an der Vollversammlung des Ökumenischen Rates der Kirchen 1961 in New Delhi als Selbstverpflichtung formuliert worden ist. Dieser Einstieg könnte heikel sein, wenn das lutherische Verständnis von Gesetz und Evangelium vorausgesetzt würde, bei dem das Gesetz die Aufgabe hat, uns den Spiegel vorzuhalten und uns immer wieder in Erinnerung zu rufen, dass wir angesichts unseres schuldhaften Unvermögens, das Gesetz zu erfüllen, ganz und gar auf Gottes Gnade angewiesen sind, die er uns im Evangelium von Jesus Christus zuspricht.

780, 781, 782

Reformiertes Verständnis schreibt dem Gesetz durchaus auch eine solche Funktion zu, versteht es aber darüber hinaus (darin der jüdischen Auffassung näher stehend) als gnädige Willenskundgabe Gottes. Der durch Christi Erlösungstat befreite Mensch soll die erfahrene Liebe in Dankbarkeit[103] weitergeben und so Gottes Willen erfüllen, wie Paulus in seiner Bestimmung des wahren Gottesdienstes schreibt: «Wandelt euch und erneuert euer Denken, damit ihr prüfen und erkennen könnt, was der Wille Gottes ist: was ihm gefällt, was gut und vollkommen ist» (Rm 12,2).

---

[103] Vgl. die Gliederung des Heidelberger Katechismus in die drei Hauptteile: Elend – Erlösung – Dankbarkeit.

Die Anleitung zu diesem Leben nach Gottes Willen ist im Gesetz zu finden, auch wenn klar sein muss, dass es nicht um eine buchstäbliche Übernahme konkreter Bestimmungen gehen kann, sondern ein langer und oft dornenvoller, schwieriger Prozess der Übertragung von der damaligen in unsere heutige Lebenswelt vorgenommen werden muss.

tertius usus legis
Die dogmatische Tradition spricht hier vom «usus in renatis», der «Anwendung bei den Wiedergeborenen», oder vom «tertius usus legis», der «dritten Anwendung des Gesetzes» –, nämlich der dritten nach der eingangs beschriebenen Aufgabe, uns unserer Sünde zu überführen («usus elenchticus/spiritualis/paedagogicus/theologicus») und der weltlich-politischen als einer sinnvollen Orientierung für das menschliche Zusammenleben und die öffentliche Ordnung («usus politicus»).[104] In diesem Zusammenhang ist an Karl Barth zu erinnern, der mit Nachdruck das Evangelium als Kundgabe von Gottes Gnadenwillen dem Gesetz sachlich vorordnet.[105]

781
780
Dass die Zehn Gebote nicht nur in ihrer katechismusartigen Kurzform (RG 781), sondern vorab auch im vollen biblischen Wortlaut erscheinen (RG 780), soll verdeutlichen helfen, dass sie in einen geschichtlichen und sozialen Kontext gehören, von dem sie nicht ohne weiteres abgelöst werden können. Typischerweise stellt die israelitische Überlieferung sie in einen erzählenden Zusammenhang hinein: Immer wieder geht es um Erinnerung, an Vergegenwärtigung der Geschichte Gottes mit den Menschen. Das in neuerer Zeit gewachsene Gewicht dieses erzählend-vergegenwärtigenden Elementes, der «Anamnese», ist nicht zuletzt eine Frucht gewachsener Aufmerksamkeit für die besonderen Stärken des jüdischen Redens und Denkens über den Glauben, und so wurde denn auch bewusst eine jüdische Übersetzung für dieses Stück gewählt.

Anamnese

Kirche in weltweiter Gemeinschaft

Das Spannungsfeld zwischen dem einzelnen Menschen als Individuum und der Kirche als Gemeinschaft der Glaubenden wurde bereits zu Beginn des fünften Kapitels skizziert. Daran ist hier anzuknüpfen in dem Sinne, dass gerade da, wo es um die Wahrnehmung christlicher Verantwortung in der Welt geht, die Kirche eine primäre Rolle spielt. In ihr als dem «irdischen Leib Christi» (Eph

---

[104] Calvin, Institutio II,7,6–13. OS III, München ³1967, S. 332–339.
[105] Karl Barth: Evangelium und Gesetz, 1935, und: Kirchliche Dogmatik II,2.

1,23) und durch sie soll Gottes Liebe in der Welt Gestalt gewinnen. (Ich weiß freilich, dass dies angesichts der realen Zustände in den Kirchen und einer in vielen Teilen mehr als nur beschämenden Kirchengeschichte völlig übertrieben und anmaßend klingen muss. Sei's drum – der Anspruch darf trotz vieler gegenläufiger Erfahrungen nicht aufgegeben werden.)

So sind denn in einem ersten Unterkapitel Stücke vereinigt, die das Thema «Kirche» zur Sprache bringen. Sie tun dies unter verschiedenen Gesichtspunkten, die sich wiederum in drei Gedankenkreise gliedern lassen: das Wesen der Kirche, ihre Bewahrung und Erneuerung und schließlich ihr Zeugnis in der Welt. In vielen Texten durchdringen sich diese Aspekte, so dass eine weitere äußere Aufteilung des Kapitels nicht sinnvoll gewesen wäre.

Das Wesen der Kirche

Im Glaubensbekenntnis hat die Kirche ihren Ort im dritten Artikel, bei den Aussagen über den Heiligen Geist. Die Pfingstgeschichte (Apg 2,1–12) erzählt, wie der Heilige Geist die versammelten Jünger erfasst, und stellt sich als die Gründungserzählung der Kirche dar. Darauf bezieht sich der Kehrversgesang *Gottes Volk geht nicht allein durch die Zeiten* (RG 805). Er knüpft einerseits an bei den Abschiedsreden Jesu im Johannesevangelium (der Verheißung des «Trösters» oder «Beistandes», Joh 14,26) und an der Sendung der Jünger in die Welt (Mt 28,19–20), andererseits nimmt er die Pfingstgeschichte und die Beschreibung der Apostelgeschichte über das Zusammenleben der ersten Christen auf. Die «chorale» Notation der Strophenmelodie weist auf eine an Sprachrhythmus und Sprachakzent orientierte Ausführung hin, die am besten von einer Einzelstimme oder einer kleinen Gruppe zu realisieren ist, während der Kehrvers dann der ganzen Gemeinde zufällt.

Heiliger Geist und Kirche

805

Ein wichtiges Thema ist die Einheit der Kirche, die über die Verschiedenheit oder gar Zwietracht zwischen den Kirchen hinausreicht. Ausdrücklich benannt wird diese Einheit in dem aus dem Englischen übertragenen *In Christus gilt nicht Ost noch West* (RG 804). Dieses Lied ist neben dem vorhin beschriebenen Kehrversgesang das einzige Singstück dieses Unterkapitels, das nicht schon im alten Gesangbuch stand. In aller Knappheit sagt dieser Text auch, wo die Einheit herkommt und wo sie hinführt: Ihr Grund ist Christus selbst, ihr Ziel ist zunächst der gemeinsame Dienst in der Welt und letztlich Christi Reich, in welchem die Welt sich einen wird (Strophe 4). Damit sind zugleich die wesentlichen Punkte des gesamten sechsten Gesangbuch-Hauptkapitels angesprochen.

Einheit

804

	Ebenfalls auf die in Christus gegründete Einheit beziehen sich die
803	Lieder *Die Kirche steht gegründet* (RG 803), *Einer ist's, an dem wir hangen*
799, 794	(RG 799) und *Ich glaube, dass die Heiligen* (RG 794).

803
799, 794
Ebenfalls auf die in Christus gegründete Einheit beziehen sich die Lieder *Die Kirche steht gegründet* (RG 803), *Einer ist's, an dem wir hangen* (RG 799) und *Ich glaube, dass die Heiligen* (RG 794). Gegenüber dem alten Gesangbuch ist bei *Die Kirche steht gegründet* die ursprüngliche Melodiezuweisung wiederhergestellt worden. Die klassizistisch-romantische Melodie von Samuel Sebastian Wesley – einem Enkel des methodistischen Gründervaters Charles Wesley – war offensichtlich den Verantwortlichen des 1952er-Gesangbuches zu gefühlvoll, zu weich und süßlich vorgekommen. Heute, da der damalige antiromantische Affekt weitgehend geschwunden ist und teilweise gar als «Glykophobie» ironisiert wird, ertragen wir sie besser und können das Lied als Ganzes als Zeugnis seiner Zeit und ihrer (aus heutiger Sicht in manchem nicht unproblematischen) Missionsenergie würdigen.

799
850
Deutlich schlechter geworden ist hingegen das Verhältnis von Text und Melodie bei dem Missionslied des schwäbischen Pfarrers, Dichters und Kirchenliedsammlers Albert Knapp, *Einer ist's, an dem wir hangen* (RG 799). Er hat es freilich auf Philipp Nicolais Melodie zu «*Wachet auf»*, *ruft uns die Stimme* (RG 850) gedichtet, hat diese jedoch in einer rhythmisch geglätteten und der Wechselton-Ligatur am Ende der ersten Zeile beraubten Fassung gekannt, wie sie spätestens seit dem 18. Jahrhundert (vgl. Bachs Kantate Nr. 140) und noch fast durchs ganze 20. Jahrhundert hindurch gebräuchlich war – auch noch im 1952er-Gesangbuch. Die Wiedereinführung der Ligatur auf «Stim-me» ist für den originalen Text ein Gewinn, verdeutlicht sie doch das Nebeneinander von instrumentaler (Trompeten-)Assoziation im eröffnenden Dreiklang und dem an den rezitierenden Gesang erinnernden Hin und Her der Singstimme. Bei *Einer ist's, an dem wir hangen* ergibt sich auch wieder eine Bildlichkeit, die jedoch in ihrer unbeabsichtigten Deutlichkeit geradezu wie eine Karikatur wirkt, bleibt doch das Lied auf «han-gen» jetzt gleichsam in diesem Hin und Her hängen. Da eine andere Melodie dieses Strophenbaus nicht zur Verfügung steht, hätte man auf das Lied wohl besser verzichtet …

794
communio sanctorum

263
Zu Philipp Friedrich Hillers *Ich glaube, dass die Heiligen* (RG 794) sei nur eben angemerkt, dass die «communio sanctorum», die «Gemeinschaft der Heiligen», das heißt der dank Christi Erlösungstat Gott wieder zugehörigen Menschen, wie sie das Apostolische Glaubensbekenntnis (RG 263) unter den Wirkungen des Heiligen Geistes aufzählt, in kaum einem anderen Text so deutlich und ausführlich ausgearbeitet wird, auch wenn er gerade dadurch etwas

überfrachtet erscheinen mag. In der sechsten Strophe spitzt er das Wesen der Kirche auf das *eine Wörtlein: Liebe* zu. Dies ist das Schlüsselwort für eine Reihe weiterer Liedtexte, vor allem *Herz und Herz vereint zusammen* (RG 793), *So jemand spricht: «Ich liebe Gott»* (RG 798) und *Ach komm, füll unsre Seelen ganz* (RG 802). Es geht hier um die Beziehungsanalogie, die im johanneischen Schrifttum des Neuen Testamentes mehrfach formuliert wird (zum Beispiel 1. Joh 4,7–16): Wir sind zur Liebe untereinander fähig und aufgerufen, weil wir die Liebe Gottes zu uns erfahren haben.

Liebe

793, 798

802

Dass «Liebe» im alltäglichen Sprachgebrauch ein großteils oder gar ausschließlich emotionaler Begriff ist, verursacht dabei gewisse Probleme. Zinzendorfs *Herz und Herz vereint zusammen* (RG 793) nimmt die emotionale Dimension auch in die Textgestalt hinein, zu fast ekstatischen Höhenflügen ansetzend: *Halleluja! Welche Höhen, welche Tiefen reicher Gnad.* Seine originalen drastischen Bilder mussten schon von Zinzendorfs Nachfolgern auf ein für den Gemeindegebrauch zumutbares Maß zurückgeführt werden. So hieß der Anfang ursprünglich:

Herz und Herz vereint zusammen
sucht in Gottes Herzen Ruh.
Keusche Liebes-Geistes-Flammen
lodern auf das Lämmlein zu,
das vor jenes Alten Throne
in der Blut-Rubinen Pracht
und in seiner Unschuldskrone
liebliche Parade macht.[106]

Wohltuend nüchtern nimmt sich dagegen RG 802 aus, *Ach komm, füll unsre Seelen ganz*. Der Satz *Das ist der Liebe freundlich Amt, dass sie zurecht bringt, nicht verdammt* (Strophe 3) führt im Grunde genommen weiter und tiefer als Zinzendorfs hymnischer Überschwang. Andere Menschen nicht verdammen, ihnen zurechthelfen, ihnen eine neue Chance geben – das hat mit emotionaler Zuneigung und Sympathie zunächst einmal nichts zu tun, ist jedenfalls darauf allein nicht zu begründen. Und wo solche Maximen zu Grundsätzen öffentlichen Handelns werden – in der Diakonie, in der staatlichen Fürsorge, im Rechtswesen und im Strafvollzug – da wird man füglich das Schlagwort von der «Liebe in Strukturen» anführen können.

802

---

[106] Zitiert nach: Marchesches Gesangbuch, Dritte sehr vermehrte und gebesserte Auflage. Herrnhut und Görlitz 1731, Reprint Hildesheim 1980, Nr. 1305, S. 1323.

798 Christian Fürchtegott Gellerts *So jemand spricht: «Ich liebe Gott»* (RG 798) darf wohl trotz seinem etwas lehrhaft-moralisierenden Ton als ein Klassiker unter den Liedern über die Nächstenliebe gelten. Es zielt so deutlich auf das konkrete Handeln, dass es auch ins zweite Unterkapitel «Leben und Handeln aus dem Glauben» gepasst hätte und nun eine Brücke zwischen beiden Gesangbuch-Teilen bildet.

Bewahrung und Erneuerung

Im alten Gesangbuch gab es ein Kapitel «Kirche in Kampf und Leiden». Dahinter stand einerseits die nicht lange zurückliegende Erfahrung des «Kirchenkampfes», den die benachbarten deutschen Kirchen (oder Teile von ihnen) gegen den Nationalsozialismus auszufechten hatten, andererseits liegt hier ein Motiv vor, das zu verschiedenen Zeiten der Kirchengeschichte – angefangen bei den Verfolgungen der ersten Jahrhunderte – immer wieder eine Rolle gespielt hat und das besonders stark wieder aufgenommen wurde in der Reformationszeit mit ihren oft gewaltsamen Auseinandersetzungen. Theologisch wurden diese Erfahrungen im Bild der *kämpfende,* «kämpfenden Kirche», der «ecclesia militans», gefasst. Sie ist als *sichtbare,* sichtbare Kirche, als «ecclesia visibilis», die irdische, vorläufige *unsichtbare Kirche* Erscheinungsform der Kirche; ihr gegenüber steht die unsichtbare endzeitliche (oder jenseitige) «ecclesia triumphans» oder «ecclesia invisibilis», die Gemeinde der von Gott Erwählten und in ihm Vollendeten.[107]

803 Dieser Doppelcharakter der Kirche wird in der dritten und vierten Strophe des Liedes 803, *Die Kirche steht gegründet*, ausdrücklich angesprochen: *Verfolgt und angefochten* ist sie, aber zugleich *verbunden ... mit der vollendten Schar.*

Die ganze Vorstellung erscheint heute nicht unproblematisch. Das Bild der «kämpfenden Kirche» entfaltete sich in Theologie, Liturgiesprache und Dichtung im Laufe der Zeit ins militärische Vokabular hinein, und allzu oft blieb es nicht beim Bild, sondern der Kampf wurde blutige, kriegerische Realität, von Christen nicht nur erduldet, sondern mitgetragen oder gar angezettelt. Es ist daher *Kriegsmetaphorik* begreiflich und sogar zu begrüßen, dass der Kriegsmetaphorik im Kirchenlied heute mit Misstrauen und Ablehnung begegnet wird,

---

[107] Z.B. Calvin, Institutio IV,1,7. OS V, S. 12. – Leonhard van Rijssen, Franz Turretini: Compendium theologiae, Amsterdam 1695, XIV,6, zit. nach: Heinrich Heppe, Ernst Bizer: Die Dogmatik der evangelisch-reformierten Kirche. Neukirchen 1958, S. 537.

besonders stark im angelsächsischen Raum und hierzulande bei kirchlich engagierten Frauen.[108] Dennoch darf darüber nicht vergessen werden, dass wir in einer Welt des Unrechts leben, dass die von Gott gewollten Formen liebevollen und solidarischen Zusammenlebens der Menschen untereinander und mit der Schöpfung ständig bedroht sind. Das sind reale Konflikte, und ein Vokabular, das auf das Konflikthafte und auf konflikthafte Bilder verzichtete, stünde in der Gefahr der Verharmlosung.

Nun liegt allerdings noch ein weiteres Problem der «Kampf»-Lieder darin, wo jeweils die Bedrohung geortet wird. Gerade die Lieder der Reformationszeit und der darauf folgenden Jahrzehnte neigen dazu, die eigene Teilkirche, die eigene Konfession mit der wahren Kirche gleichzusetzen, ihr die alleinige Wahrheit des Glaubens zuzuschreiben und die anderen Konfessionen als Bedrohung der Wahrheit zu sehen. *Konfessionalismus*

Auch Martin Luther hat so gedichtet. In seinem «Kinderlied wider die zween Erzfeinde Christi», *Erhalt uns, Herr, bei deinem Wort* (RG 255) lautete die zweite Zeile *und steur des Papst und Türken Mord*, was später zu *und steure deiner Feinde Mord* verallgemeinert wurde und nun so bei uns im Abschnitt «Verkündigung und Gottes Wort» steht. Huldrych Zwinglis so genanntes Kappeler Lied *Herr, nun selbst den Wagen halt* (RG 792), im originalen oberdeutschen Wortlaut *Herr, nun heb den Wagen selb*, nannte fast ebenso hart die Gegner «die bösen Böck», das Gleichnis von der Scheidung von Schafen und Böcken Mt 25,31–46 aufnehmend. In Philipp Spittas neuhochdeutscher Fassung, wie sie im RG steht, ist dieses Bild verloren gegangen und hat der distanzierteren Formulierung *wehr und straf der Bösen Grimm* Platz gemacht. Allerdings ist bei Zwingli der Gegensatz nicht so radikal und irreparabel; die dritte Strophe lässt den Blick auf eine Versöhnung offen: Die «alte trüw», die Zwingli zurückerbittet, ist die Einigkeit, die Bundestreue der Eidgenossen, die durch die Konflikte der Reformationszeit und schon durch die vorausgehenden Händel um die Reisläuferei und die Spannungen zwischen Stadt und Land untereinander in Streit geraten sind – Niklaus von Flüe hatte bereits wenige Jahrzehnte zuvor seine zur Einigkeit mahnende Stimme erhoben. *255* *792*

---

[108] Wim Kloppenburg: Vorwärts, Rambos, kämpft für den Frieden. In: MGD 44. Jg. 1990, S. 118–124. – Brian Wren: Onward Christian Rambos? The case against battle symbolism in hymns. In: The Hymn, 38. Jg. 1987, H. 3, S. 13–15. – Anastasia Van Burkalow: A call for battle symbolism in hymns. In: The Hymn, 38. Jg. 1987, H. 4, S. 14–17.

Hier ist der Hinweis auf die allgemein bekannte Tatsache einzufügen, dass Zwingli dieses Lied natürlich nicht für den Gottesdienst geschaffen hat und im Gottesdienst überhaupt nicht hat singen lassen, weil er den zunächst musiklosen spätmittelalterlichen Predigtgottesdienst an die Stelle der Messe gesetzt hat. Mit diesem außerliturgischen Ursprung steht das «Kappeler Lied» aber durchaus nicht allein. Für einen Großteil der Lieder aus dem 17. Jahrhundert, aus dem Barock also, gilt dann Ähnliches. Für diese Lieder braucht das durchaus kein Nachteil zu sein; häufig zeichnen sie sich gerade durch besonders kunstvolle Gestaltung in Text und Melodie aus – und dies gilt auch schon für Zwinglis Lied mit seiner raffinierten Strophenform, den verzwickten Binnenreimen und der trotz ihrer Kleinräumigkeit so eleganten Melodie.

Verfolgung Unter dem Aspekt «Bedrohung und Bewahrung», der – ohne als eigene Rubrik bezeichnet zu sein – das alte Kapitel «Kirche in Kampf und Leiden» ablöst, sind eine Reihe weiterer Lieder aufzuzählen. Zum Teil geht es um konkrete äußere Bedrohung, um Krieg
787 oder Verfolgung. Dazu gehören *Lob Gott getrost mit Singen* (RG 787), ein Lied der von Verfolgungen und Kämpfen wahrlich nicht verschonten Böhmischen Brüder, und Ambrosius Blarers *Wach auf, wach*
789 *auf, 's ist hohe Zeit* (RG 789) – es ist daran zu erinnern, dass Konstanz, wo Blarer wirkte, 1548 durch Kriegsgewalt rekatholisiert wurde. Andere Lieder sprechen von der inneren Bedrohung durch Lauheit,
Gleichgültigkeit Gleichgültigkeit und Glaubensarmut. Dazu gehören Sätze wie
795 *Weck die tote Christenheit* in *Sonne der Gerechtigkeit* (RG 795,2) oder *Wir*
790 *sind gar sicher, träg und kalt* in *Ach bleib bei uns, Herr Jesu Christ* (RG 790,2).

Noch etwas anders kann der Akzent liegen, wenn die Bedrohung in Spaltung und Zwietracht gesehen und um ihre Überwindung gebetet wird – wir kommen damit wieder in die Nähe des unter dem Stichwort «Wesen der Kirche» erwähnten Aspektes der Ein-
795 heit in Christus. Hier ist wiederum *Sonne der Gerechtigkeit* (RG 795,3) zu nennen: *Schaue die Zertrennung an, der sonst niemand wehren kann,* wei-
791 ter *O Jesu Christe, wahres Licht* (RG 791,4): *versammle, die zerstreuet gehn.* Die ökumenische Fassung dieses Liedes hat die Schlagseite zum konfessionellen Wahrheitsanspruch abgeschwächt, hieß es doch ursprünglich *bring heim, die sich von uns getrennt;* diese Stelle ist jetzt korrigiert zu *bring heim, die sich von dir getrennt.* Und schließlich ist auch wieder auf Zwinglis Kappeler Lied zu verweisen, das um das Ende der Zwietracht betet.

Zeugnis in der Welt

Eine Kirche, die sich selbst zum Hauptthema machte, wäre keine Kirche. Zu ihrem Wesen gehört auch ihr Dienst in der Welt. Einmal mehr ist unter diesem Gesichtspunkt wieder *Sonne der Gerechtigkeit* (RG 795) zu nennen – seine Beliebtheit verdankt das Lied offensichtlich nicht zuletzt der thematischen Breite, in welcher es von der Kirche spricht. Ebenfalls schon genannt wurde *Gottes Volk geht nicht allein* (RG 805), das hier wieder anzuführen ist.

795

805

Der Dienst der Kirche ist vor allem als Zeugendienst verstanden: Eine ganze Reihe von Liedern sind eigentlich Missionslieder. Das ist nun allerdings nicht so zu verstehen, dass diese Lieder in der Mission selbst als Propagandamaterial verwendet worden wären. Vielmehr rufen sie der Kirche ihre Sendung in Erinnerung, sind Verpflichtung für sendende Kirchen und Ermutigung für die Ausgesandten.[109] Aus dem Umfeld der Missionsbewegung des 19. Jahrhunderts stammen außer dem schon erwähnten *Einer ist's, an dem wir hangen* (RG 799) auch *Wach auf, du Geist der ersten Zeugen* (RG 797) und *Die Sach ist dein, Herr Jesu Christ* (RG 801). Das zuletzt genannte Lied hat die in freikirchlichen und Missionskreisen beliebte Melodie zurückerhalten, die angeblich von Michael Haydn stammt, jedoch lediglich Anklänge an das Kyrie aus dessen deutscher Messe mit dem Text *Hier liegt vor deiner Majestät* zeigt. Ihr gefühlvolles Pathos verschärft auf der musikalischen Ebene die Probleme, die diese Missionslieder ohnehin stellen.

Mission

799, 797
801

Wir haben ja zunehmend sehen müssen, wie die damalige Mission nicht selten auf fragwürdige Weise das Geschäft von Kolonialismus und Ausbeutung befördert oder gar selbst betrieben hat. Seither ist viel nachgedacht und diskutiert worden, und es hat sich ein differenziertes und kritisches Bild von «Mission» und ihren heutigen Aufgaben ergeben. Wie weit die Missionslieder des 19. Jahrhunderts in diesem gewandelten Kontext noch hilfreich oder überhaupt noch singbar sind, ist eine durchaus offene Frage – vor allem noch, wenn sie durch die Melodie auf die vergangene triumphalistische Gefühlslage missionierender Kirchen zurückverwiesen werden.

---

[109] Wolfgang Fischer: Proclamatio evangelii et hymnodia – Die missionarische Dimension des Singens. Historische Aspekte. In: IAH-Bulletin 16, Groningen 1988, S. 105–122, bes. S. 121.

Leben und Handeln aus dem Glauben

In diesem zweiten Teilkapitel geht es darum, wie der «Gottesdienst in der Welt» konkret aussieht. Wie andernorts im Gesangbuch ist die Abgrenzung nicht eindeutig, und so schlagen einige Lieder die Brücke zum vorhergehenden Teilkapitel von der Kirche, die ja zunächst einmal als Ganzes zu Dienst und Nachfolge aufgerufen ist. Dies sind vor allem das Missionslied *O dass doch bald dein Feuer brennte* (RG 816) auf die Melodie des Genfer Zehngeboteliedes – die im RG am häufigsten, nämlich mit sechs verschiedenen Texten verwendete Melodie[110] – und *Steh auf, Herr Gott, die Zeit ist da* (RG 822), das unter dem Aspekt «Bedrohung und Bewahrung» ebenfalls im Kirchen-Kapitel hätte Platz finden können.

816

822

Von den 39 Nummern, davon 31 Singstücken, dieses Teilkapitels sind ganze acht aus dem alten Gesangbuch übernommen, die anderen sind nicht nur neu aufgenommen worden, sondern auch von ihrer Entstehung her jüngeren Datums. Thematisch gesehen liegt hier einer der hauptsächlichen Beiträge des 20. Jahrhunderts und besonders seiner zweiten Hälfte zum Kirchenlied überhaupt. Das kirchliche Bewusstsein ist mit den gesellschaftlichen Entwicklungen seit den Sechziger- und Siebzigerjahren mitgegangen, hat die Diskussion um politische Verantwortung und um den aktiven Einsatz in der Welt aufgenommen und sie schließlich in den Stichworten von «Gerechtigkeit, Frieden und Bewahrung der Schöpfung» konzentriert. Wollte man damals in Gottesdiensten, die in diesem Sinne thematisch ausgerichtet waren, entsprechende Lieder singen, so geriet man im traditionellen Liedrepertoire sehr bald in Verlegenheit – geduldiges Erleiden von allerhand Widrigkeiten und stilles Gottvertrauen überwiegen hier bei weitem. Das verwundert auch kaum auf dem Hintergrund früherer gesellschaftlicher Ordnungen, die dem Einzelnen wenig Freiheit zugestanden und damit kaum Handlungsmöglichkeit und Verantwortung im öffentlichen Raum zuwiesen. Ethisches Handeln, das Weitergeben der erfahrenen Liebe Gottes, musste sich daher auf den privaten oder innerkirchlichen Raum konzentrieren.

vita activa Eine heutige demokratisch-partizipatorische Gesellschaft bietet mehr Spielraum und fordert damit mehr Verantwortung. Die christliche «vita acitva», das tätige Leben, muss damit vermehrt

---

[110] Ausser dem angeführten Text noch: *Wie lange willst du mein' vergessen* (RG 10), *Gott Vater, du hast deinen Namen* (RG 179), *Seht hin, er ist allein im Garten* (RG 452, 2. Teil), *Du Glanz aus Gottes Herrlichkeiten* (RG 558), *Nun sich das Herz von allem löste* (RG 777).

zum Thema werden, allerdings im Bewusstsein der reformatorischen Kritik an einer verkehrten Suche nach einer selber erreichten Gerechtigkeit des Menschen vor Gott.

Tätiger Glaube

Eine Reihe von Liedern benennt zunächst einmal grundsätzlich ein solches Verständnis des christlichen Lebens: Wir sind zum Handeln aufgerufen, wir sollen, können und dürfen etwas tun in der Welt. Dazu gehört das bereits durch das alte Gesangbuch bekannt gewordene Zinzendorf-Lied *Wir wolln uns gerne wagen* (RG 811). Die übrigen sind jüngeren Datums. Eher bescheiden tritt *Hilf, Herr meines Lebens* (RG 825) auf. Der Gedankengang bewegt sich in lauter Negationen: *nicht vergebens hier auf Erden* sein steht für die Suche nach einem Lebenssinn, der – in der durch die Negation gegebenen Zurückhaltung – im Leben mit anderen und für andere Menschen geortet wird: Anderen *nicht zur Plage* sein, sich nicht an sich selbst binden, nicht fehlen, wo es etwas zu tun gibt. Diese negativen Formulierungen sind als zu unverbindlich kritisiert worden; vielleicht sind sie aber gerade deshalb angemessen, weil sie Selbstüberforderung und Selbstüberschätzung zum Vornherein ausschließen.

Konventioneller – mit dem Entstehungsjahr 1953 auch noch fast in die Epoche des Vorgängergesangbuches reichend – ist *Herr, lass deine Wahrheit* von Liselotte Corbach (RG 824). Mit seinen unkomplizierten Formulierungen, die einige wichtige Stichworte aufgreifen – Dienst, Nächste, Liebe, Stille, Herz und Hand –, und der kinderliedartig schlichten Melodie von Samuel Rothenberg ist es im Gottesdienst leicht einsetzbar, beispielsweise als Gebetslied zu einer Predigt oder als Gegenstück zum Fürbittegebet.

Von Form und Stil her ebenfalls eher traditionell, aber ungleich kräftiger in Bildern und Aussagen ist *Komm in unsre stolze Welt* (RG 833). Die Reihenform – jede Strophe beginnt mit der Bitte «Komm» – wird für eine Konzentrationsbewegung von Strophe zu Strophe ausgenützt: Welt – Land – Stadt – Haus – Herz. Der Liedtext hält einen schwierigen Balanceakt durch: Weder bittet er Gott, die Dinge zu tun, die eigentlich unsere Aufgabe sind (man denke an Gebetsformulierungen wie «lass uns Gerechtigkeit üben»), noch erwartet er von Gottes Eingreifen das Ende aller Probleme. Aber die Anwesenheit Gottes in der Welt, um die das Lied bittet, und zwar die Anwesenheit des Gottes, der nicht mit Macht dreinfährt, sondern der selbst arm und *ungeborgen* war, der mit des *Schweigens Mitte* und mit seiner Liebe um die Menschen wirbt, gibt jedem Menschenleben *auch noch in tiefer Nacht* seine Würde zurück.

Bemerkenswert ist die Melodie von Manfred Schlenker. Sie entzieht sich gängigen Mustern – tonalen ohnehin, aber auch den üblichen neomodalen vieler neuerer Melodien. Nach dem wohl bildhaft zu verstehenden Anfang, der das erbetete «Herabkommen» nachzeichnet, wendet Schlenker eine großräumige Sequenztechnik an: Die erste Doppelzeile wird um einen Ton höher wiederholt, und zwar unter Beibehaltung der Verteilung von Halb- und Ganztönen (so genannte «reale Sequenz»). Die fünfte Verszeile (*Wende Hass ...*) sequenziert den Anfang der vierten Zeile (*Lass die Völker ...*), und zwar nochmals in realer Sequenz. Sie fährt fort mit der Intervallfolge von fallender Sekunde und fallender Terz, die wir vom Melodieanfang bereits kennen, und dann wird diese ganze fünfte Zeile in der letzten um einen Ton tiefer wiederholt – diesmal aber in einer «tonalen» Sequenz, welche den Tonvorrat der gegebenen Tonleiter beibehält und dafür die Lage der Halbtöne in der Melodie ändert.

Ebenfalls noch in die allgemeine Thematik des Handelnkönnens und -sollens gehören die folgenden Stücke:

829	*Herr, gib mir Mut zum Brückenbauen* (RG 829)
835	*Gib uns Weisheit, gib uns Mut* (RG 835)
838	*Suchet zuerst Gottes Reich in dieser Welt* (RG 838)
839	*Ihr seid das Salz der Erde* (RG 839)
840	*S'phamandla Nkosi* (RG 840)
843	*Vertraut den neuen Wegen* (RG 843)

838 Ein praktischer Hinweis ist zu Nr. 838 nötig: Bei der Ansage dieses Liedes sollte gesagt werden, dass die in erster Linie zu singende Melodie sich in der Mitte befindet; sonst macht sich (wie Erfahrungen zeigen) in der Gemeinde rasch Ratlosigkeit breit.

843 *Vertraut den neuen Wegen* (RG 843) ist textlich wohl das jüngste Lied des Gesangbuches. Es ist 1989, in den letzten Monaten vor der «Wende», in der DDR entstanden und nimmt die damalige Stimmung von Unruhe, Erwartung, Aufbruch und Hoffnung auf – wobei mit dem Ausziehen *in das gelobte Land* natürlich nicht die Ausreise in die Bundesrepublik gemeint war, sondern der gemeinsame Aufbruch zu einer neuen, menschlicheren Ordnung.

839 Eine Bemerkung ist zum Text des Kanons *Ihr seid das Salz der Erde* (RG 839) zu machen. In der ursprünglichen Fassung hatte der Komponist in der zweiten Hälfte den folgenden Text unterlegt: *Gott selber sagt: Es werde. Er ist's, der uns erhält.* Das ist als Ganzes nicht besonders homogen, und deshalb wurde der Text, der so noch im Gesangbuchentwurf gestanden hatte, für die definitive Ausgabe geändert.

Jetzt bilden die beiden Hälften einen offensichtlichen und sinnvollen Zusammenhang. Allerdings hatte auch die ursprüngliche, scheinbar holprige Kombination etwas für sich: Dass wir Menschen das *Licht der Welt* sind, kann so für sich allein eigentlich nicht stehen. Wir haben ja im Gesangbuch richtigerweise auch das Lied *Christus, das Licht der Welt* (RG 280) nach Joh 9,5. Der Rückverweis auf die Schöpfung hätte die Dinge in die rechte Ordnung gerückt und die menschlichen Möglichkeiten durch die Nennung der Quelle allen Lichtes sinnvoll relativiert.

280

Liebe und Nachfolge

Neben den bisher aufgezählten allgemeinen Aspekten des Handelns aus dem Glauben sind verschiedene Texte auf einzelne Begriffe besonders zugespitzt: Liebe, Nachfolge, Gerechtigkeit, Frieden, Schöpfung – auch wenn diese Begriffe natürlich auch in anderen Texten häufig mit verwendet werden.

Die Liebe als Schlüsselbegriff des Handelns erscheint zentral im schon genannten Zinzendorf-Lied *Wir wolln uns gerne wagen* (RG 811), und zwar als Thema der zweiten Strophe: *Die Liebe wird uns leiten*. Nicht fehlen darf der klassische Kehrvers *Ubi caritas* (RG 813), deutsch als Leitvers bei Nr. 818, *Wo Güte ist und Liebe, da ist Gott*, und als Gebet um die Liebe ist das Lied 819 ausgestaltet: *Lass die Wurzel unsers Handelns Liebe sein*.

811
813
818
819

Die «Nachfolge» spielt als Begriff in modernerer geistlicher Sprache offensichtlich keine große Rolle mehr. Fast alle Lieder zu diesem Stichwort sind älteren Datums und standen auch im alten Gesangbuch. *«Mir nach», spricht Christus, unser Held* (RG 812) war seiner militärischen Sprachbilder wegen sehr umstritten (*Ein böser Knecht, der still mag stehn, sieht er voran den Feldherrn gehn*). Schließlich überwogen der Respekt vor der gewichtigen Tradition – Johann Scheffler (Johannes Angelus Silesius) hat schließlich seine, wenn auch nicht unproblematische, historische Rolle – und vor allem die Erkenntnis, dass ein völliger Verzicht auf die konflikthafte Metaphorik nicht sachgerecht wäre.[111] Sängern und Sängerinnen dieses Liedes wird freilich zugemutet, es als ein Zeugnis einer anderen Zeit zu verstehen und seine Bilder angemessen umzudeuten – ein Vorgang, der im Grunde fast für jedes alte Lied gilt, wenn auch in unterschiedlicher Deutlichkeit.

812

---

[111] S. o. S. 148 f.

Zwei weitere Nachfolge-Lieder stammen wiederum von Nikolaus
814 Ludwig Graf von Zinzendorf: *Herr, der du einst gekommen bist* (RG 814)
815 und *Jesu, leite mich* (RG 815). In manchem nehmen sie die spätmittelalterliche Idee der «Imitatio Christi» wieder auf. Bei aller Fremdheit, den der spätbarock-pietistische Überschwang verursacht, stecken diese Texte doch voller origineller Formulierungen, etwa *Man soll, was man kann* (RG 815,2).

Auch aus dem alten Gesangbuch übernommen ist *Gott mache uns im*
817 *Glauben kühn* (RG 817). Es handelt sich dabei jedoch lediglich um die zweite Strophe des nun doch allzu kriegerischen *Kommt her, des Königs Aufgebot*, die nicht zuletzt der schwungvollen Melodie von Heinrich Schütz ihr Überleben verdankt; er hat sie zu Cornelius Beckers Liedfassung des 97. Psalms, *Der Herr ist König überall*, geschaffen.

Das einzige neue Lied, das in die Reihe der Nachfolge-Lieder gestellt werden könnte (obschon es den Begriff selbst gar nicht nennt)
830 ist *Der du uns weit voraus* (RG 830) – ein ausgesprochener Sonderfall. Der außerordentlich knappe Text wirkt durch die Übertragung vielleicht noch gedrängter – bekanntlich braucht die deutsche Sprache meist für dieselbe Aussage etwas mehr Silben als das Englische, das Niederländische oder die skandinavischen Sprachen, so dass bei der Übertragung alles nur irgendwie Entbehrliche wegbleiben muss.

Die vier Strophen bilden eine subtile Reihenform. Alle beginnen mit «Der du», jeweils in der zweiten Zeile steht eine Ortsangabe («in»/«durch») und jeweils die vierte Zeile spricht Christus direkt an: «Herr», «Jesus», «Christus», «Herr». Einzigartig ist die Melodie. Sie geht das Wagnis ein, der Gemeinde eine Zwölftonkomposition zuzumuten. Die Kürze einer solchen Liedmelodie erlaubt natürlich nicht die Anwendung einer eigentlichen Zwölftonreihe, einer sich wiederholenden festen Reihenfolge der zwölf Töne der chromatischen Tonleiter. Von Interesse ist dagegen, welche Töne an welcher Stelle ein zweites oder drittes Mal vorkommen. So verwendet die zweite Zeile für die prägende punktierte Tonwiederholung denselben Ton (g) wie die erste; das gleichsam ins Dunkel (so der Text im schwedischen Original an dieser Stelle) gestürzte Ton h am Ende dieser Zeile wird als zweiter Ton der dritten Zeile eine Oktave höher wieder aufgenommen und im normalen Tonhöhenbereich sozusagen abgesichert. Die dritte Zeile schließt mit dem Anfangston der ersten und rundet damit die Melodie vorläufig ab, bevor die vierte Zeile folgt, die in mehrerer Hinsicht eine formale

Sonderstellung einnimmt: Alle ihre Töne sind vorher schon einmal vorgekommen mit Ausnahme des letzten; der Schlusston erst schließt den Kreis der zwölf Töne. Und während die Intervallfolge der Zeilen eins bis drei (mit Ausnahme jeweils des Sprungs am Schluss) sich verengt bis zur Tonwiederholung (Große Terz – große Sekunde – kleine Sekunde – Tonwiederholung / Quart – große Sekunde – kleine Sekunde – Tonwiederholung / kleine Sekunde – große Sekunde – kleine Sekunde – Tonwiederholung) öffnet die letzte die Bewegung in Intervallen von zunehmender Größe (kleine Terz – Quart – Quint), wiederum mit Ausnahme des letzten Tonschrittes, der in traditioneller Melodik als phrygischer Schluss gehört werden könnte. Dieser Schluss bleibt offen, entweder für den Wiederbeginn mit der nächsten Strophe oder für ein inneres Nachklingen der Melodie.

Bei der nahe liegenden Frage, was denn die Gemeinde mit einer Zwölftonmelodie anfangen könne, muss differenziert werden. Die Tatsache, dass alle zwölf Töne der chromatischen Tonleiter verwendet werden, bedeutet noch nicht unbedingt, dass daraus eine für das Ohr schwer verständliche und hoch dissonante, abstrakte Musik entstehen müsste. Zunächst ist da die einfache Liedform, die das Erfassen begünstigt – deutlich wahrnehmbare Bezüge zwischen den Zeilen nehmen die Form auf. Dann lassen sich jeweils Passagen der Melodie fast tonal hören – die dritte Zeile zum Beispiel weitgehend in a-Moll, die vierte in h-Moll (beide Male mit Dur-Schluss). Und schließlich hat der Komponist eine Begleitung mitgeliefert, die mit Ausnahme des völlig regulär behandelten Vorhalts bei der zweitletzten Note keine einzige Dissonanz enthält. Das daraus sich ergebende Klangbild wirkt eher romantisch-üppig als zeitgenössisch herb (nur dass im Unterschied etwa zu den Taizé-Kadenzen die Akkorde nicht konventionell funktional verknüpft sind). Jedenfalls soll das Lied in Schweden eine beachtliche Beliebtheit erlangt haben; zusammen mit der Begleitung und im Rahmen eines zeilen- oder halbstrophenweisen Vor- und Nachsingens mit Kantor/Kantorin oder Chor geht diese Musik sehr rasch ins Ohr ein.

Gerechtigkeit – Frieden – Bewahrung der Schöpfung

Die Verschiebung von der Individual- zur Sozialethik, von der Frage nach dem Handeln im persönlichen zu derjenigen nach der Verantwortung im gesellschaftlichen Bereich, hat am Ende des 20. Jahrhunderts ihren Ausdruck gefunden in der Formulierung «Gerechtigkeit – Frieden – Bewahrung der Schöpfung» als fundamentalen Leitlinien. Angestossen wurde der «konziliare Prozess», der kirchliches, gesellschaftliches und individuelles Handeln in diesem Sinne überdenken und neu ausrichten soll, auf der Vollversammlung des Ökumenischen Rates der Kirchen 1983 in Vancouver.[112] Nach einer Reihe von Veranstaltungen auf nationaler und regionaler Ebene[113] wurden die Diskussionen und Aktionspläne auf der «Weltversammlung für Gerechtigkeit, Frieden und Bewahrung der Schöpfung» gebündelt, die im März 1990 in Seoul, Südkorea, stattfand.[114]

In Seoul wurde der «Bundesschluss für Gerechtigkeit, Frieden und Bewahrung der Schöpfung» als Antwort auf Gottes Bund mit den Menschen formuliert, hierin die Tradition der «Bundestheologie» aufnehmend, welche vor allem in der reformierten Theologie im Vorfeld des Pietismus eine wichtige Rolle gespielt hat[115] – bekanntlich hat Joachim Neander seine Lieder «Bundeslieder und Dankpsalmen» genannt (1680, zum Beispiel *Lobe den Herren, den mächtigen König der Ehren*, RG 242).

Das deutsche Evangelische Gesangbuch hat im Hauptabschnitt «Glaube – Liebe – Hoffnung» ein Kapitel unter der Bezeichnung «Erhaltung der Schöpfung, Gerechtigkeit und Friede». Im RG sind die entsprechenden Stücke im Kapitel «Leben und Handeln aus dem Glauben» verteilt, einige stehen auch in anderen Kapiteln.

Frieden Am besten vertreten ist das Stichwort «Frieden»; es spielt von jeher im Kirchenlied eine bedeutende Rolle, ausgehend von Friedensbitte und Friedensgruß der Liturgie und dem Schluss des Agnus Dei (RG 311), aber auch vom Gebet in Kriegsnot, das seit der Reformation zum festen Bestand der Kirchenliedthemen gehört. Und seit den 1968er-Aufbrüchen, lange vor dem «konziliaren Prozess», hat eine breite Friedensbewegung in Europa und in den USA Kritik laut werden lassen an Militarismus, Abschreckungsideologie und den Massenvernichtungswaffen, Kritik, die auch in Texten und Liedern ihren Ausdruck gefunden hat.

---

[112] Thomas F. Best: Von Vancouver nach Canberra 1983–1990. Offizieller Bericht des Ökumenischen Rates der Kirchen. Genf 1990, S. 209–216.
[113] Schweiz. Evang. Synode: Bund für Gerechtigkeit, Frieden und Bewahrung der Schöpfung 1987. – European Ecumenical Assembly Peace with Justice, 15–21 May 1989, Study documents = Documents d'étude = Studiendokumente [Konferenz Europäischer Kirchen, Consilium Conferentiarum Episcopalium Europae]. Genf 1988.
[114] Die Zeit ist da. Das Schlussdokument und andere Texte von der Weltversammlung für Gerechtigkeit, Frieden und die Bewahrung der Schöpfung, Seoul, Republik Korea, 5.–12. März 1990. Ökumenischer Rat der Kirchen, Genf 1990.
[115] Bundestheologie und Bundestradition, hg. von der theologischen Kommission des Schweizerischen Evangelischen Kirchenbundes. Bern 1987.

Bei der älteren Tradition ist zunächst zu denken an *Da pacem domine* (RG 333), die alte *antiphona ad pacem*, und Luthers darauf basierendes *Verleih uns Frieden gnädiglich* (RG 332), ferner an die kurzen Friedensbitten *Schalom chaverim* (RG 335), *Fride wünsch ich diir* (RG 336) und den Kanon *Dona nobis pacem* (RG 337) – allesamt bei «Sendung und Segen» eingereiht: Christen und Christinnen geben einander beim Auseinandergehen den Friedenswunsch mit auf den Weg.

Als Beispiel für die Friedensbitten im Zusammenhang von Gebets-, Dank- und Lobliedern sei an Paul Gerhardts *Nun danket all und bringet Ehr* (RG 235) erinnert, wo die sechste Strophe beginnt: *Er lasse seinen Frieden ruhn auf unserm Volk und Land.*

In dem hier zu besprechenden Gesangbuchkapitel stammen alle Stücke zum Stichwort «Frieden» aus neuerer Zeit. Aus dem alten Gesangbuch übernommen ist *Wir schauen aus nach Frieden* (RG 820), gedichtet von dem Zürcher Pfarrer und profilierten Pazifisten Adolf Maurer. Der Text nimmt konkret die Situation seiner Entstehungszeit auf: 1936 war die Aufrüstung Hitler-Deutschlands in vollem Gange, in Spanien tobte der Bürgerkrieg, und das faschistische Regime Italiens hatte im Vorjahr Abessinien überfallen. Die zweite Strophe ist eine etwas verklausulierte Kritik an der Schweizer Politik, dieser Bedrohung mit verstärkten Anstrengungen zur Landesverteidigung zu begegnen: Auf den Geist sollen wir vertrauen, nicht auf Waffen.

Ein Gegenstück dazu ist *Gib Frieden, Herr, gib Frieden* (RG 827), im RG derselben Melodie zugewiesen, textlich etwas weiter und poetischer formuliert, dafür nicht ganz mit der bedrängenden Konkretheit von Maurers Text.

Von den neueren Liedern ist *Gib uns Frieden jeden Tag* (RG 828) deutlich harmloser; die kindertümlich spielerische Melodie lässt keinen Raum mehr für die Spannung zwischen erlebtem oder befürchtetem Unfrieden und erbetenem, erhofftem Frieden.

Eines der textlich und musikalisch bemerkenswertesten Lieder des RG ist das kurze, geradezu lapidar gestaltete *Manchmal kennen wir Gottes Willen* (RG 832). Der Zweifel erscheint hier nicht mehr wie in früheren Zeiten als Zeichen von Unglauben und Sünde, sondern er gehört zum Glauben, im Sinne von Paul Tillichs «Rechtfertigung des Zweiflers». Gott ist nicht einfach da, erfahrbar, beschreibbar, abrufbar. Wir können nur um eine Erleuchtung, Bewahrung und Begleitung beten in den Fragen, Ängsten und Zweifeln des Lebens. Und auch der Weg, die Erkenntnis Gottes durch das Tun seines Willens zu ersetzen – bewusst oder unbewusst die Lösung mancher modernen Strömung in Kirche und Theologie – funktioniert nicht so einfach. Das sagt die vierte Strophe des Liedes, zugespitzt auf die Bitte, dass der Friede Gottes anbrechen solle.

Die Melodie nimmt Charakter und Struktur des Textes in idealer Weise auf. Ihre vielen Tonwiederholungen lassen sie spröde, tastend erscheinen, weit weg von jeder musikalischen Selbstgefälligkeit, die alle Fragen sofort in eleganten Melodiebogen oder harmonischem Wohlklang ersäuft. Die erste Melodiehälfte beschreibt im Großen die klassische Figur der *circulatio*, des Kreises: Wir drehen uns in unserer Suche nach Gott im Kreis, enden immer wieder, wo wir angefangen haben, bleiben in Zirkelschlüssen gefangen. Ausbrechen können wir daraus nur im Gebet, in der direkten Anrede Gottes, und diesen Ausbruch des Textes auf eine andere Sprachebene vollzieht die Melodie mit, indem sie in den höchsten Bereich des verwendeten Tonraumes springt. Der Gebetsruf ist aber nicht schon die Lösung, die Melodie fällt zurück in die tiefe Lage. Der Terzfall am Schluss wirkt offen, die Fragen bleiben, kein geistliches Happy-End überspielt oder übersingt das kritische Bewusstsein wie in allzu vielen (auch neueren) frommen Liedlein.

800 An das franziskanische Friedensgebet (RG 800) klingt das von der St. Galler Kirchenmusikerin Meie Lutz gedichtete und vertonte
837 Stück *Mach mich zum Werkzeug deines Friedens* (RG 837) an. Es steht auf der Grenze zwischen Liedform und offener Form und vertritt in exemplarischer Weise eine behutsame und sensible Art der Formulierung, die vielleicht für eine von Frauen geprägte Spiritualität charakteristisch sein mag, für Männer aber nicht weniger sinnvoll ist.[116]

842 In schlichter Form kommt *Jeder Schritt auf dieser Erde* (RG 842) daher, ganz der Aussage der letzten Zeile entsprechend: *dazu ist kein Schritt zu klein* – und eben auch kein Lied zu bescheiden. Die Melodie ist dem von Johann Sebastian Bach musikalisch redigierten Gesangbuch für das Stift Naumburg-Zeitz (1736) entnommen, besser bekannt unter der Bezeichnung «Schemelli-Gesangbuch», nach seinem Herausgeber Georg Christian Schemelli. Sie stammt mit großer Wahrscheinlichkeit nicht von Bach, fügt sich aber in ihrer Bescheidenheit gut zu dem Text.

Gerechtigkeit Wesentlich schwächer vertreten als die Friedenslieder sind jene zu den Themen «Gerechtigkeit» und «Bewahrung der Schöpfung».

---

[116] Andreas Marti: «Mach mich zum Werkzeug deines Friedens» (Liedportrait). In: MGD 51. Jg. 1997, S. 52–54.

Für Kirchentage und andere Tagungen ist zwar vieles entstanden, kaum etwas reicht aber qualitativ über das (leider inzwischen zur negativen Qualifikation gewordene) Kirchentagsniveau hinaus: gereimte Prosa, unstimmige Bilder, holprige Rhythmen, eine Mischung von Archaismen und modernem Sachvokabular, mangelnde Souveränität über die Sprache, dazu Dutzendmelodien, die durch ein Arrangement mit ein bisschen Sound aufgemöbelt werden, aber für sich allein nicht bestehen können. Nicht ganz unbeleckt von diesen Problemen zeigt sich Dieter Trautweins Text *Für die Heilung aller Völker* (RG 834). Der Schluss der dritten Strophe, *Noch im Kampf für das, was recht ist, sehn wir Leben heilig an*, ist sprachlich im Grunde völlig inakzeptabel und stellt dem Sprachgefühl und den poetischen Fähigkeiten des Autors ein miserables Zeugnis aus. Seine Aufnahme ins RG verdankt das Lied lediglich dem Mangel an guten Liedern zu dieser Thematik und natürlich der Purcell-Melodie.   *834*

Besser gelungen ist das schon etwas ältere *Brich den Hungrigen dein Brot* (RG 823), das in einem entsprechenden thematischen Umfeld gut auch als Abendmahlslied gebraucht werden könnte. Es schlägt die Brücke zwischen der Gemeinschaft im Mahl und der Solidarität in der Sorge um das tägliche Brot, wie es die Mahlfeier seit den frühesten Zeiten der christlichen Gemeinde getan hat, manchmal deutlicher und manchmal weniger deutlich. Außerhalb des Teilkapitels wäre zu diesem Thema noch *Anunciaremos tu reino, Señor / Lass uns den Weg der Gerechtigkeit gehn* (RG 862) zu erwähnen. Das dominierende Stichwort ist hier das «Reich»; daher steht das Lied unter «Hoffnung auf das Reich Gottes».   *823*

862

Noch schwieriger wird's bei der Schöpfungsthematik. Hier bietet unser Kapitel nur ein einziges spezifisches Lied, nämlich *Gott gab uns Atem* (RG 841). Hier ist aber zu bedenken, dass das Stichwort «Schöpfung» ja in anderen Kapiteln auch vorkommt – vor allem beim Jahreskreis unter «Schöpfung, Jahreszeiten, Erntedank», dann auch in den Psalmen (zum Beispiel *Dem Herrn gehört unsre Erde*, Ps 24, RG 19) und in Lob- und Dankliedern (zum Beispiel *Nun preiset alle Gottes Barmherzigkeit*, RG 237, vor allem in der vierten Strophe: *Er gibet Speise reichlich und überall*).   *Schöpfung*

841

19
237

Das führt uns zu einem grundsätzlichen Problem bei der Auswahl von Liedern für einen thematisch geprägten Kontext. Wie konkret soll ein Liedtext Themen benennen, die im Gottesdienst zur Sprache kommen, wie genau soll er «passen»? Es war und ist nicht unumstritten, ob im Gottesdienst Handlungsanweisungen (und gar noch politische) vorkommen dürfen. Wie kann dabei unevangelische Gesetzlichkeit vermieden werden, wie entgeht der Gottesdienst plattem Moralismus oder hoffnungsloser Überforderung des Einzelnen? Wir lassen die Diskussion dahingestellt und gehen jetzt einmal davon aus, dass aktuelle Fragen des individuellen und gesellschaftlichen Handelns im Gottesdienst vorkommen können und müssen – sie auszulassen wäre bekanntlich nicht weniger politisch relevant.

Konkretheit und Generalisierung Dann ist aber weiter zu fragen nach den Orten der Konkretheit und Aktualität im Gottesdienst. Im klassischen Gottesdienst ist dies in erster Linie die Predigt, das persönliche, aus der Situation und für die Situation verantwortete Reden. Anderes mag dazutreten: Im Schema des «Politischen Nachtgebetes in Köln»[117] sind auch «Information» und «Diskussion» vorgesehen, und solche Elemente sind durchaus im klassischen Gottesdienst ebenfalls unterzubringen. Bei den liturgisch stärker geprägten Elementen wie Gebet, Gesang, Gruß und Segen liegen die Probleme etwas anders. Beim Gebet etwa besteht die Gefahr, dass persönliche Meinungen und Stellungnahmen in diese verbindliche, verbindende und auch einbindende Redeform verpackt werden, was leicht in eine Art geistlicher Nötigung ausartet.

Beim Gesang ist in Rechnung zu stellen, dass wir immer mit den Worten anderer singen: Jedes Lied, mag es noch so jungen Datums sein, ist entstanden, bevor es in einer bestimmten gottesdienstlichen Situation gebraucht wird, und es ist an einem anderen Ort bei anderen Menschen entstanden. Damit ist zum Vornherein ausgeschlossen, dass hier dieselbe Konkretheit und Aktualiät herr-

Funktion schen kann wie in der Predigt. Das Lied kann nicht dieselbe Funktion erfüllen und braucht dies auch gar nicht. Es soll ja nicht die Predigt verdoppeln, sondern andere Aufgaben übernehmen. Diese ergeben sich schon aus der beschriebenen Tatsache, dass das im Gottesdienst gesungene Lied aus einer anderen (wenn auch vielleicht nur wenig zurückliegenden) Zeit, (meist) von einem anderen Ort und von anderen Menschen herkommt. Es öffnet die örtlichen und zeitlichen Grenzen der jeweiligen gottesdienstlichen Gemeinde, und so wie es die Singenden im gemeinsamen Klang untereinander verbindet, so gliedert es die Gottesdienstgemeinde ein in den größeren Zusammenhang der christlichen Kirche mit ihren mannigfachen örtlichen und zeitlichen Ausprägungen.

---

[117] Dorothee Sölle, Fulbert Steffensky (Hg.): Politisches Nachtgebet in Köln. 2 Bde., Stuttgart 1971. – Ferner: Uwe Seidel, Diethard Zils: Aktion Politisches Nachtgebet. Wuppertal 1971.

Diesem Ausweiten des Horizontes entspricht ein inhaltliches Eingliedern in größere Zusammenhänge, ein Verweisen vom konkreten Einzelfall auf weitere Bedeutungshorizonte und größere Zusammenhänge (man kann diesen Vorgang «Generalisierung») nennen.

Am konkreten Beispiel: Wenn von unserem Umgang mit der Natur die Rede ist – oder von einzelnen Aspekten dieses Problemfeldes – dann ist hier der ganze Themenbereich «Schöpfung» angesprochen; ein Lied muss dann nicht konkrete Energiesparmaßnahmen besingen (es gab solche Beispiele in Kirchentagsliederheften), sondern bringt mit dem Lob der Schöpfung und des Schöpfers den gesamten Hintergrund mit ins Spiel. Es aktiviert, was die Singenden in früheren Situationen auf diesem Hintergrund erfahren, geglaubt und reflektiert haben, und macht es für die neue Situation fruchtbar. Zugleich bereichert es den Gesamtzusammenhang um die jetzt neu gemachten Erfahrungen und Überlegungen. *Verweisungszusammenhang*

Damit ein Lied in einem bestimmten gottesdienstlichen Zusammenhang unter thematischem Gesichtspunkt verwendbar ist, damit es «passt», müssen zwei Voraussetzungen erfüllt sein: Zum einen muss es – wie oben beschrieben – einen größeren Verweisungszusammenhang für das im Gottesdienst Gesagte herstellen können. Zum anderen geht es um das, was ich als «theologisch-anthropologische Grunddynamik» bezeichnen möchte: Welches Gottesbild, welches Menschenbild vermittelt das Lied? Was erwartet es von Gottes Handeln? Was mutet oder traut es dem Menschen zu? Will es in Bewegung setzen oder Kraft zum Aushalten geben? *theologisch-anthropologische Grunddynamik*

Es ist zu vermuten, dass die zu Beginn des Kapitels beschriebene Schwierigkeit, Lieder zu bewusst aktuell gestalteten Gottesdiensten zu finden, vor allem auf dieser zweiten Ebene liegt, in der grundsätzlichen Skepsis früherer Zeiten, dem Einzelnen Handlungsspielraum gegenüber seiner Lebenssituation und Umwelt einzuräumen. Die Herstellung von Liedern zu Solarenergie, Luftreinhaltung, Rüstungsabbau und Welthandel geht darum am Kern des Problems vorbei und hat auch – wie bereits erwähnt – zu keinen gültigen Ergebnissen geführt. Und beim Liedersuchen wird darum ein Vorgehen nach thematischen Suchworten in einer gedruckten oder elektronischen Konkordanz[118] noch nicht viel weiterhelfen:

---

[118] Ernst Lippold, Günter Vogelsang: Konkordanz zum Evangelischen Gesangbuch. Göttingen 1995. – Evangelisches Gesangbuch elektronisch. CD-ROM, Stuttgart 1999. – Die Herausgabe einer CD-ROM zum RG ist in Vorbereitung.

Erst muss die theologische Reflexion über Verweisungszusammenhänge und theologische Grunddynamik geleistet werden, und dann erst kann die Suche Erfolg haben.

Hoffnung auf das Reich Gottes

868 Das Gesangbuch schließt mit der Bitte, die als zweitletzter Satz der Johannes-Offenbarung (Offb 22,20) die Bibel beschließt: «Komm, Herr Jesus» – *Christus, komm und bring uns deinen Frieden* (RG 868) – der Tendenz zur «Herr-Verminderung» entsprechend aus *Komm, o Herr, und bring uns deinen Frieden* verändert: ein bisschen schade, denn damit reduziert sich der Gleichklang mit dem Bibelvers, und der «Herr», der «Kyrios», um dessen Friedensreich hier gebetet wird, dessen Herrschaft alle menschlichen Herrschaften beenden soll, hätte schon mit eben diesem Titel angeredet werden dürfen.

867 Umso deutlicher wird der Herrschaftswechsel im zweitletzten Stück, dem letzten eigentlichen Lied des Gesangbuchs, angesprochen: *Der Himmel, der ist, ist nicht der Himmel, der kommt* (RG 867, Kurt Marti).[119] In seinen Aussagen, aber auch in seiner Gestaltung ist dieses Lied so etwas wie ein Schlüssel zum letzten Gesangbuchkapitel – ja, vielleicht noch mehr: Wenn wir die Welt und das Leben «sub specie aeternitatis», «unter dem Blickwinkel der Ewigkeit», betrachten wollen, wenn jede Predigt Verkündigung des Reiches Gottes sein soll, wie Karl Barth postuliert hat, wenn christliche Existenz grundsätzlich «eschatologische Existenz» zwischen dem «Schon jetzt» und dem «Noch nicht» ist, dann ist das Lied auch so etwas wie der Schlüssel zum ganzen Gesangbuch.

Der Himmel, der ist, ist nicht der Himmel, der kommt, wenn einst Himmel und Erde vergehen.

Was wir sehen und erfahren, ist nicht das, was wir von Gott her erwarten dürfen. Wir können nicht das Jetzige in die Unendlichkeit verlängern. Unsere Erfahrung ist gerade nicht das, was in die Zukunft führt; wir denken vom Alten aus – Gott schafft das Neue: «Das Alte ist vergangen, Neues ist geworden» (2. Kor 5,17). Hier liegen – nebenbei bemerkt – Grenze und Gefahr der «empirischen Wende» in der Theologie, der Anknüpfung bei der menschlichen Erfahrung: Die Erfahrung sieht den *Himmel, der ist, der vergehen muss,* wenn der neue *Himmel ... kommt.*

---

[119] Ausführliches Liedportrait von Hans-Jürg Stefan, in: Christian Möller (Hg.): Ich singe dir mit Herz und Mund, Festschrift Heinrich Riehm zum 70. Geburtstag. Stuttgart 1997, S. 113–124.

Der Himmel, der kommt, das ist der kommende Herr, wenn die Herren der Erde gegangen.
Das von Gott her kommende Neue ist Befreiung. Gottes Herrschaft beendet knechtende irdische Herrschaften. Der «Kyrios» heißt traditionell «Herr aller Herren» – wir würden heute vielleicht vom «Anti-Herren» reden. Die Umkehrung ungerechter irdischer Verhältnisse ist ein altes biblisches Motiv, klassisch formuliert etwa in Psalm 113, aber ganz besonders im «Magnificat» (RG 1): *Gewaltige stößt er von ihren Thronen* – damit bilden das erste und das letzte Lied des Gesangbuchs in dieser Hinsicht eine ganz besondere Klammer.

Der Himmel, der kommt, das ist die Welt ohne Leid, wo Gewalttat und Elend besiegt sind.
Zu dem Alten, zu unserer Erfahrungswelt, gehören Leid, Gewalt und Elend. Wenn sie besiegt werden sollen, kann das nicht auf der Basis unserer Bedingungen geschehen, sondern nur aus der radikal neuen Sicht, die Gott uns öffnet. Auch hier ist der Bezug zum «Magnificat» deutlich: *Hungrige hat er gesättigt mit Gutem* (RG 586).

Der Himmel, der kommt, das ist die fröhliche Stadt und der Gott mit dem Antlitz des Menschen.
Bisher hat der Text Aussagen fast nur in negativer Form gemacht: Himmel und Erde vergehen, die Herren der Erde gehen, Leid, Gewalt und Elend sind besiegt. Nun kommen zwei positive Formulierungen: die *fröhliche Stadt* und *der Gott mit dem Antlitz des Menschen*. Bezeichnenderweise sind beide Aussagen ausgesprochen bildhaft. Über das Neue zu sprechen, ist schwierig, ja im Grunde unmöglich, weil wir ja auf der Basis unserer Erfahrung sprechen, diese aber durch das Neue außer Kraft gesetzt wird. So bleiben Negativaussagen, die Aufzählung dessen, was gerade nicht zum Neuen gehört (dieses Verfahren hat als «theologia negativa» eine alte Tradition), und es bleibt das Reden in Bildern, die das Nichtsagbare, das Nichtvorstellbare andeuten und in einzelnen Zügen ahnbar machen wollen, ohne die grundsätzliche Unangemessenheit des Redens von Gott und seinem Reich aufheben zu können.[120] Die «Stadt» hat hier als Bild eine lange Geschichte,[121] zurück bis zum «Zion» des Alten Testamentes, aufgenommen in verschiedenen Kirchenlied-

---

[120] Vgl. dazu z. B. Karl Barth: Fides quaerens intellectum. Zürich 1958, S. 28 ff.
[121] Jürgen Henkys: Die Stadt im geistlichen Lied. Vision – Symbol – Milieu. In: Michael Beintker u. a. (Hg.): Wege zum Einverständnis. Festschrift für Christoph Demke. Leipzig 1997, S. 69–89, wieder abgedruckt in: Jürgen Henkys: Singender und gesungener Glaube. Göttingen 1999, S. 197–218.

850 klassikern wie «*Wachet auf*», *ruft uns die Stimme* (RG 850) oder *Jerusa-*
851 *lem, du hoch gebaute Stadt* (RG 851). Dass es bei Kurt Marti die *fröhliche Stadt* ist, verstärkt das Bild wieder im Sinn des Neuen, das diese Stadt abhebt von der *lauten Stadt* im Lied *Komm in unsre stolze Welt* (RG
833 833) und dafür Vorstellungen eines friedlichen, ruhigen Zusammenlebens in gegenseitiger Bereicherung hervorruft – eine Art idealer Urbanität.

> *Der Himmel, der kommt, grüßt schon die Erde, die ist, wenn die Liebe das Leben verändert.*

Der radikale Gegensatz zwischen Alt und Neu darf nicht dazu verleiten, das Neue in eine endzeitliche Zukunft oder in ein individuell nach dem Tod zu erreichendes Jenseits zu verlegen. Das Wissen um das Neue, die Hoffnung, dass das Alte, das Jetzige, nicht das Endgültige ist, befreit zur Liebe, und davon kann das Leben in unserer Erfahrungswelt nicht unberührt und unbeeinflusst bleiben.

Fassen wir nochmals die Stichworte zusammen, die die «eschatologische Existenz», das Leben vom Letzten, vom Äußersten (dem «eschaton») her bestimmen:

1. Unsere Erfahrung, das «Alte», wird von Gott her durch das «Neue» radikal überboten.
2. Das «Neue» ist Befreiung.
3. Das «Neue» hat keinen Platz für die Erfahrung von Leid.
4. Das «Neue» lässt sich nur negativ oder im Bild ausdrücken.
5. Das «Neue» wirkt auf unser Leben ein. Wir leben in der Spannung zwischen «Schon jetzt» und «Noch nicht».

Diese fünf Grundmotive prägen in unterschiedlichen Kombinationen die 15 Lieder (davon sechs aus dem alten Gesangbuch), zwei Kanons und drei Leitverse des Kapitels. Wie ein Motto ist der Vers
849 *Ich will euch Zukunft und Hoffnung geben* (RG 849) vorangestellt. Das Kapitel hieß im Gesangbuch-Entwurf noch «Hoffnung auf Gottes Zukunft». Der traditionelle Begriff des «Reiches Gottes» wurde dann doch bevorzugt, trotz seiner Belastung durch den säkularen Wortgebrauch, und das ist besser so: Er vermeidet eine Einengung des Gegenübers von Alt und Neu auf die zeitliche Achse, eine Beschränkung des «Eschaton», des «Letzten», auf die *letzten Tage*
861 (RG 861), auf einen in der Zukunft gedachten «Tag des Herrn»,
858 den *großen Tag* (RG 858). Zur «futurischen Eschatologie» muss die
865 «präsentische» treten, Gottes *Treue hat uns schon befreit* (RG 865,4), die Freude über sein Kommen ist jetzt – wenn auch in der Spannung der ausstehenden Vollendung – schon wirksam: *Wir freuen uns*
853 *schon über dies mit sehnlichem Verlangen* (RG 853,4).

So sehr die zeitlichen Vorstellungen und Begriffe in fast allen Texten dominieren, muss doch immer diese Relativierung mit bedacht sein. Das Zeitliche selbst ist ein Element der unvermeidlichen Bildhaftigkeit, das Denken in Zeitbegriffen eine Art und Weise, mit der Unmöglichkeit umzugehen, das von Gott her kommende schlechthin «Neue» zu denken und auszudrücken.

Deutlicher bildhaft ist – wie schon angeführt – die Vorstellung der (Gottes-)Stadt, des himmlischen Jerusalem in Philipp Nicolais «Wächterlied», «*Wachet auf*», *ruft uns die Stimme* (RG 850), und dies in einer eigenartigen Wandlung: In der ersten Strophe ist die Stadt, auf deren Zinnen die Wächter stehen, der Wohnort der *klugen Jungfrauen* aus dem Gleichnis Mt 25,41–46. In der zweiten Strophe ist Zion/Jerusalem nun selber personifiziert als Bild für die Gemeinde, und in der dritten Strophe ist es die prächtige Gottesstadt aus Offb 21,9–22,5. 850

Dieser Bildbezug gilt von Anfang an für *Jerusalem, du hoch gebaute Stadt* (RG 851), ein berühmtes Traditionsstück, dessen massive und detaillierte Bildlichkeit heutiger Verwendung nicht unbeträchtliche Schwierigkeiten in den Weg legt. 851

Verwandt ist dem Bild von der Stadt jenes vom Gottesberg, zu dem die Völker in Frieden hinziehen – dem Propheten Micha entnommen (Mi 4,1–5 = Jes 2,1–5): *Und die Völker werden kommen ... zu fragen nach Gottes Wort* (RG 861). Dieselbe prophetische Vision, im Lied ebenfalls aufgenommen, schmiedet *Schwerter zu Pflugscharen* um (RG 861,2) – das einprägsamste Symbol der Friedensbewegung in den Siebziger- und Achtzigerjahren, und in der DDR ungeachtet der von der Sowjetunion der UNO geschenkten Bronzeplastik, die eben dieses Umschmieden «sozialistisch realistisch» darstellt, ein Streitobjekt und Streitsymbol erster Güte zwischen der pazifistischen Bürgerrechtsbewegung und dem Staats- und Parteiapparat. 861

Häufig begegnet vor allem in älteren Liedern die Vorstellung vom («Jüngsten») Gericht. Sie kann nicht auf eine Bewertung des Lebens jedes Einzelnen beschränkt bleiben, sondern ist zunächst ebenfalls bildhaft zu verstehen: als Bild für das radikal Neue, das das Alte außer Geltung setzt und durchbricht. Es ist nicht das drohende, sondern das gnädige, Neues schaffende Gericht (RG 451,4). Wo das nicht gesehen wird, wird das Evangelium von der «Froh-» zur «Drohbotschaft», wird Verkündigung zur Angstmacherei, der Dienst der Kirche an den Menschen zur Herrschaft über sie. Darum ist es gut, dass die vatikanische Liturgiereform die Sequenz *Dies irae* («Tag des Zorns») aus der Totenliturgie entfernt hat – zu miss- *Gericht*

451

Dies irae

verständlich sind ihre gewaltigen poetischen Bilder. Und auch im RG fehlt die im alten Gesangbuch noch enthaltene Liedfassung dieses Stücks (*Es ist gewisslich an der Zeit*).

Nicht Angst, sondern Hoffnung ruft die Botschaft vom «Letzten» hervor, die Hoffnung auf *Segen, Ruhe* und *Freude* (RG 853,1.3), auf den Sieg Christi über alles, was uns bedroht und bedrückt (RG 856, 857), auf den Frieden da, wo *Nächste sich entzweit', wo Völker sich geschlagen* (RG 858,3), auf das *Reich in Klarheit und Frieden, Leben in Wahrheit und Recht,* auf das uns der *Weg der Gerechtigkeit* führt (RG 862,1), auf den *ewigen Advent,* darauf, dass *Leid und Geschrei und Schmerz* vergehen (RG 865,1.3).

Befreiung — Ein wichtiges Stichwort, das hier anschließt, ist die Befreiung, traditionell als Befreiung von der Herrschaft der Sünde und des Todes verstanden, vor allem in neueren Texten aber auch als Befreiung aus ungerechten Verhältnissen, durchaus diesseitig, konkret und politisch. Spirituals stehen häufig in dieser Linie, die von der Befreiungstheologie der letzten Jahrzehnte kräftig ausgezogen worden ist. Das Stichwort wird gegeben vom Ruf *Du, Gott, hast uns befreit* (RG 852), und zweimal wird es in der biblischen Schlüsselgeschichte erzählt, dem Auszug aus Ägypten: im Spiritual *When Israel was in Egypt's land* (RG 864) und in dem aus Frauenliturgiekreisen stammenden «Mirjam-Lied» *Im Lande der Knechtschaft* (RG 866). Von seinem Verwendungskontext in der Bürgerrechtsbewegung der Schwarzen in den USA gehört auch *We shall overcome* (RG 860) zu den Befreiungsliedern, obwohl es fast vergessen macht, dass das Neue von Gottes Handeln und nicht vom menschlichen «Durchmarschieren» zu erwarten ist – nur gerade die zweite Strophe, *The Lord will see us through,* macht das Lied überhaupt zu einem geistlichen Lied.

Musikalisch zeigt das Kapitel dieselbe breite Streuung wie das Gesangbuch im Gesamten. Klassische Kirchenlied-Melodien sind vertreten, darunter mit «*Wachet auf», ruft uns die Stimme* (RG 850) und *Jerusalem, du hoch gebaute Stadt* (RG 851) zwei der profiliertesten überhaupt. Ralph Vaughan Williams mit *Herr, mach uns stark im Mut, der dich bekennt* (RG 865, Melodiebezeichnung: SINE NOMINE) und Arthur Eglin mit *Brich an, du großer Tag* (RG 858) knüpfen ans klassische Kirchenlied an, eine der bekanntesten Spiritual-Melodien haben wir mit *When Israel was in Egypt's land* (RG 864), das Mirjam-Lied könnte der Gattung des chansonartigen Tanz- oder Spielliedes zugerechnet werden, und musikalisch am interessantesten ist wiederum – wie schon beim Text – *Der Himmel, der ist* (RG 867): Das

Neue, das alle Erfahrung überbietet, kann nicht adäquat mit einer Musik besungen werden, die immer nur das Erwartete zulässt, die sich mit dem bequemen Wohlklang des «Vertrauten» zufrieden gibt, die nur bestätigt, was das Ohr schon kennt – möglichst noch aus Kommerz und Unterhaltung. (Eigentlich ist es unbegreiflich, wie Leute, die theologisch hohe Ansprüche stellen, dann auf einmal mit simpelsten Klängen zufrieden sind, die ja doch eine Erneuerung des Bewusstseins, zu dem ein Text, eine Predigt, ein Gottesdienst als ganzer vielleicht aufrufen mag, nicht nur nicht unterstützen, sondern mit der unbewussten und darum umso wirksameren «Macht der Musik» sogar hindern.)

Der Himmel, der ist gehört nicht zu diesen bequemen Vertrautheitsmelodien. Da ist schon der Anfang, dessen drei Quartsprünge wegen der intervallgenau versetzten Verschränkung um eine große Sekunde vom Anfangston aus nicht zur Oberoktave, sondern zur verminderten Oktave führen. Dadurch verlässt die Melodie den vorgegebenen Tonvorrat – ein musikalisches Bild für die gesprengten Grenzen der Erfahrung. Im zweiten Teil dann verweigert sie sich – vom Text bereits dazu provoziert – einem gleichmäßigen rhythmischen Ablauf und hält so die Aufmerksamkeit wach. Sie ist übrigens keineswegs so schwierig zu singen, wie es auf den ersten Blick scheinen mag, und wer seiner Gemeinde das bisschen Neuheit im Singen nicht zuzumuten wagt, muss sich fragen lassen, warum er ihr nicht vorsichtshalber die neu machende Botschaft vom Reich Gottes auch gleich vorenthält. Das «neue Lied» (RG 52, Ps 98) kann zwar ein altes, vertrautes sein, das in der immer neu erfahrenen Gnade Gottes *all Morgen ... ganz frisch und neu* laut wird: Das Gesangbuch beginnt ja mit dem seit zwei Jahrtausenden erklingenden Lied der Maria und den noch älteren Psalmen der hebräischen Bibel. Aber unverzichtbar ist auch, dass wir uns von Texten und Melodien provozieren lassen, die uns den Blick weiten, die uns mahnen, dass wir uns nicht in Vorläufigkeiten behaglich einrichten, nicht das Zweitletzte mit dem Letzten verwechseln sollen. Das Gesangbuch selber ist auch solch eine Vorläufigkeit; wenn es nun mit dem «Himmel»-Lied schließt, lässt es vieles offen, so auch den Auftrag an eine nächste Generation, mit ihrem Gesangbuch wieder einen Aufbruch ins Unvertraute zu wagen.

Aus der Gesangbucharbeit

Im Verlauf der bisherigen Darstellung der einzelnen Gesangbuch-Kapitel sind bereits verschiedene Aspekte, die das ganze Gesangbuch betreffen, zur Sprache gekommen. Einige weitere werden hier gesondert nachgetragen. Da die meisten dieser Punkte anderswo ausführlich dargestellt und diskutiert worden sind, beschränken wir uns hier weitgehend auf eine geraffte Rekapitulation, um das Gesamtbild etwas abzurunden.

Konzept

Im Jahre 1977 beschloss die Gesangbuchkonferenz, gewissermaßen die Vollversammlung des aus den Deutschschweizer reformierten Kantonalkirchen gebildeten «Vereins für die Herausgabe des Gesangbuchs», eine Revision des Gesangbuchs vorzubereiten. In der Folge führte man eine Umfrage in den Kirchgemeinden durch, die einerseits nach den beliebtesten Liedern des bestehenden Gesangbuchs fragte, andererseits nach Erweiterungsvorschlägen und nach Anforderungen an ein neues Gesangbuch.[122] Mit der Verteilung der Fragebogen lief nicht alles rund – die Organisten fühlten sich vielerorts übergangen[123] –, und die verlangte Nennung von nur fünfzig wichtigsten Liedern weckte Ängste vor großen Streichungsplänen. Zudem war eine solche Aktion durch die Vereinsstatuten nicht zweifelsfrei gedeckt, war doch dieser Verein nach dem Erscheinen des Gesangbuchs von 1952 aus eher formalen Gründen gebildet worden, nämlich um die Verlagsrechte wahrzunehmen – die Statuten wurden nach längerer Vorarbeit 1986 gründlich revidiert, so dass von da an die Kompetenzen klar waren.

Entsprechend holprig ging jedoch der Start vor sich, und das Basler «Jubilate»[124] nannte sich zunächst schlicht «Anhang zum Gesangbuch der Evangelisch-Reformierten Kirchen der deutschsprachigen Schweiz», mit dem Anspruch, eine Totalrevision eigentlich

---

122 Bericht über die Umfrage und eine erste Auswertung von Balz J. Kaiser, in: MGD 34. Jg. 1980, S. 131–134.
123 Eingabe der Delegiertenversammlung der ROV (Reformierte Organistenverbände der deutschsprachigen Schweiz – heute Reformierte Kirchenmusikverbände RKV) an die deutschschweizerische Kirchenkonferenz. In: MGD 35. Jg. 1981, S. 20. – Kritische Bemerkungen von Gerhard Aeschbacher zum Vorgehen bei der Umfrage ebd. S. 20 f.
124 BOV Verlag, Hochwald 1991.

überflüssig zu machen. Auf Druck des Gesangbuchvereins musste dieser Titel dann geändert werden. Bis zuletzt waren in der Gesangbucharbeit noch Nachwirkungen dieses Konflikts fühlbar, wenn sie auch bei weitem nie die Schärfe der Konflikte erreichten, die beim Vorgängergesangbuch um den «Probeband» von 1941 ausgefochten wurden.

Eine fünfköpfige Vorbereitungskommission erarbeitete in den Jahren 1981 und 1982 auf der Basis der Umfrage zu Handen der Gesangbuchkonferenz der Deutschschweizer reformierten Kirchen ein Konzept sowohl für das Gesangbuch selbst als auch für das Vorgehen bei dessen Erarbeitung und nahm aus den in der Umfrage gemachten Vorschlägen zur Neuaufnahme von Liedern eine erste Auswahl vor (die dann allerdings quantitativ im Vergleich zu den gesamten Neuaufnahmen keine allzu große Rolle mehr spielen sollte).

Die Gesangbuchkonferenz wählte 1984 die beiden Gesangbuchkommissionen, nämlich eine «Kleine Kommission», nach fachlichen Gesichtspunkten zusammengesetzt und mit der Erarbeitung des Gesangbuchentwurfs und seinen Einzelheiten betraut, und eine «Große Kommission» aus Vertretern und Vertreterinnen der Kantonalkirchen, welche den Entwurf zu Handen der Gesangbuchkonferenz zu begutachten und zu verabschieden hatte. Die definitive Formulierung des Konzepts wurde ebenfalls dieser Großen Kommission übertragen. Am 12. März 1985 konnte es verabschiedet werden; es lautet folgendermaßen:[125]

A. Funktion, Gesangbuchtyp

1. Das GB soll primär dem Gemeindegottesdienst mit Einschluss des Familiengottesdienstes dienen. Mit Spezialgesangbüchern wie Kinder-, Jugend- oder anderen Gruppengesangbüchern soll es sich teilweise überschneiden, diese aber nicht überflüssig machen. (Spätere Revisionen dieser Gesangbücher müssten dann bei Liedern, die sie mit dem Kirchengesangbuch gemeinsam haben, ihre Fassung diesem anpassen.)
2. Das GB soll auch Sprechtexte für den Gottesdienst anbieten.
3. Das GB soll auch nicht-liedmäßige Gesänge enthalten.
4. Es sind auch Kanons aufzunehmen.
5. In zweiter Linie soll das GB auch brauchbar sein für die Seelsorge und für die persönliche Andacht (Aufnahme von Liedtexten ohne Noten, Bibeltexten, Gebeten, Meditationstexten usw.).

---

[125] Veröffentlicht in MGD 39. Jg. 1985, S. 115 f.

6. Die Anzahl der Nummern darf höher sein als im jetzigen GB und kann nicht im Voraus begrenzt werden.
7. In stilistischer Hinsicht soll sich das GB möglichst weit öffnen, doch soll Triviales in Text und Melodie vermieden werden, und das traditionelle Kirchenlied soll seinen gebührenden Platz behalten. Durchschnittliche Maßstäbe sollen nicht unterboten werden; aber das GB soll ein GB für alle sein.

B. Auswahlprinzipien

1. Die Auswahl geschieht funktionsorientiert, und zwar
   a) im Hinblick auf die Funktion des GBs überhaupt und
   b) im Blick auf die liturgische Funktion der einzelnen Stücke.
2. Schwach besetzte Kategorien (inhaltliche und funktionale) sollen, wenn möglich, aufgefüllt werden.
3. Lieder des bisherigen Bestandes, die wenig oder kaum gebraucht wurden, deren Funktionswert schwach und deren Qualität nicht überdurchschnittlich ist, sollen gestrichen werden, um notwendigen Erweiterungen Platz zu machen.
4. Einigermaßen (evtl. auch nur regional) lebendige Traditionen dürfen nicht abbrechen. Besondere Vorsicht ist bei Melodien geboten (jedoch nicht unbedingt bei Melodie-Fassungen). Etwas weniger empfindlich sind Texte und Textfassungen.
5. Hinsichtlich der Qualität sind Sprache, Theologie, musikalische Kriterien und insbesondere das Wort-Ton-Verhältnis zu bewerten. Zwischen B. 4 und B. 5 können Spannungen auftreten, die von Fall zu Fall gelöst werden müssen.
6. Die aus der Fragebogen-Aktion sich ergebenden Wünsche sind unter Vorbehalt von B. 5 soweit als möglich zu berücksichtigen.
7. Aus den Fragebogen ergeben sich zwar kaum Bedenken gegen die Aufnahme fremdsprachiger Lieder. Einzelne fremdsprachige Ausdrücke oder kurze Texte – vor allem lateinische – sind möglich. Am Schluss eines Stücks sollen solche Texte oder Textteile übersetzt werden. Ganze Liedtexte in Fremdsprachen sollen indessen höchstens als Zweittexte aufgenommen werden.
8. Die Vielfalt der Schweizer Dialekte verhindert die Aufnahme von Dialektliedern.

C. Ökumenischer Bezug

Ökumenische Fassungen haben Priorität. Entstehen bei ihrer Berücksichtigung Abweichungen von französischen oder rätoromanischen Fassungen, muss von Fall zu Fall entschieden werden.

D. Einrichtung und Ausstattung

1. Die Kleine Gesangbuchkommission legt von Anfang an die Grundsätze für die Textdarstellung fest, ebenso die Anordnung, die Formulierung und die Redaktionsgrundsätze für die Herkunfts- und Urheberrechtsangaben.
2. Es soll eine nicht zu geringe Zahl von Liedern in traditionell vierstimmigem Satz notiert sein. Neben einstimmigen Liedern und Gesängen sind auch zwei- oder dreistimmige Sätze möglich.
3. Die Melodien sind nach Möglichkeit in mittlerer Lage zu notieren.
4. Die Unterlegung der Strophen soll der singenden Gemeinde entgegenkommen (Wender vermeiden / wenn möglich mehrere Strophen unter den Noten).
5. Die nicht unterlegten Strophen werden wie bisher fortlaufend mit Schrägstrichen zwischen den Verszeilen gedruckt.
6. Jedes Stück (auch Texte und Zweitmelodien) soll eine eigene Nummer erhalten, ebenso die Stücke des Andachtsteiles laut A. 5.
7. Der Aufbau des GBs ist etwa wie beim heutigen GB zu gestalten: zuerst Psalm- und evtl. weitere Bibellieder, dann funktional nach den Elementen des Gottesdienstes und der Verwendungsmöglichkeit. Innerhalb der Abteilungen ist historisch anzuordnen, jedoch flexibel, damit Wender, wenn immer möglich, vermieden werden können. Kanons, nicht-liedmäßige Gesänge und liturgische Texte sind nach den gleichen Einteilungskriterien über das ganze GB zu verteilen.
8. Zu den einzelnen Abteilungen können knappe einführende Texte gestellt werden (vgl. das römisch-katholische Kirchengesangbuch der Schweiz und das römisch-katholische Einheits-Gesangbuch «Gotteslob»).
9. Von Illustrationen wird abgesehen. Wenn aber jemand in eigener Regie eine illustrierte Ausgabe machen will, sollten u. E. die erforderlichen Rechte im Rahmen der üblichen Ansätze erteilt werden.
10. Gleichzeitig mit dem GB erscheinen Begleitungen, Intonationen und Transpositionen (für Orgel, Bläser und andere Instrumente). Mit der Schaffung dieser Ausgabe wird rechtzeitig eine Kommission betraut, für welche die Große Gesangbuchkommission auf Antrag der Kleinen Kommission die Arbeitsgrundsätze festlegt (nur ein oder evtl. auch mehrere Begleitsätze pro Melodie, Anzahl der Intonationen usw.).

Schritte im Entstehungsprozess

Gesangbucharbeit bedeutet eine Vielzahl von Auswahlentscheiden. Im Großen werden diese Entscheide durch ein Gesamtkonzept gesteuert, wie es in der Vorbereitungsphase erarbeitet worden war (s.o.). Im Einzelnen braucht es dazu Kriterien, welche die verschiedenen Aspekte eines Liedes, eines Gesangs in den Blick nehmen. Die Kleine Gesangbuchkommission hat zunächst solche Kriterien[126] formuliert. Sie lauten:

Text:
1. verständliche, korrekte Sprache
2. dichterische Sprache
3. dem biblischen Zeugnis entsprechend
4. allgemeingültige Grunderfahrung

Melodie:
5. innere Stimmigkeit
6. Singbarkeit
7. Wort-Ton-Verhältnis

Allgemeines:
8. Funktionswert
9. Gewicht im abendländischen Kulturraum
10. Tradition/Erprobungszeit

In einem ersten Arbeitsgang durchforstete die Kleine Kommission das bisherige Gesangbuch, um herauszufinden, auf welche Lieder verzichtet werden könnte. Es folgte die Sichtung des ökumenischen Repertoires, des Bestandes des «Vorentwurfs» zum neuen Evangelischen Gesangbuch, später auch weiterer Sammlungen und Repertoires. Ein eigener Arbeitsgang galt dem Psalmenteil, wo für jeden für das Gesangbuch wünschbaren und geeigneten Psalm die vorhandenen singbaren Fassungen geprüft wurden. Im Wechsel mit den Auswahlrunden waren auch Fassungen zu bereinigen. Vorab betraf dies die ökumenischen Fassungen; für die RG-eigenen Lieder wurden so weit wie möglich originale oder ihnen historisch möglichst nahe kommende Fassungen zum Vergleich herangezogen. Ebenso hatte die Kleine Kommission die Tonart festzulegen und über Einstimmigkeit beziehungsweise Mehrstimmigkeit im Gesangbuch zu entscheiden.

Die Große Kommission hätte gemäß Arbeitsplan eigentlich erst den fertigen Gesangbuchentwurf entgegennehmen sollen. Es zeig-

---

[126] Andreas Marti: Angewandte Kriterien – ein Blick in die Werkstatt der Kleinen Gesangbuchkommission. In: MGD 40. Jg. 1986, S. 161–164.

te sich aber, dass es keinen Sinn hatte, so lange zu warten. So beriet die Kommission jeweils über die wesentlichen Schritte in der Arbeit. Eine gewisse Schwäche des Arbeitsmodells lag darin, dass die Aufgabe der Großen Kommission nicht restlos klar definiert war. An sich sollte sie nur eine abschließende Beurteilung vornehmen, doch da diese immer auch an Einzelheiten hängt, ließen sich Detaildiskussionen nicht vermeiden – allerdings konnten die fachlichen Entscheidungsgrundlagen dann nicht immer mit der gleichen Gründlichkeit wie in der Kleinen Kommission einbezogen werden.

Neben den beiden Gesangbuchkommissionen waren verschiedene, teilweise nur kurzfristig aktive Subkommissionen an der Arbeit: Die Subkommission Notation (1988/89), die Subkommission Begleitkonzept (1989), die Subkommission für die sprachliche Redaktion (ab 1989) und die Kommission für das Begleitwerk (ab 1990). Über diese letzte Kommission konnten die Kirchenmusikerverbände (RKV) endlich besser in den Gesangbuch-Prozess einbezogen werden, wurde sie doch zwar vom Gesangbuchverein beauftragt, personell jedoch durch die RKV bestellt. Als allerdings die Große Kommission gegen den Antrag der Kleinen Kommission eine Reihe von mehrstimmigen Sätzen der Begleitwerkkommission durch solche aus dem alten Gesangbuch ersetzte, drohten die Spannungen aus der Anfangszeit wieder aufzuleben.[127]

Mit der Erarbeitung der im Konzept vorgesehenen Textstücke ohne Melodie wurde von 1990 an die Deutschschweizer Liturgiekommission beauftragt. Etwas heikel war auch hier, dass ihr im Grunde genommen zwar der Auftrag, aber nicht die sachlich dazugehörende Entscheidungskompetenz erteilt wurde, behielt sich doch die Große Kommission auch hier die Entscheidung vor, was eine durchaus mögliche Interpretation der offensichtlich zu wenig präzisen Grundlagenpapiere darstellte, der Stimmung aber nicht immer zuträglich war.

1995 konnte ein provisorischer Druck als Gesangbuchentwurf den Kirchen, Fachverbänden und weiteren interessierten Personenkreisen vorgelegt werden. Die Rückmeldungen dieser so genannten «Vernehmlassung» führten noch zu einigen Änderungen, deren wichtigste die Aufnahme von Dialektliedern und so genannt «jugendgemäßen» Liedern war.

---

[127] S. u. S. 193.

Ein Sonderproblem: Dialektlieder

Während des ganzen Entstehungsprozesses wurde die Frage der Dialektlieder immer wieder von Zeit zu Zeit diskutiert, jedesmal mit dem Ergebnis, wie es schon das Konzept formuliert: «Die Vielfalt der Schweizer Dialekte verhindert die Aufnahme von Dialektliedern.» Erst beim Rücklauf der «Vernehmlassung» wurde dies anders – nicht zuletzt in Folge regelrechter Druckversuche einzelner Kantonalkirchen. Unter großem Zeitdruck musste dann eine Auswahl getroffen werden, die allerdings weder im Umfang noch in der Zusammensetzung so recht zu befriedigen mag. Es folgt hier eine Darstellung des Problems, wie sie für eine Festschrift[128] entstanden ist, etwas gekürzt und überarbeitet.

Mundarten und Mundartwelle

Sprachregionen   Die Verschiedenheiten der schweizerischen Dialektgruppen in Lautstand, Morphologie, Syntax und Vokabular sind so groß, dass sie nicht nur als Färbungen einer einzigen Regionalsprache gelten können. Zumindest drei Hauptregionen mit eigenen Sprachstrukturen müssen unterschieden werden: Zürich und die Ostschweiz, Bern, Basel – innerhalb dieser Gruppen bestehen dann nochmals ganz erhebliche Differenzen, vor allem in Bezug auf die Lautung.

Mundartwelle   Seit längerer Zeit spricht man in der Schweiz von einer «Mundartwelle», die verschiedene Ursprünge hat. Eine nicht unerhebliche Rolle spielte die Abgrenzung gegenüber Deutschland zur Nazizeit mit Hilfe einer ihrerseits national-volkstümelnden «Sprachpflege», es folgte seit der Jahrhundertmitte vermehrt die Entdeckung der besonderen Möglichkeiten der Mundarten auch in der künstlerischen Verwendung. In einigen Sprachgebieten hat sich eine nicht unbedeutende lokale Literatur entwickelt, die längst nicht mehr nur volkstümliche Gebrauchsdichtung ist und verschiedene Gattungen vom Roman bis zur experimentellen Lyrik umfasst.

Jugendsprache   Sprachsoziologisch kam dazu die provokative Rückweisung schulbildungsvermittelter Sprachnormen durch Jugendliche (im letzten Fall meist auch verbunden mit geradezu abenteuerlichen phonetischen Orthografien!); natürlich hat sich inzwischen die Werbewirtschaft dieses besonderen und oft sonderbaren Sprachgebrauchs bemächtigt. Im Zeitalter des Internet mischt sich da nun auch noch das Englische ein.

---

[128] Festschrift für Gerhard Hahn zum 65. Geburtstag, erscheint 2001.

Nur eben erwähnt sei, dass diese Mundartwelle für den Zusammenhalt der Schweiz ein Problem darstellt, indem für die Französisch sprechenden Westschweizer (und auch für die italienischsprachigen Südschweizer) das «Schwytzertütsch» eine Barriere darstellt, mit der sich in ihren Augen die Deutschschweizer in einer engen provinziellen Welt abschotten.

Mundart im Gottesdienst

Im letzten Drittel des 20. Jahrhunderts hat die Mundartwelle auch den Gottesdienst erreicht. Zunächst wurden ab und zu Predigten in der Mundart gehalten, und zwar mit dem Anspruch, den hermeneutischen Vorgang der Vermittlung zwischen Bibeltext und Lebenswelt bis in die Sprache eben dieser Lebenswelt hinein fortzuführen und damit eine größere Hörernähe und persönliche Unmittelbarkeit zu erreichen. Dass dieser Anspruch in der tatsächlichen verwendeten Sprache häufig weder syntaktisch noch vokabularmäßig eingelöst wurde, steht allerdings auf einem anderen Blatt. Zu den Predigten traten bald Gebete (auch Versuche mit dem Vaterunser, die aber an der Erfordernis eines *textus receptus* für das gemeinsame Sprechen und wohl nicht zuletzt am Fehlen einer authentischen dialektalen Optativform scheiterten) und Bibelübersetzungen – zunächst individuell für den Einzelfall angefertigt, dann als Teilübersetzungen in einzelnen Dialekten gedruckt.[129] Für den Gemeindegesang blieb aber weitgehend das offizielle Kirchengesangbuch von 1952 maßgeblich, das ausschließlich hochdeutsche Stücke enthält, und auch in den seit den Siebzigerjahren zunehmend verwendeten ergänzenden Sammlungen und Einzelblättern waren Mundartlieder eher die Ausnahme. Sie hatten ihren Platz vorwiegend in der Katechese, dort vor allem in der Sonntagsschule; entsprechend fanden sie sich im Sonntagsschulliederbuch «Lobt und singt» und jetzt in seinem Nachfolger «Kolibri» (1995)[130].

Die Wertung der liturgischen Mundartwelle ist durchaus kontrovers. Dem Argument der Volkssprachlichkeit und Verständlichkeit wird entgegengehalten, dass ein gebietsfremder Dialekt unter Umständen fremder wirkt als das Hochdeutsche (es gibt Pfarrer, die

---

[129] Der guet Bricht us der Biblen uf Baselbieterdütsch, hg. von der Bibelgesellschaft Basel-Landschaft. Liestal 1981. – Ds Nöie Teschtamänt bärndütsch. Übersetzig Hans und Ruth Bietenhard. Bern 1984. – Der guet Bricht. S Lukasevangelium uf Baaselbieterdütsch. Uusegee vo der Bibelgsellschaft Baaselland. Basel 1998. – S Nöi Teschtamänt Züritüütsch, usem Griechische übersetzt vom Emil Weber. Zürich 1998.

[130] Kolibri. Mein Liederbuch. Berg am Irchel 1995.

mit dem Verfremdungseffekt ihres in diesem Fall exotischen Dialektes virtuos zu spielen vermögen!) und vor allem, dass dadurch die Öffentlichkeit des Gottesdienstes und die Offenheit der Gemeinde beeinträchtigt werden: Menschen, die aus einem anderen Sprachgebiet stammen als der kleinen Deutschschweiz – und das ist bei der heutigen Mobilität auch im Gottesdienst nicht allzu selten – sind von der vollen Teilnahme ausgeschlossen, besonders grotesk in einem Gottesdienst, wo zur biblisch wohl begründeten Offenheit gegenüber dem Fremden aufgerufen wird, oder – was auch vorgekommen ist – in einem von der Eurovision direkt übertragenen Christnachtgottesdienst in Berndeutsch.

Mundart im Reformierten Gesangbuch

Das spontane «Umsingen» eines Liedtextes von einer Mundart in eine andere ist in den meisten Fällen nicht möglich, weil Silbenzahl, Lautung und oft auch Syntax beim Dialektwechsel so verändert werden, dass weder Strophenschema noch Reim durchgehalten werden könnten. Damit unterscheidet sich die Situation bei Liedern grundlegend von derjenigen bei Prosa, welche eher einen Dialektwechsel erträgt.

Ein Beispiel für eine sehr häufige Silbendifferenz ist die unterschiedliche Behandlung des attributiven Possessivpronomens im Zürich- und im Berndeutschen. Wenn es in dem zürichdeutschen

181   Tauflied *Bi de Tauffi chömed miir* (RG 181) heißt, *Diini Liebi träit öis jaa*, so fehlt dem Berner, der diese Zeile in seiner Sprache singen will, eine Silbe: *Dy Liebi treit üs ja*. Dass allerdings der invariable Gebrauch des Possessivums mindestens im städtischen Berndeutschen allmählich dem deklinierten Platz macht und also auch *Dyni Liebi treit üs ja* nicht völlig ausgeschlossen, wenn auch eigentlich falsch ist, dürfte ein erster «Erfolg» der zürichorientierten Nivellierung der Dialekte sein.

Bei der Auswertung der «Vernehmlassung» beschloss die Gesangbuchkonferenz die Erweiterung des Gesangbuches um Dialektlieder und verlangte: «Verschiedene Dialekte sollen dabei berücksichtigt werden»[131] (die ursprüngliche Forderung einer angemessenen Berücksichtigung der verschiedenen Dialekte wurde realistischerweise – auf Antrag der Zürcher Delegation! – abgeschwächt). Begründet wurde der Beschluss damit, dass die Forderung nach Dialektliedern auf breiter Basis erhoben worden war. Es

---

[131] Protokoll der außerordentlichen Gesangbuchkonferenz vom 14. Juni 1996 in Zürich, S. 2.

ist dabei allerdings zu bedenken, dass im «Vernehmlassungsverfahren» keine expliziten Fragen zu einzelnen Punkten gestellt waren, also auch nicht zur Frage der Dialektlieder. Geäußert haben sich deshalb vor allem jene, die mit der Beschränkung auf das Hochdeutsche nicht einverstanden waren. Die Gegner einer Aufnahme von Mundartliedern hatten ja an dem Entwurf in dieser Hinsicht nichts auszusetzen und haben ihre Meinung nur ausnahmsweise kundgetan – dass diese Meinung aber ebenfalls in einer ansehnlichen Breite und zum Teil vehement vertreten wurde, haben viele Gespräche und Kontakte immer wieder gezeigt.

Die Umarbeitung des Gesangbuchentwurfs zum definitiven Gesangbuch fand unter erheblichem Zeitdruck statt. Um zu Dialektliedern zu kommen, musste man deshalb auf das zurückgreifen, was vorhanden war, konkret vor allem auf das Sonntagsschulliederbuch «Kolibri», dessen Herausgeber den Anspruch hören ließen, das Repertoire der bekannten und brauchbaren geistlichen Dialektlieder weitgehend abzudecken. Dem Resultat haftet damit eine gewisse Zufälligkeit an, und zudem waren Einseitigkeiten und Fragwürdigkeiten in verschiedener Hinsicht nicht zu vermeiden.

Zunächst die regionale Verteilung. Von den insgesamt 15 Dialektliedern sind zehn zürichdeutsche, vier berndeutsche (alle von derselben Textautorin) und eines, das ursprünglich baseldeutsch war und jetzt in einer aargauischen Fassung vorliegt, die dem Zürichdeutschen ziemlich nahe steht (einen eigentlichen Aargauer Dialekt gibt es allerdings nicht, der Kanton Aargau erstreckt sich über mehrere sehr unterschiedliche Dialektregionen). Von Ausgewogenheit also keine Spur, von Vertretung verschiedener Sprachregionen schon gar nicht, und die in weiten Teilen der Schweiz mit einem gewissen Unbehagen beobachtete wachsende Dominanz der Wirtschaftsmetropole Zürich bildete sich im Gesangbuch offenbar auch noch gleich ab: Tatsächlich wird in den seit den 1990er-Jahren in der französischen Schweiz angebotenen «Schwytzertütsch»-Kursen eine Art standardisiertes Zürichdeutsch gelehrt. Ob auf diese Weise dem Dialekt im Gesamten ein Dienst erwiesen wird, kann gefragt werden.

Regionen

Ein zweites Problem ist die sprachliche Qualität. Für eine große Anzahl weiterer andernorts vorhandener Lieder hat sie die Aufnahme ins Gesangbuch verhindert, aber auch im Gesangbuch steht nicht alles zum Besten. Zwei Beispiele seien kurz vorgestellt: Die zweite Strophe des bereits erwähnten zürichdeutschen Taufliedes (RG 181) lautet:

Qualität

181

Bi de Tauffi säged miir:
Ales isch es Gschänk vo diir.
Miir verfüeged über nüüt;
miir sind nu Verwalterslüüt.

Das ist weder falsch noch unverständlich und sagt zudem sachlich etwas sehr Richtiges und Wichtiges im Zusammenhang mit der Taufe eines Kindes. Nur: Hatte man nicht den Anspruch einer schlichteren, lebensnahen Sprache erhoben? «Über etwas verfügen» kommt in den Schweizer Dialekten umgangssprachlich nicht vor, allenfalls in der Verwaltungssprache als Übernahme aus dem Hochdeutschen. Dasselbe gilt für den Terminus technicus «Verwaltersleute». Diese Formulierung ist jedenfalls nicht aus dem Dialekt heraus empfunden, sondern ist zürichdeutsch umgelautetes, «zürifiziertes» Hochdeutsch.

Das zweite Beispiel ist schlimmer. Aus einem sehr populären Weihnachtsspiel des erfolgreichen Unterhaltungs- und Operettenkomponisten Paul Burkhard, der «Zäller Wiehnacht», haben sich zwei ebenfalls zürichdeutsche Lieder weit verbreitet, nämlich *Was isch das für e Nacht* (RG 422) und *Das isch de Stärn vo Betlehem* (RG 426). Im letztgenannten steht der Satz *Chömed, iir Lüüt, vo nah und färn.* Nun bedeutet aber *färn* sowohl im Zürich- wie auch im Berndeutschen und anderen Dialekten keineswegs das räumlich-geografische «fern», sondern ist ein Zeitadverb mit der Bedeutung «letztes Jahr». Auch hier hat der Autor lediglich das Hochdeutsche umgelautet, anstatt wirklich aus dem Dialekt heraus zu formulieren. Das Resultat ist nicht nur unschön, sondern auf der semantischen Ebene eindeutig falsch. Man mag dieser Feststellung Sprachpurismus vorwerfen; aber wie ernst darf man eine Kirche nehmen, die ihrerseits die Sprache nicht ernst nimmt? Zudem ist solch fehlerhafter Sprachgebrauch ein schlechter Dienst an der Dialektpflege, der es um das sprachliche Eigenprofil dieser Idiome gehen müsste.

Kinderlieder Und dann ist da noch ein schwer wiegendes Problem, an das beim «Nachbesserungsbeschluss» offensichtlich niemand gedacht hat: Alle Dialektlieder sind mehr oder weniger deutlich Kinderlieder, was historisch natürlich daher rührt, dass der Dialekt sich bislang praktisch nur im Kindergottesdienst auch bis ins Lied hinein ausgebreitet hatte. Damit entsteht nun aber im Gesangbuch eine verhängnisvolle Gleichung «Dialekt = Kinderlied». Dialekt wird liturgisch gewissermaßen zur Kindersprache; komplexere Strukturen und Aussagen, wie sie sonst für das Kirchenlied auch möglich wären, mutet man ihm nicht zu. Ein weiteres Mal erweist das

Reformierte Gesangbuch dem Dialekt einen schlechten Dienst, indem es ihn auf einen kleinen Bereich beschränkt und ihn damit eigentlich nicht für voll nimmt.

Dabei hätte es reizvoll sein können, die besonderen Chancen der Dialekte zu nutzen. Beispielsweise neigt das Berndeutsche zu knappen, bisweilen geradezu lapidaren Formulierungen – es braucht unter Umständen für denselben Text bis zu 20 % weniger Silben als das Hochdeutsche. Dies und die Tatsache, dass alle Schweizer Dialekte zur paratakrischen Satzordnung anstelle von Haupt-Nebensatzgefügen neigen, würde eine Übertragung beziehungsweise Umdichtung aus dem Hebräischen besonders nahe legen. Die von Calvin und seinen Psalmlieddichtern geforderte *veritas hebraica* käme so auch noch auf der formalen Ebene zum Tragen! Und auch die bekannten Schwierigkeiten bei Umdichtungen aus dem Englischen oder aus skandinavischen Sprachen[132], wo für deutsche Entsprechungen im Strophenschema immer zu wenig Platz vorhanden ist, könnten so ein Stück weit entschärft werden.

Hindernisse

Diesen Möglichkeiten stehen allerdings auch gewichtige Schwierigkeiten im Weg, und zwar auf formaler, lexikalischer und sprachsoziologischer Ebene. Formal macht im Vergleich zum Hochdeutschen das Fehlen des Genitivs einige Schwierigkeiten. Er wird mit der Präposition *vo* («von») umschrieben, und damit verbieten sich bequeme und gängige Fügungen wie «Gottes Liebe», «Jesu Geist» oder «Reich Gottes». Dann und wann könnte sich auch das Fehlen einer Optativform für Hauptsätze hinderlich auswirken: Eine berndeutsche Fassung für «Lob sei Gott im höchsten Thron» und andere Doxologien ist unmöglich, es sei denn, man nehme Umschreibungen zu Hilfe, die dann aber auch die Textgattung entscheidend verändern, indem sie beispielsweise anstelle der offenen doxologischen Aufforderung einen gerichteten Imperativ setzen müssten, vielleicht *Rüehmet Gott im höchschte Thron* oder ähnlich.

formal

Lexikalisch stellt sich das Problem, dass viele Wörter der biblischen oder kirchlichen Tradition nicht bis auf die Ebene des Dialektes «eingedeutscht» worden sind. Auch wenn beispielsweise «Herr» natürlich sowohl in Dialektliedern wie in Bibelübersetzungen verwendet wird, bildet dieses Wort in vielen Dialekten doch einen Fremdkörper mit dem Charakter eines religiösen Terminus

lexikalisch

---

[132] Jürgen Henkys: Gott loben mit einem Mund? Zur Nachdichtung fremdsprachlicher Kirchenlieder. In: JLH 37. Bd. 1998, S. 179–195, hier S. 186.

technicus. Das Berndeutsche kennt zwar das leicht antiquiert klingende «Heer» als Bezeichnung einer hoch gestellten Persönlichkeit (früher auch als Berufsbezeichnung für den Pfarrer), aber das kurz gelautete «Herr» gibt es nur als Anrede in Verbindung mit einem Namen – «Herr Meier», «Herr Müller». Als selbstständiges Nomen kommt es allein in Bibelübersetzung und Dialektliedern vor, was deren sprachlicher Authentizität sicher nicht dienlich sein kann.

Individualsprache Schließlich leiden Mundartlieder an einem sprachsoziologischen Grundwiderspruch: Die Mundart ist die persönliche, individuelle Sprachform par excellence – als solche wird sie propagiert und gepflegt. Das verträgt sich zum Vornherein schlecht mit dem kollektiven Sprachgebrauch, wie ihn das Kirchenlied im gemeinsamen Gesang nun einmal voraussetzt. Gemeinsamkeit verlangt Standardisierung; damit aber hätte die Mundart ihren Reiz und ihre besondere Leistungsfähigkeit eingebüßt, da ein nivellierter «Durchschnittsdialekt» schon innerhalb einer Region und erst recht über die Regionen hin dann eigentlich niemandes Sprache mehr ist und nicht mehr an «Lebensnähe» vermittelt als ein gutes Standarddeutsch.

Fazit: Eine verpasste Gelegenheit?

Gesangbuchkritik, namentlich solche an neu erschienenen Gesangbüchern, ist ein beliebtes Spiel in der Hymnologie, wenn auch meist kein besonders faires, da die Bedingungen, unter denen heute ein Gesangbuch überhaupt noch zu Stande kommen kann, das konsequente Durchhalten irgendwelcher Grundsätze schwer oder unmöglich machen. Wenn hier nun doch wieder Gesangbuchkritik geübt wird, so soll diese auch als Selbstkritik eines der Beteiligten gelesen werden: Wir hätten rechtzeitig erkennen müssen, dass sich der Grundsatz «keine Dialektlieder» kirchenpolitisch nicht würde durchhalten lassen, und dann hätten wir Zeit gehabt, aktiv und innovativ am Aufbau eines Repertoires zu arbeiten, anstatt nur auf Vorhandenes zu reagieren, das sich ja bei näherem Besehen quantitativ und qualitativ als erheblich dürftiger erwies als erwartet. Trotz (oder vielleicht gerade wegen) der beschriebenen Hindernisse wäre es reizvoll gewesen, wenn fähige Mundartautoren und -autorinnen hier sozusagen eine neue Gattung der Dialektliteratur eröffnet hätten: anspruchsvolle Liedtexte, neu gedichtet oder als Übertragungen, die aus der Struktur des Dialektes leben und seine Stärken ausspielen, statt nur die Transferschwierigkeiten aus dem Hochdeutschen spürbar werden zu lassen. Die Aufgabe bleibt gestellt. Ob sie lösbar ist, wird sich weisen müssen.

Liste der Dialektlieder

181 *Bi de Tauffi chömed miir*
(zürichdeutsch) Mica Romano 1972
319 *Jesus ladt öis ii*
(zürichdeutsch) nach Kurt Rommel 1972
336 *Fride wünsch ich diir*
(zürichdeutsch) mündlich überliefert
339 *Liebgott, du bisch da*
(berndeutsch) Gertrud Meister 1963
417 *Chumm, mir wönd em Heiland singe*
(baseldeutsch) Peter Rudolf Bernoulli 1953 / aargauische Fassung 1957
422 *Was isch das für e Nacht*
(zürichdeutsch) Paul Burkhard 1961 aus der «Zäller Wiehnacht»
424 *Uf em Fäld i de Nacht*
(zürichdeutsch) nach alten Quellen neu gefasst von Theo Schmid 1957
426 *Das isch de Stärn vo Betlehem*
(zürichdeutsch) Paul Burkhard 1961 aus der «Zäller Wiehnacht»
453 *Heiland mit der Dornechrone*
(berndeutsch) Gertrud Meister 1963
488 *Am Morge früeh am Oschtertag*
(berndeutsch) Gertrud Meister 1963
532 *Liebe Gott, mer wänd diir danke*
(zürichdeutsch) mündlich überliefert
536 *Gott hät di ganz wiit Wält*
(zürichdeutsch) Emil Weber 1998 nach dem Spiritual *He's got the whole world in his hand*
646 *Für Spiis und Trank*
aus Holland (zürichdeutsch; diese Angabe fehlt im RG)
665 *Gott, du bisch wie d' Sune*
(zürichdeutsch) Mica Romano 1975
863 *O Heiland, chumm doch gly*
(berndeutsch) Gertrud Meister 1963

«Jugendgemäße Lieder»

Wie schon erwähnt, wurde in der «Vernehmlassung» nach Vorliegen des Gesangbuchentwurfs 1995 mit Nachdruck das Bedürfnis nach «jugendgemäßen» Liedern angemeldet; dazu gingen auch

Vorschläge ein, die eine Reihe von eher an Popularmusik orientierten Stücken ins Gesangbuch brachten. Darunter finden sich beispielsweise altbekannte «Streitobjekte» wie *Danke für diesen guten Morgen* (RG 579) oder *Laudato si, o mi Signore* (RG 529), aber auch die inhaltlich und musikalisch anspruchsvolleren Janssens-Songs *Singt dem Herren, alle Völker und Rassen* (RG 250) und *Unser Leben sei ein Fest* (RG 663) oder – nach einer etwas weiteren Interpretation der Grundsätze zu fremdsprachigen Liedern – die Spirituals *We shall overcome* (RG 860) und *When Israel was in Egypt's land* (RG 864). Dahinter stand die Sorge um die Akzeptanz des Gesangbuchs in möglichst breiten Kreisen der Kirche, und wer sich an der unbestreitbaren Absenkung der Qualitätsmaßstäbe stößt, die damit stattgefunden hat, sollte bedenken, dass ein Gesangbuch nicht daran zu messen ist, ob darin Dinge stehen, die einem nicht so sehr gefallen, sondern daran, ob man in ihm das findet, was einem wichtig ist.

Es bleibt allerdings die Frage, ob Stücke, die ohnehin schon populär sind, durch die Aufnahme ins Gesangbuch für Jugendliche nicht eher an Attraktivität verlieren, und vor allem muss deutlich gesagt sein, dass die Möglichkeit, mit Jugendlichen zu singen, nicht nur oder vermutlich nicht einmal primär an der Auswahl der Lieder liegt. Dass diese Feststellung für jüngere Kinder zutrifft, ist unter Kinderchorleitern eine Binsenwahrheit; sie dürfte aber auch bei Jugendlichen noch einige Gültigkeit haben. Und all die Katecheten und Katechetinnen, alle die jugendorientierten Pfarrerinnen und Pfarrer sollten sich jetzt verpflichtet fühlen, das Gesangbuch zu brauchen oder mindestens auch zu brauchen, nachdem es in der Endphase in ihrem Sinn noch verändert worden ist. Anstelle einer theoretischen Abhandlung will ich versuchen, anhand eines Erlebnisberichtes und den daraus gezogenen Folgerungen zu erläutern, worauf es beim Singen mit Jugendlichen ankommen könnte.[133]

Exkurs: Singen mit Konfirmanden

22 Konfirmandinnen und Konfirmanden singen im Konfirmationsgottesdienst ein Taizé-Stück – vierstimmig, zuerst pianissimo, die Wiederholung allmählich lauter, beim dritten Mal zurück ins Pianissimo. Die Kirche ist voll besetzt mit etwa 400 Leuten, aber man

---

[133] Der Bericht wurde 1998 für die Zeitschrift «Neues Singen in der Kirche» verfasst, ist dort aber nicht mehr erschienen, da die Aufgabe der Zeitschrift nach dem Vorliegen des Gesangbuchs erfüllt war und sie deshalb ihr Erscheinen einstellte.

würde eine Stecknadel fallen hören. Es ist, wie wenn sich die Erinnerungen an drei Unterrichtsjahre in diesen paar Augenblicken bündeln würden.

«Mit Konfirmanden singen? Vergiss es! Oder höchstens *Oh happy day* mit einer anständigen Verstärkeranlage und Bandbegleitung.» – «Singen ist bei den Jungen mega-out, jedenfalls, wenn der Pfarrer vorschlägt, was gesungen werden soll, gar noch aus dem Gesangbuch!» Diesen resignierten Sätzen habe ich einige Erfahrungen entgegenzusetzen, die ich vor einiger Zeit gemacht habe. Mag sein, dass ich es zu gut getroffen habe und darum zu optimistisch bin; einiges habe ich aber auch schon in weniger günstigen Konstellationen bestätigen können. Ich habe im Herbst 1997 ein Konfirmandenlager der Gemeinde, in der ich als Organist und Kirchenchorleiter arbeite, leiten helfen. Fünf Tage waren wir, das heißt acht Leiter und Leiterinnen und 22 Konfirmandinnen und Konfirmanden, im Burgund unterwegs, unter Einbezug von vier Gottesdiensten in Taizé.

Der verantwortliche Pfarrer wendet viel Energie für den Konfirmandenunterricht auf. Dabei hat er eine Linie gefunden, die er konsequent durchhält und die bei Konfirmanden und Eltern Anerkennung findet. Mit von der Partie im Lager war auch der Leiter des von der Kirchgemeinde getragen Jugendchores. Der Pfarrer beginnt jede Unterrichtsstunde des Konfirmandenjahres im Chor der Kirche mit einer Viertelstunde Singen: ein Kanon, ein kurzes liturgisches Stück, ein Taizé-Gesang, manchmal auch ganze Lieder. Auch in seinen Lagern und Wochenenden singt er regelmäßig und viel mit den Konfirmanden. Diesmal nahm mit Blick auf die Zusammensetzung des Leiterteams natürlich das Singen noch mehr Raum ein als gewohnt.

Entscheidend für das Singen waren folgende Faktoren, die mir ohne weiteres verallgemeinerbar erscheinen:
1. die psychologische und gruppendynamische Situation,
2. die physische Erfahrung des Singens,
3. das «Sound»-Erlebnis.

Weniger entscheidend ist das Repertoire. Es reichte in unserem Fall von Spirituals und Taizé-Sätzen über konventionelle Kanons bis zur Gregorianik. Sehen wir uns die Faktoren der Reihe nach an:

Psychologie und Gruppendynamik

Wer singt, äußert sich, geht nach außen, stellt sich dar, gibt etwas aus sich heraus, gibt es (oder sogar sich) preis, liefert sich denen aus, die zuhören (oder zuhörend mitsingen). Das kann durchaus ein angstbesetzter Vorgang sein, gerade für junge Menschen, die ihre Persönlichkeit erst noch suchen und bilden. Singen ist nur möglich in einem Klima von Vertrauen, von angstfreiem Umgang miteinander, wo man sich dem andern öffenen kann, ohne Ablehnung befürchten zu müssen. Dieses Klima zu schaffen, ist eine Aufgabe, die dem Singen vorausliegt, auch wenn das Singen selbst wiederum positiv darauf zurückwirkt.

Da unser Pfarrer auf dieser Ebene bewusst und intensiv, aber auch umsichtig und wohldosiert arbeitet, war für uns Singleiter der Boden gut vorbereitet. Um die Grenzen noch etwas zu erweitern, hat der Jugendchorleiter am ersten Abend eine «Orchesterdirigierübung» inszeniert: Die ganze Gruppe singt beliebige Töne oder erzeugt Geräusche, und zwar gemäß Handzeichen hohe oder tiefe, laute oder leise, gleichmäßige oder rhythmische, gruppenweise oder alle zusammen. Der Reihe nach übernehmen einige Konfirmanden die Dirigentenrolle – Verlegenheit und Gekicher sind zuerst groß, doch wenn das Eis einmal gebrochen ist, kommt Stimmung auf.

Natürlich ist ein Lager oder ein Wochenende als ein kleines Stück Lebensgemeinschaft zwischen Konfirmanden und Leitenden ein besonders günstiger Rahmen, doch ist auch im normalen Unterrichtsverlauf vieles möglich. Wichtig ist hier die Kontinuität des Singens überhaupt, günstig wäre auch eine kontinuierliche Mitarbeit des musikalischen «Fachpersonals» (das wäre dann allerdings auch eine Frage der Anstellungsbedingungen).

Körper

«Instrument» des Singens ist der eigene Körper. In einer Lebensphase, in der die Körperlichkeit besonders intensiv erfahren wird, spielt darum das Singen eine besonders große Rolle – im Negativen wie im Positiven. Die Unsicherheit gegenüber der eigenen Körperlichkeit kann das Singen blockieren; wenn Körpererfahrung unbefangen und positiv erlebt wird, dann kann Singen als lustvolle physische Selbsterfahrung (und ein Stück weit auch Selbstinszenierung) funktionieren. Durch geeignete Übungen spielerisch die Verbindung zwischen Körpererfahrung und Stimme herzustellen, gehört darum zu den elementaren Voraussetzungen. Bewegung, Haltung, Atem und Klang müssen als Einheit erlebt werden. Die beiden Faktoren «Gruppe» und «Körper» lassen sich dabei auch verbinden. Gut angekommen ist bei uns die Übung, bei der man im Kreis steht, die rechte Hand dem Nachbarn ins Kreuz legt und jeder sich dann gegen diese Hand lehnt. Auf Zuruf wird die aufgebaute Spannung gelöst, was ein automatisches Einatmen durch Entspannung erzeugt.

Überrascht hat mich übrigens die Beobachtung, dass es den Knaben leichter gefallen ist, zu ihrer Singstimme ein angemessenes Verhältnis zu finden, als den Mädchen, dies völlig entgegen der verbreiteten Meinung. Vielleicht liegt das daran, dass ihr Stimmwechsel so manifest ist, dass er eine neue Verhältnisbeziehung erzwingt, während die weibliche Stimmmutation viel weniger deutlich verläuft und so eher im Unbestimmten, Unsicheren stecken bleiben kann.

Klang

Es ist leichter, stimmlich aus sich herauszugehen, wenn man «draußen» sozusagen empfangen wird, wenn die Stimme nicht allein bleibt, sondern sich in einen Klang einfügen kann. Untersuchungen haben gezeigt, dass Jugendliche durchaus singen, meist aber im Zimmer hinter verschlossener Tür zur laufenden Stereoanlage, deren «Sound» die Stimme auffängt. Wir Organisten kennen zudem das Phänomen, dass es häufig bei der Begleitung des Gemeindegesanges eine kritische Lautstärke braucht, damit die Gemeinde kräftig zu singen wagt. Der am häufigsten begangene Weg, den Stimmen der Konfimanden eine Klangumgebung bereitzustellen, besteht natürlich im Einsatz einer Band; Klavier oder Gitarrenbegleitung sind andere Möglichkeiten. Es geht aber auch anders, einfacher und vielleicht effektvoller. Das Elementarste ist die Umgebungsakustik: Unser Pfarrer weiß sehr wohl, weshalb er seine Singviertelstunde zu Beginn jeder Unterrichtsstunde nicht im trockenen Zimmer, sondern in der halligen Akustik der Kirche durchführt.

Neben der Akustik nenne ich die Stichworte «Mehrstimmigkeit» und «Heterophonie». Mehrstimmig gesungen haben wir im Konfirmandenlager beispielsweise einfache Spirituals wie *I feel good* oder *I will sing when the spirit says: sing,* und zwar ohne Noten. Der Jugendchorleiter sang abschnittsweise alle Stimmen vor, und wir setzten das Stück allmählich nach Gehör zusammen. Jeder Schritt erweiterte den «Sound» und schuf ein kleines Erfolgserlebnis, mit dem Resultat, dass die Konfirmanden unterwegs in den Kleinbussen von sich aus die Stücke immer wieder sangen. Mehrstimmigkeit übten wir auch an einem Taizé-Gesang, den wir in unseren kurzen Morgenfeiern einsetzten. «Üben» ist hier weniger im Sinn von Einüben oder Lernen und mehr als ein «Ausüben» zu verstehen. Jeder

Durchgang von der Einstimmigkeit bis zum vollen Satz, wachsend im Lauf der Tage, ergibt wieder eine gültige Gestalt, einen sich ausweitenden Klang.

Die besondere Art von Mehrstimmigkeit, wie sie der Kanon darstellt, entwickelten wir am Abendkanon *Bon soir, bon soir*. Die vier Teile behandelten wir zunächst isoliert voneinander und ließen einzelne Gruppen immer denselben Abschnitt singen, beginnend mit den leichten Rahmenteilen. Nächster Schritt war der Tausch von Abschnitten nach einigen Wiederholungen, und erst am Schluss folgte das reguläre Durchsingen. Auch hier wieder war jede Stufe für sich gültig und erzeugte einen eigenen Klangraum, in den sich die Singenden hineingeben konnten.

Interessante Möglichkeiten bietet die Heterophonie, die Anreicherung des Klanges durch einfache Zusatzstimmen, Liegetöne, Bordunklänge oder Collagen. Auch hierzu zwei Beispiele.

556 In den Morgenfeiern verwendeten wir jeweils den Hymnus *Schon zieht herauf des Tages Licht* (RG 556) und begannen damit im «Lining-out»-Verfahren: Ich sang jede Zeile allein, dann wiederholten sie alle gemeinsam (dafür eignet sich die Hymnusform mit ihren klar abgegrenzten Zeilen und den kurzen Strophen besonders gut). Der erste Durchgang wurde «recto tono» gesungen, das heißt alles auf demselben Ton rezitierend, was zugleich den Zugang zum Singen im Sprachrhythmus erleichtert. Beim zweiten Durchgang kamen an den Zeilenenden kleine Kadenzwendungen hinzu, und dann war es zur Hymnusmelodie mit ihrem besonderen musikalischen Charakter nur noch ein kleiner Schritt. In der nächsten Stufe kehrte eine kleine Gruppe zum «rectus tonus» auf dem Grundton zurück, eine andere fügte die Quinte zum Bordunklang hinzu; letzte Stufe war zusätzlich die Parallelführung der Melodie in der Quarte beziehungsweise Quinte – im Ganzen also ein kontinuierlicher Klangaufbau vom stilisierten Sprechen bis zum komplexen Klang.

Das zweite Heterophonie-Beispiel ist wiederum mit dem Stichwort «Akustik» zu verbinden, da wir es in den romanischen Kirchen von Brancion und Chapaize entwickelten und dann in der schönen Akustik unserer alten Könizer Kirche St. Peter und Paul wiederholten. Kernstück dieses Experiments war das (spät-)gregorianische Kyrie aus der «Missa de angelis» (KG 164), das wir in kleinen Abschnitten durch Vorsingen und Nachsingen lernten, zunächst einfach als eine Art Akustiktest. Weil alle Zeilen gleich enden, konnten wir in einem ersten Stadium mit einer Vorsänger-Alle-Struktur rasch eine musikalisch gültige Gestalt erreichen, die dann stufenweise erweitert wurde

– entsprechend dem schon mehrfach genannten Prinzip. Auch hier kamen Bordunquinten dazu, zusätzlich aber noch ein berndeutscher Rap, ein rasch und rhythmisch gesprochener Text, den einige Konfirmanden auf der Fahrt verfasst hatten – das Ganze vor den Ohren verwunderter Touristen in der einzigartigen Akustik von Chapaize. Der besondere «Sound» hat seine Wirkung nicht verfehlt. Im Konfirmationsgottesdienst bestand der Rap dann aus einem französischen Auferstehungstext, den ein Konfirmand von der Kanzel aus in den gregorianischen Gesang hineinsprach.

Es wäre noch mehr zu berichten: von anderen Stücken im Lager und im Konfirmationsgottesdienst, von dem Bonhoeffer-Gottesdienst, in dem die Konfirmandenklasse die Rolle des Chores übernahm (auch mit Kirchenlied-Melodien traditionellen Zuschnitts, zum Beispiel *Von guten Mächten* mit der Abel-Melodie, RG 353), von der Entdeckerfreude, die die jungen Leute mit uns Leitern bei unseren musikalischen Experimenten geteilt haben. Ich schließe den Bericht aber ab mit der optimistischen Bilanz eines Konfirmandenjahres, in dem das Umfeld «gestimmt» hat und das gezeigt hat, was an Musik mit Jungen möglich ist, wenn man es ihnen und sich selber zutraut. Das Lamento über das angeblich falsche oder nicht vorhandene Repertoire habe ich darüber völlig vergessen ...

353

Mehrstimmige Sätze

Eine Deutschschweizer Spezialität

Mehrstimmiger Gemeindegesang begegnet außer in der Deutschschweiz auch im freikirchlichen und im angelsächsischen Bereich. Einzelne mehrstimmige Sätze finden sich jetzt auch im neuen «Evangelischen Gesangbuch». Mehrstimmigkeit ist jedoch historisch gesehen zuerst einmal eine Schweizer Spezialität, und zwar setzt sie mit der Aufnahme der vierstimmigen Sätze von Claude Goudimel in die Schweizer Psalmenbücher seit dem 17. Jahrhundert ein. Zwar hatte bereits 1573 Ambrosius Lobwasser für die Ausgabe seiner deutschen Nachdichtung des Genfer Psalters[134] Goudimels Sätze verwendet, doch gibt es nachher in Deutschland nur noch ganz vereinzelt mehrstimmige Psalter. Dagegen beginnen in der Schweiz vollständige vierstimmige Psalterausgaben mit dem Zürcher Psalter von 1636.[135]

C. Goudimel

---

[134] DKL 1573.03.
[135] DKL 1636.12, nicht mehr nachweisbar. Vgl. Edwin Nievergelt: Die Tonsätze der deutschschweizerischen reformierten Gesangbücher im 17. Jahrhundert. Zürich 1944, S. 23 f.

Wie die Einführung des Gesangs überhaupt, so ist wohl die Erreichung des vierstimmigen Gemeindegesangs erst recht ein sehr langsamer und mühsamer Prozess gewesen, der zudem mit Sicherheit nicht überall je zu einem befriedigenden Abschluss führte. Nur durch den Einbezug von Chören, «Singkollegien» oder «Collegia musica» ließ sich die Mehrstimmigkeit erreichen, verschiedentlich (besonders im Kanton Bern und in der bis 1798 zu Bern gehörenden Waadt) auch durch den Beizug von Bläsergruppen, vom 18. und 19. Jahrhundert an auch der Orgel. Mit der Zeit scheint sich an einigen Orten dann doch eine feste Tradition gebildet zu haben.[136]

Bekannt ist der Bericht, den der Komponist Johann Friedrich Reichhardt von einer Schweizer Reise seinem Freund Johann Wolfgang Goethe schrieb: «Nie hat mich etwas mehr bewegt als hier in Zürich der vierstimmige Kirchengesang. Die ganze Gemeinde singt die bei den Reformierten gewöhnlichen Psalmenmelodien vierstimmig nach Noten. Mädchen und Knaben singen den Diskant. Erwachsene den Alt und die älteren und alten Männer den Tenor oder Bass. Wer nun unseren deutschen Kirchengesang kennt, wird sich kaum eine Vorstellung von der Würde und Kraft eines solchen vierstimmigen, von vielen hundert Menschen jeden Alters eingestimmten Kirchengesanges machen können. Ich war wirklich in einem ganz neuen Zustande, mir war das Herz so voll und doch die Brust so enge, mir war so wohl und ich weinte die hellen Tränen.»[137]

Einstimmig oder mehrstimmig?

Schon bei den Vorarbeiten zum Gesangbuch war klar, dass die Tradition der Mehrstimmigkeit im Reformierten Gesangbuch weitergetragen werden sollte, trotz der wohl unleugbaren Tatsache, dass wirklich vierstimmig singende Gottesdienstgemeinden eine seltene Ausnahme sein dürften. Aber immerhin sollte die Möglichkeit nicht verbaut werden, und zudem gibt es nicht wenige Situationen, wo ein mehrstimmiger Satz im Gesangbuch sehr hilfreich ist – für Chöre und andere singfähige Gruppen etwa.

---

[136] Dass Frauen, Männer, Mädchen und Knaben in der Kirche getrennt saßen, ist sicher nicht durch den vierstimmigen Gesang bedingt, bildete für diesen aber eine günstige Voraussetzung. Vgl. Jakob Pieren: Die Kirchenposuner im alten Adelboden. Thun 1995, S. 22.
[137] Johann Friedrich Reichhardt: Briefe eines aufmerksamen Reisenden die Musik betreffend, Bd. 2. Frankfurt und Breslau 1776, zit. nach: Hans Scholl: Aimez-vous Goudimel? In: MGD 55. Jg. 2001, S. 138–153.

Der Entscheid, welche Melodien einstimmig, welche vierstimmig wiedergegeben werden sollten, war in dem von der Gesangbuchkonferenz beschlossenen Arbeitsmodell der Kleinen Gesangbuchkommission übertragen. Diese orientierte sich einerseits an historisch-typologischen, andererseits an praktischen Kriterien. Je nach der Zugehörigkeit einer Melodie zu einem bestimmten historischen Stilkreis und Gattungstyp legt sich die Mehrstimmigkeit nämlich mehr oder weniger nahe (eine Unterscheidung, die ältere Gesangbücher nicht, das 1952er-Gesangbuch nur ansatzweise vorgenommen haben). Melodien aus der «Kantionalsatz-Epoche» um 1600 rechnen grundsätzlich mit einem vierstimmigen Satz, barocke Generalbass-Melodien sind ohne ihre harmonische Stütze (die allerdings primär in der Begleitung auf einem Akkordinstrument bestehen würde) nur eine halbe Sache, und wo ein Generalbass vorhanden ist, der zusammen mit der Melodie entstanden ist (zum Beispiel bei *Wer nur den lieben Gott lässt walten*, RG 681), bilden Melodie und Bass eine musikalische Einheit, die nicht ohne sehr triftige Gründe aufgelöst werden darf. Weiter leben klassizistische und romantische Melodien des 18. und 19. Jahrhunderts zu einem guten Teil von der Harmonik und können für sich allein häufig nicht bestehen. Solche wesentlich mehrstimmig oder doch harmonisch konzipierte Melodien sollen dies schon im Gesangbuch und nicht erst in einem Begleitbuch deutlich werden lassen.

Kriterien

harmonisch konzipierte Melodien

681

Andererseits sind Melodien, die von der Gregorianik beeinflusst sind – aus dem Mittelalter, aus der Reformationszeit, aber auch aus dem 20. Jahrhundert –, ohne Begleitung musikalisch bereits vollständig. Eine Begleitung ist natürlich möglich, doch wird sie sich der Melodie nur zugesellen, sich nicht mit ihr verbinden. Ähnliches gilt für Melodien der Reformationszeit, die aus dem Bereich des «Meistersangs» stammen oder für mittelalterliche Cantio-Melodien.

einstimmig konzipierte Melodien

Einen Spezialfall in dieser Hinsicht stellt der Genfer Psalter dar. Seine Melodien orientieren sich zwar am Typus der mehrstimmigen humanistischen Oden-Vertonung und begegnen für den Schul- und Hausgebrauch ja auch fast von Anfang an in mehrstimmigen Sätzen. Andererseits sind sie aber im Genfer Gottesdienst einstimmig und unbegleitet gesungen worden, und es lässt sich zeigen, dass sie mit dieser Situation insofern rechnen, als sie in der Differenziertheit ihrer melodischen Struktur durchaus in sich selbst bestehen können.

Gerade hier, aber auch in anderen Fällen, waren daher auch praktische Überlegungen einzubeziehen. Voraussetzung für die mehrstimmige Wiedergabe ist außer der musikalischen Eignung nämlich

Singpraxis

eine gewisse Bekanntheit oder aber eine eher leichte Singbarkeit der Melodie; sonst hätte man riskiert, sehr viel Platz mit wenig Effekt zu verbrauchen. Es ist ja auch zu bedenken, dass bei einem mehrstimmigen Satz nur eine einzige Strophe zu unterlegen ist. Wo es sich empfahl, mehrere Strophen zu unterlegen, war dies auch ein Argument gegen Mehrstimmigkeit. Weiter war zu bedenken, dass wegen der Lage der unteren Stimmen ein mehrstimmig gesetztes Lied tendenziell in höherer Tonlage notiert werden muss; dies wiederum kollidierte mit dem verbreitet geäußerten Wunsch nach generell tieferer Notierung als im alten Gesangbuch.

Vertrautheit contra Profil

Die mehrstimmigen Sätze im Gesangbuch von 1952 sind besser als ihr Ruf – das war die Feststellung, die die Subkommission für das Begleitkonzept machte. Daraus schloss man, dass eine größere Zahl von Sätzen unverändert übernommen werden könnte. Andererseits wurde auch festgestellt, dass man darauf achten sollte, nicht Sätze zu verwenden, die sozusagen geschichts- und stilneutral einen «Passepartout»-Stil über die Melodien verschiedener Epochen legen würde.

Änderungsgründe Die Begleitkommission stellte dann im Lauf der Arbeit bald einmal fest, dass die Originalsätze aus der Entstehungszeit der Melodien den 1952er-Sätzen an Farbigkeit, Charakter und stilistischem Profil in stärkerem Maße überlegen waren, als man vermutet hatte. Zudem waren viele Melodien in der Fassung leicht verändert, was für den Satz natürlich sofort tief greifende Folgen hat: Oft genügt die Veränderung eines einzigen Tons, dass wie in einer Art Domino-Effekt ein ganzer Melodieabschnitt völlig anders harmonisiert werden muss. So schlug man zwar einige der bisherigen Sätze zur Weiterverwendung vor, in den meisten Fällen griff man aber auf originale Sätze zurück (die natürlich dann ebenfalls noch im Blick auf die Melodiefassungen angepasst werden mussten).

Das hatte die positive Folge, dass der stilistische Einheitsbrei in der Gesangbuchharmonik aufgelöst war, brachte aber das Problem, dass der Schwierigkeitsgrad vor allem zum Spielen auf der Orgel tendenziell etwas anstieg. Auch wurde keine Rücksicht darauf genommen, ob die Sätze mit beiden Händen ohne Einsatz des Orgelpedals zu greifen waren – schließlich war ja schon im Begleitkonzept ein besonderes Begleitbuch für das Manualiter-Spiel beschlossen worden. Auch zum Singen stieg der Schwierigkeitsgrad (vor allem aus harmonischen Gründen) leicht an, obwohl die Stimmführung im Gesamten sanglicher gehalten wurde als im alten Gesangbuch.

Und vor allem zeigte sich nun, dass zwei Prinzipien aus dem Konzept in Konkurrenz gerieten, nämlich einerseits die Orientierung am alten Gesangbuch, andererseits jene an stilistisch und historisch adäquaten Sätzen. An diesem Punkt entzündete sich in der letzten Phase der Gesangbucharbeit ein Konflikt, indem die Große Gesangbuchkommission gegen den Antrag der von den Reformierten Kirchenmusikerverbänden benannten Begleitwerkkommission, gegen das Votum der Kleinen Gesangbuchkommission und gegen eine externe Expertise 22 Sätze (zu total 56 Liedern) des Gesangbuchentwurfs durch solche aus dem alten Gesangbuch ersetzte. Musikalischen Argumenten wurde dabei weniger Gewicht zugemessen als dem Bedürfnis nach «Vertrautheit». Diese Rückveränderung betrifft die folgenden Sätze (in Klammern die Nummern jener Lieder, die ebenfalls auf die Melodie gesungen werden):

75 *Nun saget Dank und lobt den Herren* (22, 41, 55)   zurück zum
98 *Du meine Seele, singe*   alten Satz
156 *Herr Jesu Christ, dich zu uns wend* (211, 293)
235 *Nun danket all und bringet Ehr* (15, 723)
243 *Dir, dir, Jehova, will ich singen* (797)
291 *Gott, deine Güte reicht so weit* (277, 551, 729)
317 *Schmücke dich, o liebe Seele*
363 *Macht hoch die Tür, die Tor macht weit*
367 *Wie soll ich dich empfangen* (188, 656, 775)
369 *Gott sei Dank durch alle Welt* (181, 257, 530)
395 *Lobt Gott, ihr Christen alle gleich*
445 *O Haupt voll Blut und Wunden* (753)
478 *Jesus, meine Zuversicht* (482, 660, 733)
506 *O Heiliger Geist, o heiliger Gott* (480, 507)
599 *Der Mond ist aufgegangen*
659 *Jesu, meine Freude* (661)
672 *Mein schönste Zier und Kleinod bist* (613, 802)
680 *Befiehl du deine Wege*
728 *O dass ich tausend Zungen hätte* (177, 741)
774 *Christus, der ist mein Leben* (178, 342)
793 *Herz und Herz vereint zusammen* (513, 543, 693)
820 *Wir schauen aus nach Frieden* (827)

Für die Gemeinde sind die stilistisch profilierteren Sätze[138] des Entwurfs damit verloren; verwendbar wären sie aber nach wie vor, zum

---

[138] Zu satztechnischen und stilistischen Einzelheiten vgl. Hans Eugen Frischknecht: Die Rosinen aus den Kantionalsätzen herausgenommen. In: MGD 55. Jg. 2001, S. 52–56.

Beispiel beim wechselweisen Singen von Chor und Gemeinde – wer sich einen Gesangbuchentwurf aufbewahrt hat, dem stehen sie ja noch zur Verfügung.

andere Übernahmen aus dem RKG

Bei einigen Sätzen hatte bereits die Begleitwerkkommission die Übernahme des Satzes aus dem alten Gesangbuch (zum Teil mit ganz geringfügigen Retouchen) vorgeschlagen, nämlich für die folgenden Melodien:

12 *Die Himmel rühmen des Ewigen Ehre*
27 *O Höchster, deine Gütigkeit*
56 *König ist der Herr*
199 *Herr, erbarm dich unser*
242 *Lobe den Herren, den mächtigen König der Ehren* (404)

Dazu kämen im Grunde genommen auch noch die recht zahlreichen Sätze zu Genfer Melodien, die (wie 27 und 56) im alten Gesangbuch ebenfalls mit der Harmonisierung von Goudimel gestanden hatten, bei denen aber die Mittelstimmenführung optimiert wurde – bekanntlich lag ja bei Goudimel die Melodie fast immer im Tenor, so dass für die Übernahme ins Gesangbuch ein Stimmtausch nötig ist, der im Blick auf die Mittelstimmen auf verschiedene Arten zu bewerkstelligen ist.

Und um die Liste der 1952er-Sätze vollständig zu machen, sind noch die drei Melodien zu erwähnen, für die erst in der letzten Phase von der Großen Gesangbuchkommission die Mehrstimmigkeit beschlossen wurde, und zwar gleich zusammen mit dem alten Satz (gegebenenfalls wieder mit minimalen Retouchen):

32 *Ein feste Burg ist unser Gott* (im Entwurf hatte die originale, rhythmisch für die Gemeinde doch wohl zu vertrackte Fassung gestanden)
444 *Jesu, meines Lebens Leben* (dieses Lied wurde nachträglich noch aufgenommen)
795 *Sonne der Gerechtigkeit* (die Kleine Kommission hatte aus stilistischen Gründen Einstimmigkeit beschlossen)

Bibeltexte

Der Abdruck einer größeren Anzahl biblischer Texte ist eine Besonderheit des Reformierten Gesangbuches – etwas Ähnliches hat es nach unserer Beobachtung in der Gesangbuchgeschichte noch nicht gegeben.

Mit der Bereitstellung der nicht singbaren Texte betraute die Gesangbuchkonferenz im Jahre 1989 die Deutschschweizer Liturgiekommission, die gerade die Arbeit am Band IV, «Taufe», des Liturgiewerks abgeschlossen hatte und deshalb eine Gesangbuchphase einschieben konnte. Im Arbeitsauftrag wurden Bibeltexte zwar nur als «Bibelsprüche» für den seelsorgerlichen Gebrauch genannt, doch war die Aufzählung der Textgattungen ausdrücklich als nicht abschließend bezeichnet, so dass die Liturgiekommission sich Gedanken über mögliche Funktionen biblischer Texte im Gesangbuch machen konnte.

Es zeigten sich Bedenken gegenüber einer Aufsplitterung der Bibel in Einzelsätze, die ohne ihren Kontext als isolierte Bruchstücke erscheinen müssen. Dazu galt es, die heutige Situation zu berücksichtigen, in welcher eine Kenntnis auch der grundlegenden biblischen Geschichten nicht mehr vorausgesetzt werden kann.   *Bibeltexte im Kontext*

Gegenüber einer auf Einzelaussagen fixierten Bibelverwendung sollte die narrative Grundstruktur weiter Teile der Bibel wieder deutlicher gemacht werden. Damit verlagerte sich das Gewicht auf «Modellgeschichten, welche das Grundbefinden des Glaubens sichtbar»[139] machen und zugleich eine Art Bibelleseschule darstellen, indem diese Modellgeschichten dann durch ihre leichte Zugänglichkeit im Gesangbuch den Einstieg in die Bibel selbst erleichtern. Dabei blieb nicht ausgeschlossen, dass wichtige «Lehrtexte» neben den erzählenden Partien aufgenommen werden konnten. Diese biblische Bezogenheit steht gerade einem reformierten Gesangbuch wohl an, gehört doch die starke Betonung des biblischen Grundes traditionellerweise zum reformierten Denken und Glauben.   *narrative Texte*

Ursprünglich war vorgesehen, jedes Teilkapitel des Gesangbuchs mit einem kleinen einleitenden Text zu beginnen, so wie es am Ende dann für die sechs Hauptkapitel der Fall war. Im Lauf der Arbeit an der Bibeltextauswahl kam dann aber die Idee auf, diese Texte anstelle von frei formulierten Einleitungen zu verwenden. Dies dokumentiert die biblische Fundierung des Glaubens in seinen einzelnen Aspekten, hält aber gleichzeitig die Interpretation offen, da bereits die Offenheit narrativer Texte und auch das Nebeneinander verschiedener Texte eine vorschnelle dogmatische Festlegung verhindert. Das sollte ermöglichen, dass die Bibel nicht als gesetzliche Spruchsammlung, sondern als Gesprächspartner wahrgenommen werden kann.   *Bibeltexte als Rubriken-Einleitung*

---

[139] Protokoll der Liturgiekommission vom 27. April 1992, S. 2052.

Dieser Offenheit entsprach auch das Vorgehen. Es wurde nämlich nicht zu jeder Gesangbuchrubrik die Suche nach Texten unternommen, sondern zunächst ging eine Arbeitsgruppe die Bibel durch und suchte Texte heraus, welche der generellen Zielsetzung entsprachen. Anschließend wurden diese Texte auf die Rubriken verteilt, und überraschenderweise war bereits nach dem ersten Durchgang dieser Verteilung schon fast alles aufgegangen, und nur noch kleinere Ergänzungen und Umstellungen waren nötig.

Bei den ersten Rückmeldungen schon auf den Gesangbuchentwurf und dann auch nach der Einführung des Gesangbuches wurde deutlich, dass mit der Bibeltextauswahl eine Besonderheit geschaffen wurde, die von den Benützerinnen und Benützern wahrgenommen, geschätzt und angewendet wird.

Ökumene

Liedökumene im deutschsprachigen Raum

Epochenkennzeichen Es gehört zu den erfreulichen Eigenheiten der jüngeren Kirchenlied- und Gesangbuchgeschichte, dass hier wie sonst auf kaum einem anderen Gebiet die Konfessionsgrenzen durchlässig geworden sind, sich teilweise gar bis zur Bedeutungslosigkeit abbauen ließen. Obschon bereits 1819 Ernst Moritz Arndt im Zusammenhang mit den nationalen Aufbruch in Deutschland ein überkonfessionelles Gesangbuch gefordert hatte,[140] ist es erst das späte 20. Jahrhundert, das zwar noch nicht dieses Gesangbuch, wohl aber das gemeinsame Singen und die gemeinsame Gesangbucharbeit der großen Konfessionen im deutschsprachigen Raum in die Wege geleitet hat.[141]

Der Impuls ging von der Vorbereitung des katholischen Einheitsgesangbuches «Gotteslob» aus, das 1975 erschien und die liturgischen Neuerungen des Zweiten Vatikanischen Konzils umsetzte. «Einheitsgesangbuch» bedeutet hier, dass ein Gesangbuch für alle deutschsprachigen katholischen Bistümer geschaffen wurde, nachdem bis dahin jede Diözese ihr eigenes Gesangbuch besessen hatte. (Dieselbe Bedeutung hat auch die «Einheitsübersetzung» der Bibel.)

---

[140] Ernst Moritz Arndt: Von dem Wort und dem Kirchenliede. Bonn 1819, Nachdruck Hildesheim 1970, S. 50 f.
[141] Eine ausführliche Darstellung der ökumenischen Lied- und Gesangbucharbeit gibt Heinrich Riehm: Die gemeinsamen Lieder und Gesänge der deutschsprachigen Christenheit. In: Jahrbuch für Liturgik und Hymnologie, 39. Bd. 2000, S. 154–178.

Bei der durch die Zusammenführung verschiedener regionaler Traditionen erforderlichen Arbeit an Text- und Melodiefassungen und angesichts der großen Bedeutung, welche die evangelische Kirchenliedtradition nun auch für den katholischen Kirchengesang erhalten würde, erkannten die «Gotteslob»-Verantwortlichen, dass eine Kooperation mit evangelischen Vertretern für beide Seiten einen großen Gewinn bedeuten würde. Deshalb wurde im Jahre 1969 die «Arbeitsgemeinschaft für ökumenisches Liedgut» (AöL) gegründet. An ihr waren evangelische, römisch-katholische, christbeziehungsweise altkatholische und freikirchliche Vertreter aus Deutschland (damals noch sowohl Bundesrepublik wie DDR), aus Österreich und aus der Schweiz beteiligt.

Im Laufe von 25 Jahren wurde ein Stamm von etwa 500 ökumenischen Liedern und Gesängen aus der Tradition und aus dem Schaffen der Gegenwart ausgewählt und in Text- und Melodiefassung bereinigt. Diese Stücke wurden in folgenden Publikationen veröffentlicht:

Gemeinsame Kirchenlieder (GKL), 1973 *AöL-Publikationen*
Gesänge zur Bestattung (GzB), 1978
Leuchte, bunter Regenbogen (LbR, Kinderlieder), 1983

Aus kirchenpolitischen Gründen nicht zu Stande kam die Publikation eines Bändchens mit Liedern zur Trauung. Zusammen mit weiteren Stücken bildete sein Inhalt dann die unveröffentlichte «Liste II», die den Gesangbuchverantwortlichen als Referenzliste zur Verfügung stand.

Nach dem Erscheinen des Evangelischen Gesangbuchs in Deutschland und Österreich und der beiden Deutschschweizer Gesangbücher war für die AöL eine Etappe erreicht, die die Reduktion der Arbeit angezeigt erscheinen ließ. So trifft sich jetzt eine zahlenmäßig stark verkleinerte Gruppe in weniger dichten Zeitabständen, um die weitere Entwicklung zu beobachten, die Entstehung allfälliger weiterer Gesangbücher (vor allem in den Freikirchen) zu begleiten, die bestehenden Ausgaben und Rechte zu verwalten und bereit zu sein, wenn eine neue größere Arbeitsphase nötig werden sollte.

Deutschschweizer Gesangbuchökumene

Von allem Anfang an standen die mit der Schaffung der neuen Gesangbücher befassten Gremien und Personen auf reformierter und auf römisch-katholischer Seite miteinander in Kontakt. Katholischerseits hatte man die Schaffung eines eigenen Schweizer Gesangbuchs gegen die Übernahme des «Gotteslob» durchgesetzt, und so ergab es sich, dass in beiden Konfessionen zeitlich beinahe parallel vorgegangen wurde.

Koordinierung statt Zusammenschluss Die Idee eines gemeinsamen Gesangbuches war zwar kurz auf dem Tisch, wurde aber sehr rasch (vielleicht doch zu rasch!) wieder fallen gelassen mit der Begründung, es sollte nicht der übernächste vor dem nächsten Schritt getan werden. Dieser nächste Schritt war nun die Koordinierung zweier selbstständiger Gesangbücher, eine Koordinierung, die über einen gemeinsamen Bestand in gemeinsamen Fassungen bis hin zu einem gemeinsamen Layout gehen sollte (womit das ökumenische auch noch gleich zum ökonomischen Argument wurde ...).

Zusammenarbeit Während der ganzen Zeit der Erarbeitung waren die Gesangbuchkommissionen durch eine gegenseitige Vertretung miteinander verbunden. Markus Jenny, der schon als evangelischer Berater am «Gotteslob» mitgewirkt hatte, vertrat die reformierte Kommission in der katholischen, während in der reformierten (Kleinen) Kommission P. Walter Wiesli als einer der Hauptträger der katholischen Gesangbucharbeit mitwirkte.

Da auf reformierter Seite die Große Kommission die verbindlichen Beschlüsse zu fassen hatte, war es nötig, dass sie mehrere Sitzungen zusammen mit der katholischen Kommission abhielt. Gemeinsam wurde über die Fassungen beraten, und in getrennten Abstimmungen wurde beschlossen.

Das Ergebnis darf sich mit über 200 ganz und einigen großteils übereinstimmenden Gesängen zwischen den beiden Schweizer Gesangbüchern durchaus sehen lassen; mit dem ökumenischen Repertoire stimmen ebenfalls etwas über 200 Gesänge überein, wobei bei etwa einem Viertel kleine Abweichungen bestehen. Es darf aber auch nicht verschwiegen werden, dass das im Gesangbuchkonzept festgeschriebene Prinzip «ökumenische Fassungen haben Priorität» sich gegenüber «Vertrautheits»- und Popularitätsargumenten in der Großen Kommission nicht immer und wohl auch nicht im wünschbaren Ausmaß durchsetzen ließ.

ö und + In den beiden Gesangbüchern sind die ökumenischen Beziehungen der einzelnen Gesänge und Lieder bezeichnet, und zwar mit einem «ö» für die Übereinstimmung mit der von der AöL vereinbarten Fassung, mit einem «+» für die Übereinstimmung mit dem Katholischen Gesangbuch. Wenn diese Bezeichnungen eingeklammert sind, heißt das, dass kleine Abweichungen bestehen, eventuell auch nur in der Strophenauswahl. Das Verzeichnis am Ende des Gesangbuchs weist die Einzelheiten nach. Das Christkatholische Gesangbuch – zur Zeit, da diese Zeilen geschrieben werden, kurz vor seiner Fertigstellung – wird die zwischen RG und KG gemeinsamen Lieder ebenfalls übernehmen.

Es mag ja sein, dass eine wachsende konfessionelle Indifferenz an der kirchlichen Basis die Unterschiede zwischen den Kirchen belanglos erscheinen lässt und das gute ökumenische Klima in der Schweiz zum Teil auch eine Frucht dieser Entwicklung ist. Die Erfahrungen in der Gesangbucharbeit und in den gemeinsamen Bemühungen um das geistliche Singen haben aber deutlich werden lassen, dass viel mehr dahintersteckt, dass hier der gemeinsame Wurzelgrund sichtbar, hörbar und erlebbar wird, aus dem Christen und Christinnen in allen Konfessionskirchen leben. Und so bleibt denn die Hoffnung, dass die jetzt geschaffenen Gesangbücher mindestens für die deutschsprachige Schweiz die letzten Konfessionsgesangbücher waren, dass die nächste Generation den Schritt dann tun wird, den wir uns vorsichtig und wohl auch etwas kleinmütig versagt haben.[142]

Ausblick

---

[142] Andreas Marti: Eine gute Zeit für ein Gesangbuch. In: ZeitSchrift Reformatio, 48. Jg. 1999, S. 296–302.

Literatur

Für weitere grundlegende hymnologische Literatur wird verwiesen auf das Verzeichnis im «Ökumenischen Liederkommentar» zu den Deutschschweizer Gesangbüchern, Lieferung 1, 2001.

MGD = Musik und Gottesdienst
JLH = Jahrbuch für Liturgik und Hymnologie

Gesangbücher, Sammlungen, Liturgie

Gesangbuch der evangelisch-reformierten Kirchen der deutschsprachigen Schweiz. Winterthur 1952 (RKG).

Gesangbuch der Evangelisch-reformierten Kirchen der deutschsprachigen Schweiz. Basel / Zürich 1998 (RG).

Katholisches Gesang- und Gebetbuch der Schweiz. Zug 1966/ 1978 (KKG).

Katholisches Gesangbuch. Gesang- und Gebetbuch der deutschsprachigen Schweiz. Zug 1998 (KG).

Cantionale. Kantoren- und Chorbuch zum Katholischen Gesangund Gebetbuch der deutschsprachigen Schweiz. Zug 1999.

Gotteslob. Katholisches Gesang- und Gebetbuch. 1975 (GL).

Gemeinsame Kirchenlieder. Gesänge der deutschsprachigen Christenheit, hg. im Auftrag der christlichen Kirchen des deutschen Sprachbereichs von der Arbeitsgemeinschaft für ökumenisches Liedgut. Berlin u. a. 1973 (GKL).

Gesänge zur Bestattung, gemeinsame Kirchenlieder und Gebete der deutschsprachigen Christenheit, hg. im Auftrag der christlichen Kirchen des deutschen Sprachbereichs von der Arbeitsgemeinschaft für ökumenisches Liedgut. Berlin u. a. 1978 (GzB).

Leuchte, bunter Regenbogen. Gemeinsame geistliche Kinderlieder der deutschsprachigen Christenheit, hg. im Auftrag der christlichen Kirchen des deutschen Sprachbereichs von der Arbeitsgemeinschaft für ökumenisches Liedgut. Kassel u. a. 1983 (LbR).

Evangelisches Gesangbuch, Stammausgabe. Berlin 1993 (EG).

Psalmen. Singheft, hg. von der Lutherischen Liturgischen Konferenz Deutschlands. Hannover 1993.

UNISONO. Ökumenische mehrsprachige Lieder der Christenheit, hg. von der Internationalen Arbeitsgemeinschaft für Hymnologie. Graz 1997.

Anhang zum Gesangbuch der Evangelisch-Reformierten Kirchen der deutschsprachigen Schweiz. BOV Verlag, Hochwald 1991. Später unter dem Titel «Jubilate».

Kolibri. Mein Liederbuch. Berg am Irchel 1995.

Pseaumes Octantetrois de David, mis en rime Françoise par Clément Marot et Théodore de Bèze. Imprimé par Jean Crespin à Genève 1551. Faksimile-Ausgabe New Brunswick (New Jersey) 1973, zusammen mit der Ausgabe 1552 von «La forme des prières et chantz ecclésiastiques».

Les Psaumes en vers français avec leurs mélodies. Faksimile-Ausgabe der Ausgabe von Michel Blanchier, Genf 1562. Droz, Genf 1986.

Le psautier français. Les 150 psaumes versifiés en français contemporain. Mélodies originales du XVIe siècle harmonisées à quatre voix. Fédération musique et chant de la réforme, Réveil Publications, Lyon 1995, S. 411.

Liturgie, hg. im Auftrag der Liturgiekonferenz der evangelisch-reformierten Kirchen in der deutschsprachigen Schweiz. Bd. I, Sonntagsgottesdienst, Bern 1972; Bd. II, Festtagsgottesdienst, Bern 1974; Bd. III, Abendmahl, Bern 1983; Taschenausgabe, Bern 1986; Bd. IV, Taufe, Bern 1992; Bd. V, Bestattung. Bern 2000.

Zürcher Kirchenbuch, I. Predigtgottesdienst, Taufe, Abendmahl. Zürich 1969.

Zürcher Kirchenbuch 2, II. Bestattung. Zürich 1973.

Quelleneditionen

Ameln, Konrad / Jenny, Markus / Lipphardt, Walther (Hg.): Das deutsche Kirchenlied. Kritische Gesamtausgabe der Melodien. I,1: Verzeichnis der Drucke. Kassel 1975. – I,2: Register. Kassel 1980.

Bäumker, Wilhelm: Das katholische deutsche Kirchenlied in seinen Singweisen. 4 Bde. Freiburg i.Br. 1883–1911.

Fischer, August F.W. / Tümpel, Wilhelm: Das deutsche evangelische Kirchenlied des 17. Jahrhunderts. 6 Bde. Gütersloh 1904–16.

Herbst, Wolfgang: Evangelischer Gottesdienst. Quellen zu seiner Geschichte. Göttingen ²1992.

Jenny, Markus: Luthers geistliche Lieder und Kirchengesänge. Archiv zur Weimarer Ausgabe Bd. 4. Köln/Wien 1985.

Keyte, Hugh / Parrott, Andrew: The New Oxford Book of Carols. Oxford 1992.

Möller, Christian (Hg.): Kirchenlied und Gesangbuch. Quellen zu ihrer Geschichte. Tübingen/Basel 2000.

Pidoux, Pierre: Le Psautier Huguenot. 2 Bde. Basel 1962.

Stalmann, Hans-Joachim u.a. (Hg.): Edition Das deutsche Kirchenlied (EdK). Abteilung III / Band 1: Die Melodien bis 1570, Teil 1: Melodien aus Autorendrucken und Liederblättern. Kassel 1994. – Teil 2: Melodien aus mehrstimmigen Sammelwerken, Agenden und Gesangbüchern I. Kassel 1996/97. – Teil 3: Melodien aus Gesangbüchern II. Kassel 1998. – Register zu III,1. Kassel 1999.

Wackernagel, Philipp: Das deutsche Kirchenlied von der ältesten Zeit bis zu Anfang des 17. Jhs. 5 Bde. Leipzig 1864–77.

Zahn, Johannes: Die Melodien der deutschen evangelischen Kirchenlieder. 6 Bde. Gütersloh 1889–93.

Verwendete Literatur

Aeschbacher, Gerhard: Was ist ein gutes Kirchenlied? In: MGD 36. Jg. 1982, S. 93–105.

Aeschbacher, Gerhard: Zur Revision des Kirchengesangbuchs. In: MGD 35. Jg. 1981, S. 20 f.

Arndt, Ernst Moritz: Von dem Wort und dem Kirchenliede. Bonn 1819, Nachdruck Hildesheim 1970.

Barth, Karl: Evangelium und Gesetz, 1935.

Barth, Karl: Fides quaerens intellectum. Zürich 1958.

Barth, Karl: Kirchliche Dogmatik II,2. Zürich 1942.

Best, Thomas F.: Von Vancouver nach Canberra 1983–1990. Offizieller Bericht des Ökumenischen Rates der Kirchen. Genf 1990, S. 209–216.

Bieritz, Karl-Heinrich: Das Kirchenjahr. München (1987) 1994.

Bohren, Rudolf: Unsere Kasualpraxis – Eine missionarische Gelegenheit? In: Theologische Existenz heute, H. 147, München ²1961.

Bonjour, Jean-Louis: Le culte des Eglises réformées de Suisse romande. Sonderdruck aus: Saint-Pierre de Genève au fil des siècles, Genève 1991. Roland Muggli, Home Claire-Soleil, Ecublens.

Brunner, Adolf: Musik im Gottesdienst. Zürich ²1968.

Bühler, Pierre / Campi, Emidio / Luibl, Hans Jürgen (Hg.): Freiheit im Bekenntnis. Das Glaubensbekenntnis der Kirche in theologischer Perspektive. (Ringvorlesung Universität Zürich, Wintersemester 1999/2000). Zürich und Freiburg i. B. 2000.

Bundestheologie und Bundestradition, hg. von der theologischen Kommission des Schweizerischen Evangelischen Kirchenbundes. Bern 1987.

Burkalow, Anastasia Van: A call for battle symbolism in hymns. In: The Hymn, 38. Jg. 1987, H. 4, S. 14–17.

Bürki, Bruno / Klöckener, Martin: Liturgie in Bewegung. Beiträge zum Kolloquium «Gottesdienstliche Erneuerung in den Schweizer Kirchen im 20. Jahrhundert», 1.–3. März 1999 an der Universität Freiburg/Schweiz. Freiburg 2000.

Calvin, Johannes: Institutio christianae religionis. Opera selecta, ed. P. Barth, W. Niesel (OS), Bd. III, IV, V. München ³1967/1968/1974.

Calvin, Johannes: La forme des prières et chantz ecclésiastiques, Genf 1542, eingeleitet und übersetzt von Andreas Marti. Calvin-Studienausgabe Bd. 2: Gestalt und Ordnung der Kirche. Neukirchen 1997, S. 137–225.

Douen, Orentin: Clément Marot et le Psautier Huguenot. Paris 1878/79, Bd. 1, S. 679–735.

Ehrensperger, Alfred: «Dies tut zu meinem Gedächtnis». Gedenken und Vergegenwärtigen als grundlegende Vorgänge des gottesdienstlichen Feierns. In: MGD 50. Jg. 1996, S. 118–125.

Ehrensperger, Alfred: Anmerkungen zur neuen Zürcher Liturgie im Vergleich zur Deutschschweizer Liturgiekommission. In: Schweizerische Theologische Umschau, Okt. 1966, S. 122–131.

Ehrensperger, Alfred: Die Osternachtfeier. In: MGD 52. Jg. 1998, S. 46–57.

Ehrensperger, Alfred: Eine Perikopenordnung für die reformierten Kirchen der deutschsprachigen Schweiz? In: MGD 46. Jg. 1992, S. 254–262.

Ehrensperger, Alfred: Gottesdienst. Visionen, Erfahrungen, Schmerzstellen. Zürich 1988.

Ehrensperger, Alfred: In Stille und Vertrauen liegt eure Kraft. Erfahrungen mit Schweigen und Stille im Horizont des Gottesdienstes. In: Liturgisches Jahrbuch 46. Jg. 1996, S. 139–157.

Ehrensperger, Alfred: Liturgische Freiheit und musikalische Ordnung im Gottesdienst. In: Theologia Practica, 5. Jg. 1970, S. 217–232.

Ehrensperger, Alfred: Rhythmus des Betens. In: MGD 48. Jg.1994, S. 103–113.

Ehrensperger, Alfred: Die Gottesdienstreform der evangelisch-reformierten Zürcher Kirche von 1960–1970 und ihre Wirkungsgeschichte. In: Bruno Bürki / Martin Klöckener: Liturgie in Bewegung. Freiburg/Schweiz 2000, S. 192–205.

Enzner-Probst, Brigitte/Felsenstein-Rossberg, Andrea (Hg.): Wenn Himmel und Erde sich berühren. Texte, Lieder und Anregungen für Frauenliturgien. Gütersloh 1993.

European Ecumenical Assembly Peace with Justice, 15–21 May 1989, Study documents = Documents d'étude = Studiendokumente [Konferenz Europäischer Kirchen, Consilium Conferentiarum Episcopalium Europae]. Genf 1988.

Fischer, Wolfgang: Proclamatio evangelii et hymnodia – Die missionarische Dimension des Singens. Historische Aspekte. In: IAH-Bulletin 16, Groningen 1988, S. 105–122.

Frank, Horst J.: Handbuch der deutschen Strophenformen. Tübingen/Basel ²1993.

Franz, Ansgar: Die Alte Kirche. In: Christian Möller (Hg.): Kirchenlied und Gesangbuch. Quellen zu ihrer Geschichte. Tübingen 2000, S. 1–28.

Frischknecht, Hans Eugen: Die Rosinen aus den Kantionalsätzen herausgenommen. In: MGD 55. Jg. 2001, S. 52–56.

Geck, Martin / Hartmann, Gert: 38 Thesen gegen die neue Gottesdienstordnung der lutherischen und einiger unierten Kirchen in Deutschland. München 1968.

Goltzen, Herbert: Ökumenische Gebets- und Bekenntnistexte. In: JLH 16. Bd. 1971, S. 119–133.

Gottesdienst als Gestaltungsaufgabe. reihe gottesdienst 10, Hamburg 1979.

Grözinger, Albrecht: Praktische Theologie und Ästhetik. München 1987.

Handbuch zum Evangelischen Kirchengesangbuch III, Liederkunde, Teil 1 und 2. Göttingen 1970 und 1990.

Henkys, Jürgen: Die Stadt im geistlichen Lied. Vision – Symbol – Milieu. In: Michael Beintker u. a. (Hg.): Wege zum Einverständnis.

Festschrift für Christoph Demke, Leipzig 1997, S. 69–89. Wieder abgedruckt in: Jürgen Henkys: Singender und gesungener Glaube. Göttingen 1999, S. 197–218.

Henkys, Jürgen: Gott loben mit einem Mund? Zur Nachdichtung fremdsprachlicher Kirchenlieder. In: JLH 37. Bd. 1998, S. 179–195.

Henkys, Jürgen: Singender und gesungener Glaube. Hymnologische Beiträge in neuer Folge. Göttingen 1999.

Heppe, Heinrich / Bizer, Ernst: Die Dogmatik der evangelischreformierten Kirche. Neukirchen 1958.

Institut für Kirchenmusik der evang.-ref. Landeskirche des Kantons Zürich (Hg.): Musik in der evangelisch-reformierten Kirche. Eine Standortbestimmung. Zürich 1989.

Jenny, Markus: Geschichte des deutsch-schweizerischen evangelischen Gesangbuches im 16. Jahrhundert. Basel 1962.

Jenny, Markus: Die Einheit des Abendmahlsgottesdienstes bei den elsässischen und schweizerischen Reformatoren. Zürich 1968.

Josuttis, Manfred: Der Weg in das Leben. Eine Einführung in den Gottesdienst auf verhaltenswissenschaftlicher Grundlage. München 1991.

Kaiser, Balz J.: Zur Revision des Kirchengesangbuches von 1952. Erster Zwischenbericht aufgrund der eingegangenen Antworten auf den Fragebogen. In: MGD 34. Jg. 1980, S. 131–134.

Kemper, Hans-Georg: Das lutherische Kirchenlied in der Krisen-Zeit des frühen 17. Jahrhunderts. In: Alfred Dürr / Walther Killy (Hg.): Das protestantische Kirchenlied im 16. und 17. Jahrhundert. Wolfenbütteler Forschungen Bd. 13, Herzog-August-Bibliothek Wolfenbüttel 1986, S. 87–108.

Klöckener, Martin / Remmings, Heinrich (Hg.): Lebendiges Stundengebet. Vertiefung und Hilfe. Freiburg i. Br. 1989.

Kloppenburg, Wim: Vorwärts, Rambos, kämpft für den Frieden. In: MGD 44. Jg. 1990, S. 118–124.

Kurzke, Hermann / Ühlein, Hermann (Hg.): Kirchenlied interdisziplinär. Mainz 1999. (überarbeitete 2. Aufl. vorgesehen für 2002).

Kurzke, Hermann: Poetik und Metaphorik in der Geschichte des Kirchenliedes. In: Hermann Kurzke / Hermann Ühlein (Hg.): Kirchenlied interdisziplinär. Mainz 1999, S. 9–26.

Kunz, Ralph: Gottesdienst evangelisch reformiert. Liturgik und Liturgie in der Kirche Zwinglis. Zürich 2001 (während der Drucklegung des vorliegenden Buches erschienen).

Lichtenberger, Hans P.: Religionskritik als Thema christlicher Theologie. In: Unipress, hg. von der Pressestelle der Universität Bern, Nr. 97, Juni 1998, S. 4–6.

Liedtke, Rüdiger: Die Vertreibung der Stille. Kassel/München 1966. Das letzte Kapitel «Sich wehren gegen die Vertreibung der Stille» ist abgedruckt in: Musik und Kirche, 68. Jg. 1998, S. 301–306.

Locher, Gottfried W.: Die Zwinglische Reform im Rahmen der europäischen Kirchengeschichte. Göttingen 1979.

Marti, Andreas: «Wir ziehen vor die Tore der Stadt». In: MGD 39. Jg. 1985, S. 5–7.

Marti, Andreas: Angewandte Kriterien – ein Blick in die Werkstatt der Kleinen Gesangbuchkommission. In: MGD 40. Jg. 1986, S. 161–164.

Marti, Andreas: «Ich liege, Herr, in deiner Hut». In: MGD 41. Jg. 1987, S. 1–6.

Marti, Andreas: Art. Calvinistische Musik. In: MGG 2. Aufl., Sachteil 2. Kassel 1995, Sp. 333–336.

Marti, Andreas: «Mach mich zum Werkzeug deines Friedens» (Liedportrait). In: MGD 51. Jg. 1997, S. 52–54.

Marti, Andreas: Eine gute Zeit für ein Gesangbuch. In: ZeitSchrift Reformatio 48. Jg. 1999, S. 296–302.

Marti, Andreas: «So sie's nicht singen, glauben sie's nicht». Gesprochenes und gesungenes Bekenntnis im neuen Reformierten Gesangbuch. In: Pierre Bühler u. a. (Hg.): Freiheit im Bekenntnis. Das Glaubensbekenntnis der Kirche in theologischer Perspektive. (Ringvorlesung Universität Zürich, Wintersemester 1999/2000). Pano, Zürich und Freiburg i. B. 2000, S. 183–199.

Marti, Andreas: Weg und Raum als Metaphern von Liturgie und Gemeindegesang. In: JLH 39. Bd. 2000, S. 179–190.

Meier, Urs: Der Kern der Kirche. In: ZeitSchrift Reformatio, 47. Jg. 1998, Heft 2, S. 91.

Möller, Christian (Hg.): Ich singe dir mit Herz und Mund, Festschrift Heinrich Riehm zum 70. Geburtstag. Stuttgart 1997.

Müller, Christoph D.: Einige Hinweise zur liturgischen Relevanz von Frauengottesdiensten. In: Bruno Bürki / Martin Klöckener: Liturgie in Bewegung. Freiburg/Schweiz 2000, S. 338–353.

Müller, Theophil: Evangelischer Gottesdienst. Liturgische Vielfalt im religiösen und gesellschaftlichen Umfeld. Stuttgart 1993.

Müller, Theophil: Konfirmation – Hochzeit – Taufe – Bestattung. Sinn und Aufgabe der Kasualgottesdienste. Stuttgart 1988.

Ökumenischer Rat der Kirchen (Hg.): Die Zeit ist da. Das Schlussdokument und andere Texte von der Weltversammlung für Gerechtigkeit, Frieden und die Bewahrung der Schöpfung, Seoul, Republik Korea, 5.–12. März 1990. Ökumenischer Rat der Kirchen, Genf 1990.

Périllard, Marianne: Le Synode protestant suisse (1983–1987) et le renouveau du culte. In: Bruno Bürki / Martin Klöckener: Liturgie in Bewegung. Freiburg/Schweiz 2000, S. 324–337.

Pidoux, Pierre: Vom Ursprung der Genfer Psalmweisen. In: MGD 38. Jg. 1984, S. 45–63.

Pieren, Jakob: Die Kirchenposuner im alten Adelboden. Thun 1995.

Praßl, Franz Karl: Das Mittelalter. In: Christian Möller (Hg.): Kirchenlied und Gesangbuch. Quellen zu ihrer Geschichte. Tübingen/Basel 2000, S. 29–68.

Reformierte Organistenverbände der deutschsprachigen Schweiz ROV (heute Reformierte Kirchenmusikerverbände RKV): Eingabe der Delegiertenversammlung der ROV an die deutschschweizerische Kirchenkonferenz. In: MGD 35. Jg. 1981, S. 20.

Richter, Klemens: Die Reform des Stundengebetes nach dem Zweiten Vatikanischen Konzil. In: Martin Klöckener / Heinrich Remmings (Hg.): Lebendiges Stundengebet. Freiburg i. Br. 1989, S. 48–69.

Riehm, Heinrich: Die gemeinsamen Lieder und Gesänge der deutschsprachigen Christenheit. In: JLH 39. Bd. 2000, S. 154–178.

Rößler, Martin: Liedermacher im Gesangbuch. Band 1–3. Stuttgart 1990/91.

Sauer-Geppert, Waldtraut Ingeborg: Sprache und Frömmigkeit im deutschen Kirchenlied. Vorüberlegungen zu einer Darstellung seiner Geschichte. Kassel 1984.

Schmidt-Lauber, Hans-Christoph / Bieritz, Karl-Heinrich (Hg.): Handbuch der Liturgik. Liturgiewissenschaft in Theologie und Praxis der Kirche. Göttingen 1995.

Schottroff, Luise: Kreuz, Opfer und Auferstehung Christi. Geerdete Christologie im Neuen Testament und in feministischer Spiritualität. In: Renate Jost / Eveline Valtink (Hg.): Ihr aber, für wen haltet ihr mich? Auf dem Weg zu einer feministisch-befreiungstheologischen Revision von Christologie. Gütersloh 1996, S. 102–123.

Schweiz. Evang. Synode: Bund für Gerechtigkeit, Frieden und Bewahrung der Schöpfung. 1987.

Seidel, Hans: Musik in Altisrael. Frankfurt a.M. 1989.

Seidel, Uwe / Zils, Diethard: Aktion Politisches Nachtgebet. Wuppertal 1971.

Sölle, Dorothee / Steffensky, Fulbert (Hg.): Politisches Nachtgebet in Köln. 2 Bde. Stuttgart 1971.

Stefan, Hans Jürg: «Aber heute» – Befreiend-gefährliche Erinnerung. In: MGD 47. Jg. 1993, S. 70–73.

Stefan, Hans-Jürg: Der Himmel, der ist, ist nicht der Himmel, der kommt. In: Christian Möller (Hg.): Ich singe dir mit Herz und Mund, Festschrift Heinrich Riehm zum 70. Geburtstag. Stuttgart 1997, S. 113–124.

Steiger, Johann Anselm: Die unaufgeklärte Gesangbuchrevision. In: Theologische Rundschau, 60. Jg. 1995, S. 204–226.

Stolz, Fritz: Psalmen im nachkultischen Raum. Zürich 1983.

Tillich, Paul: Systematische Theologie I. Stuttgart (1959) ^{6}1980.

Ühlein, Hermann: Kirchenlied und Textgeschichte. Würzburg 1995.

Weber, Edith: Le style «Nota contra Notam» et ses incidences sur le Choral Luthérien et sur le Psautier Huguenot. In: JLH 32. Bd. 1989, S. 73–93.

Weber, Heinrich: Geschichte des Kirchengesanges in der deutschen reformirten Schweiz seit der Reformation. Zürich 1876.

Weber, Heinrich: Der Kirchengesang Zürichs. Zürich 1866.

Westermann, Claus: Lob und Klage in den Psalmen. Göttingen 1977. 5. erw. Auflage von: Das Loben Gottes in den Psalmen. Göttingen 1953.

Wren, Brian: Onward Christian Rambos? The case against battle symbolism in hymns. In: The Hymn, 38. Jg. 1987, H. 3, S. 13–15.

Zwingli, Ulrich: Hauptschriften, hg. von Fritz Blanke u.a., Bd. 4, Der Verteidiger des Glaubens II. Zürich 1952.

Register

Stücke im Reformierten Gesangbuch nach Nummern

1	16, 17, 100	48	26
2	16, 17, 100	49	138
3	16, 17, 100	50	29, 38, 108
4	16, 38	51	29
5	15, 23	53	28
6	23, 26	54	28
7	23, 32, 38	55	38, 193
9	27	56	194
10	15, 152	57	15, 28
12	16, 28, 194	58	34
13	15	59	17
15	15, 18, 28, 193	60	34
17	35	63	35
18	15, 28	64	15, 29
19	26, 161	66	15
21	27	68	26
22	193	69	34
25	32	70	15
26	35	71	127
27	27, 138, 194	75	193
28	29	76	28
30	18	79	34
31	35	83	15, 27
32	27, 194	84	15, 27
37	26	85	15
38	38	86	15
39	29	90	15, 109
41	193	91	15
43	27	92	15, 24
44	27	96	28

97	115	176	53
98	28, 193	177	52, 193
99	28	178	193
101	26	179	152
102	15, 26	180	53
103	16, 101	181	53, 178, 179, 183, 193
104	16, 26, 101	183	53
105	16, 101	188	193
110	16	193	54
112	15, 18	194	54, 127
113	15, 18	197	54
118	18	198	54
119	18	199	194
127	15	201	54
128	17	202	54
129	17	203	54
130	15	211	193
131	131	212	54
136	17	213	54
139	15	218	55
140	15	219	115
146	15	220	55
147	16	221	55
148	16	222	55
149	16	224	55
150	139	225	55
156	193	226	19, 55
157	52	227	19, 55
158	52	228	19, 55
162	102	229	55
166	52, 53	230	55
167	52	231	55
168	52	232	55
169	52	234	56
175	132	235	159

237	161	305	28, 60
242	158, 194	306	60
247	13, 55, 133, 138	309	60
248	56	310	60
249	56	312	60
250	56, 184	317	61, 193
255	149	319	183
257	193	320	61
258	56	322	61
260	56	324	62
263	57, 146	328	62
264	57	329	62
265	58	332	62, 159
266	58	333	62, 159
267	58	335	62, 159
268	58	336	62, 159, 183
273	58	337	159
274	77	338	63
277	58, 193	339	183
278	28	340	63
279	58	341	63
280	155	342	193
281	59	348	62
282	59	349	62
285	59	350	62
286	59	352	62
287	59	353	90
288	59	354	63
289	59, 110	360	72
293	193	361	72
294	59	363	193
296	59	365	72
297	59	367	73, 193
298	59	368	72
303	60	369	72, 193

374	72	444	194
375	73	445	193
378	73	447	73
380	74	448	61
384	71	449	80
390	76	450	80
392	69, 76, 82	451	167
394	71	452	79, 152
395	193	453	183
404	194	455	80
407	75	456	79
409	71, 75	457	80
412	69, 75, 127	461	82
413	75	462	31, 81, 83
414	75	464	69
415	76	466	82
416	75	467	82
417	183	469	82
418	75	472	81
420	75	476	82
422	75, 180, 183	478	82
424	183	480	193
426	75, 180, 183	481	82
427	76	482	193
428	76	483	82
429	15, 26, 76	484	82
430	76	487	82
431	75	488	183
435	80, 82	491	84
436	80	492	84
437	61	493	84
438	17, 80	499	98
439	80	500	86
441	109	502	82, 85
443	79	503	27, 84

506	85	563	108
507	193	564	108
511	84	565	108
512	84	571	108
513	84, 193	573	108
514	85	574	108
515	86	575	108
516	86	577	99
517	87	578	108
518	87	579	108, 184
519	86	580	108
520	86	581	108
526	88	582	113
527	88	583	19, 91, 96
529	88, 133, 184	584	109
530	88, 193	585	110
531	88	586	16, 19, 91, 96, 111, 165
532	183	587	99, 112
533	133	588	99, 111
534	88	590	99, 112
535	88	591	99, 111
536	88, 183	592	113
537	89	594	109, 111
539	89	596	112
543	193	597	111
550	89	599	111, 193
551	89, 193	600	112
554	63, 89	601	99
555	13, 19, 91, 96	602	113
556	98, 108, 188, 193	603	112, 113
557	99	604	111
558	98, 152	605	113
560	99	606	99, 113
561	99	607	112
562	99	608	113

610	16, 19, 91, 96, 111	665	120, 121, 183
611	113	671	126
613	193	672	126, 138, 193
614	113	674	126
615	102	679	27
617	104	680	193
619	114	681	191
620	99, 113	682	124
621	113	685	124
622	113	686	124
623	102, 114	693	193
628	114	694	127
630	115	695	124, 127, 139
632	115	696	26, 124
634	115	697	124
637	114	698	124
638	114	700	125, 126
640	115	701	124
646	183	702	124
648	56, 120	703	124, 126
649	27, 121	705	127
650	120, 121	711	130
651	122	713	130
652	122, 138	715	130
653	123	717	130
655	120	720	130
656	120	723	131, 193
657	120	724	131
658	120	725	131
659	123, 193	727	131
660	121, 193	728	131, 193
661	121, 160	729	131, 193
662	120, 121	730	28, 131
663	120, 184	731	131
664	120, 124	733	132, 193

737	134	787	150
738	134	789	150
740	133, 134	790	150
741	133, 193	791	150
749	135	792	149
750	135	793	147, 193
751	135	794	145
753	136, 193	795	150, 194
754	135	797	151, 193
757	136	798	147, 148
758	135	799	146, 151
759	135	800	160
760	136	801	151
761	136	802	147, 193
762	136	803	146, 148
763	136	804	145
764	136	805	145, 151
765	136	811	153, 155
766	136	812	155
767	136	813	155
768	136	814	156
769	136	815	156
770	136	816	152
771	136	817	156
772	109, 111, 136	818	155
773	136	819	155
774	136, 193	820	159, 193
775	137, 193	822	152
776	137	823	161
777	137, 152	824	153
778	137	825	153
779	137	827	193
780	143, 144	828	159
781	143, 144	829	154
782	143	830	156

832	159
833	110, 153, 166
834	161
835	154
837	160
838	154
839	154
840	154
841	161
842	160
843	154
849	166
850	146, 166, 167, 168
851	166, 167, 168
852	168
853	166, 168
856	168
857	168
858	161, 168
860	168, 184
861	166, 167
862	161, 168
863	183
864	168, 184
865	161, 168
866	168
867	164, 168
868	164

Namen

(ohne Nennungen im Literaturverzeichnis)

Abel, Otto	90
Ambrosius von Mailand	98
Arndt, Ernst Moritz	196
Bach, Carl Philipp Emanuel	131
Bach, Johann Sebastian	61, 112, 122, 123, 137, 160
Barth, Karl	144, 164, 165
Becker, Cornelius	28, 156
Bernoulli, Hans	26
Bertsch, Albrecht Peter	131
Best, Thomas F.	158
Bèze, Théodore de	22
Bieritz, Karl-Heinrich	65
Bohren, Rudolf	114, 132
Bone, Heinrich	89
Bonhoeffer, Dietrich	89 f.
Bonjour, Jean-Louis	44
Bourgeois, Loys	22, 25
Brunner, Adolf	77
Burkhard, Paul	180
Burkhard, Willy	113
Chapal, Roger	26
Calvin, Johannes	12, 20, 21, 24, 42 f., 48, 117, 142, 144, 148
Claudius, Matthias	109, 135
Corbach, Liselotte	153
Dachstein, Wolfgang	21
Davantès. Pierre	22
David, Linus	60
Decius, Nikolaus	60
Douen, Orentin	24
Ehrensperger, Alfred	50, 69, 70, 81, 97, 102
Englisch, Johann	21
Fietz, Siegfried	90
Fischer, Wolfgang	151
Fornaçon, Siegfried	122
Franc, Guillaume	21
Franck, Johann	123
Franz, Ansgar	18
Franziskus von Assisi	88

Frischknecht, Hans Eugen	193
Fritzsche, Gerhard	108
Fröhlich, Abraham Emanuel	98
Garve, Karl Bernhard	80
Gastoldi, Giovanni Giacomo	122
Gebhardi, Ludwig Ernst	55
Geck, Martin	49
Gellert, Christian Fürchtegott	28, 80, 131, 148
Gerhardt, Paul	28, 82, 89, 108, 109, 112, 120, 131, 136, 159
Gesius, Bartholomäus	29
Goethe, Johann Wolfgang von	190
Goltzen, Herbert	19
Goudimel, Claude	25, 189
Greiter, Matthäus	21
Greyerz, Karl von	87
Gryphius, Andreas	135
Haydn, Michael	151
Hartmann, Gert	49
Henkys, Jürgen	79, 125, 132, 181
Henning, Rudolf	122
Herrosee, Karl Friedrich	56
Hiller, Philipp Friedrich	146
Hubert, Konrad	21
Jauernig, Reinhard	122
Jenny, Markus	86, 198
Jorissen, Matthias	26
Josuttis, Manfred	42
Jud, Leo	121
Kaiser, Balz J.	170
Kemper, Hans-Georg	78, 126
Klepper, Jochen	89, 108, 109 f., 137
Klöckener, Martin	20
Kloppenburg, Wim	149
Knapp, Albert	146
Krautwurst, Franz	29
Kurzke, Hermann	137
Lichtenberger, Hans P.	69
Liedtke, Rüdiger	105
Lindemann, Johann	123
Lobwasser, Ambrosius	25, 28
Locher, Gottfried Wilhelm	85, 142
Lorenzen, Lorenz	82

Luther, Martin	21, 24, 27, 44, 54, 56, 58, 69, 79, 94, 101, 117, 120, 149, 159
Lutz, Meie	160
Marot, Clément	21, 22
Marti, Andreas	20, 50, 59, 113, 128, 160, 174, 199
Marti, Kurt	82, 88, 164
Maurer, Adolf	130, 159
Meier, Urs	76
Moeschinger, Adolf	130
Möller, Christian	21
Monk, William Henry	113
Müller, Christoph D.	118
Müller, Theophil	132
Musculus, Wolfgang	48
Neander, Joachim	112
Neumeister, Erdmann	121
Nicolai, Philipp	123, 167
Nievergelt, Edwin	114
Niklaus von Flüe	121, 149
Oeler, Ludwig	21
Ostervald, Jean-Frédéric	44
Petzold, Johannes	55
Pidoux, Pierre	24, 25
Pieren, Jakob	190
Pötzsch, Arno	131
Praßl, Franz Karl	81
Reichhardt, Johann Friedrich	190
Remmings, Heinrich	20
Richter, Clemens	20
Riehm, Heinrich	196
Rist, Johann	109
Rose, Kurt	108
Schalling, Martin	122
Scheffler, Johann	120, 155
Schemelli, Georg Christian	160
Scheidemann, Heinrich	109
Schille, Gottfried	73
Schlenker, Manfred	154
Schmid, Georg	29, 108
Schneegass, Cyriakus	122
Scholl, Hans	190
Schop, Johann	131

Schottroff, Luise	78
Schulz, Johann Abraham Peter	109
Schulz, Karl Friedrich	56
Schütz, Heinrich	28, 115, 156
Schweizer, Rolf	29, 54, 55
Seidel, Hans	14
Seidel, Uwe	162
Sölle, Dorothee	162
Spitta, Philipp	149
Spreng, Johann Jakob	25
Stapfer, Johannes	25
Steiger, Johann Anselm	78
Stefan, Hans-Jürg	48, 164, 165
Steffensky, Fulbert	162
Stolz, Fritz	14
Sweelinck, Jan Pieterszon	25
Tallis, Thomas	55
Tersteegen, Gerhard	102, 108 f., 120, 121
Thurmair, Georg	101
Thurmair, Maria Luise	38, 86
Tillich, Paul	48, 159
Trautwein, Dieter	161
Ühlein, Hermann	32
Ulenberg, Caspar	28
Van Burkalow, Anastasia	149
Valentin, Gerhard	29
Vaughan Williams, Ralph	168
Vischer, Wilhelm	38
Walter, Silja	120
Weber, Édith	23
Weber, Heinrich	39
Wesley, Charles	146
Wesley, Samuel Sebastian	146
Westermann, Claus	15
Wiese, Götz	79
Wiesli, P. Walter	198
Woll, Erna	131
Wren, Brian	149
Zils, Diethard	162
Zinzendorf, Nikolaus Ludwig Graf von	147, 153, 155, 156
Zwingli, Huldrych	46, 47, 142, 149 f.

Stichworte

Aaronitischer Segen	62
Abend	111 ff.
Abendmahl	60
Actuosa participatio	45
Advent	67, 72 ff.
Agnus Dei	45, 60 f.
Anamnese	48, 69, 144
Anbetung	55 ff.
Antiphon	19
Apostolischer Segen	62
Apostolisches Glaubensbekenntnis	57 ff., 146
Arbeitsgemeinschaft für liturgische Texte	19
Arbeitsgemeinschaft für ökumenisches Liedgut AöL	12, 197
Ars moriendi	122 f., 135
Aufbau des Gesangbuchs	12 ff., 173
Befreiung	168 f.
Benedictus (Messe)	45
Benedictus Dominus	99
Benediktinerregel	93
Bestattung	134 ff., 138 ff.
Bibeltexte im Gesangbuch	194 ff.
Brautmystik	123 f.
Brevier	94
Cantica	16 ff., 96 ff., 99 ff.
Canticum Simeonis	16, 21, 22, 100 f
Christusfestkreis	66 ff.
Communio	45, 65
Communio sanctorum	146
Complet	95, 100
Credo	45, 56 ff.
Dank	131 ff.
Dank-, Buß- und Bettag	70, 86
De tempore	65
Dialektlieder	172, 176 ff.
Dialogstruktur	33
Didache	61
Dies irae	167 f.
Doxologie	19

Doxologie	55
Dreifaltigkeitssonntag	70
Ecclesia visibilis/militans	148
Ecclesia invisibilis/triumphans	148
Einheit der Kirche	145 ff.
Einsetzungsbericht	44
Engelgeleit	122
Epiphanias	67
Erbsünde	78
Erntedank	87
Eröffnung	52
Eschatologische Existenz	164 ff.
Evangelium und Gesetz	143 f.
Evensong	95
Exaudi	67
Fastenzeit	66 f.
Feindklage	30
Feministische Theologie	78 f.
Fides quaerens intellectum	120
Fragmentarisierung	32, 137
Frieden	157 ff.
Friedensbewegung	73 f., 158, 167
Frühchristlicher Gottesdienst	18
Funktion des Gesangbuchs	171 f.
Funktion von Liedern	162 f.
Fürbitte	54, 59 ff., 106
Gabenbereitung	60
Gebetsdialog	44
Geburtstag	134
Gedenktage	70
Gefühl	76
Geheimnis des Glaubens	60
Generalisierung	162
Genfer Psalter	20 ff., 191
Gerechtigkeit	157 ff.
Gericht	167 f.
Gesetz	143 f.
Glaube	119 ff., 125
Gleichgültigkeit	150
Gloria	45, 99
Graduale	45, 65
Gospel	124
Gottesbeziehung	121 f.

Gottesdienst (Veranstaltung)	41
Gottesdienstgerüste	50 ff.
Gottesname	36
Halleluja	55
Heidelberger Katechismus	58, 143
Heiliger Geist	84 ff., 145
Herrschaft Christi	83
Himmelfahrt	67, 83 f.
Historienlied	80, 82
Horen	95
Hosianna	53
Humanisten-Oden	23
Hymnus	98 f., 111, 112
Ideenfeste	70
Imitatio Christi	156
Individuum	116 ff.
Innsbruck-Strophe	109, 111
Introitus	45, 65
Invocavit	67
Jahreszeiten	87, 89
Jahreswechsel	63
Jesus-Lieder	121
Jesus-Minne	123
Jubilate (Sammlung)	170 f.
Jubilate(sonntag)	67
Judica	67
Jugendgemäße Lieder	183 ff.
Kanon	34, 54, 54
Kantate(sonntag)	67
Karfreitag	66
Karwoche	66
Kasualien	132 ff.
Kasualisierung	71
Kathedrales Tagzeitengebet	20
Kehrvers	35, 36
Kinderlieder	180
Kirche	144 ff.
Kirchenkampf	148
Kirchenjahr	65 ff.
Kitsch	32
Klage	124, 125, 129 ff.
Klagepsalmen	15
Köln	28

Komplet	95
Konfirmanden	184 ff.
Konfirmation	132 f.
Konzept des Gesangbuchs	170 ff.
Königspsalmen	15
Konkretheit	162
Kriegsmetaphorik	148 f.
Kriterien für die Liedauswahl	174
Kultkritik	141 ff.
Kursorische Psalmenlesung	39 f.
Kommunionfeier	48
Konstanz	27
Kyrie (eleison)	45, 53 f., 59
Kyrios	38, 164, 165
Laetare	67
Landeshymne	86
Laudes	95, 98
Lebensstationen	132 ff.
Lectio continua	66, 68
Leib Christi	49
Leise	81 f.
Leitvers	19, 97
Lesepsalmen	35
Liebe	147 f., 155 ff.
Liedpsalm	27
Lob	55 ff., 131 ff.
Magnificat	16, 99 f., 165
Mattins	95
Mehrstimmigkeit	187, 189
Messe	43 ff.
Messiaspsalmen	15
Mesuré à l'antique	23
Mette	95
Misericordias Domini	67
Mission	151
Mittag	109 ff.
Monastisches Stundengebet	20
Morgen	107 ff.
Musik bei Trauerfeiern	138 ff.
Musik im Kirchenjahr	71
Musik und Sprache	31 f.
Nachfolge	155 ff.
Nacht	113 f.

Naturjahr	70 f., 87 ff.
Neujahr	70, 89 f.
Nicäno-konstantinopolitanisches Glaubensbekenntnis	57
Nocturn	95
Non	95
Nunc dimittis	16, 62, 100 f.
Oculi	67
Offene Schuld	47, 53
Offertorium	45, 60
Ökumene im Gesangbuch	172, 196 ff.
Ordinarium der Messe	45, 65
Orgel-Ausgangsspiel	63 f..
Orgelvesper	107
Ostern	66, 81 ff.
Osterruf	81
Palmsonntag	66, 67
Paraklet	85
Parallelismus membrorum	17
Passahfest	66 f.
Passion	66, 73, 77 ff.
Perikopen	66, 68 ff.
Pfingsten	67, 84 ff.
Politische Verantwortung	87, 152 ff.
Predigtgottesdienst	46 ff.
Prim	95
Pronaus	46
Proprium der Messe	18, 65
Proprium	45
Psalmen	14 ff., 96 ff.
Psalmgattungen	14 f.
Psalmlied	27, 138
Psalmodie	19, 35, 47
Quasimodogeniti	67
Raum-Metapher	128
Rechtfertigung	120 f., 126
Reformationsfest	70
Reich Gottes	164 ff.
Reminiscere	67
Ruf	35
Sammlung	52
Sanctus	45, 60
Satisfaktionslehre	77

Schawuot	67
Schöpfung	87 ff., 131, 157 ff.
Schöpfungspsalmen	15
Schuldbekenntnis	53
Segen	62 ff.
Sendung	62 ff.
Sext	95 f.
Silvester	89 f.
Singspruch	35
Spiritual	124
Stadt	165 ff.
Sterbelied	111, 122 f., 125, 136 ff.
Stille	101 ff.
Straßburg	21, 27, 62
Struktur	49 ff.
Strukturpapier	50
Stundengebet	93 ff.
Symbol	41
Synchronie	42
Syntopie	42
Tagzeiten-Gottesdienst	20, 91 ff.
Taizé	127 ff.
Taufe	52 f., 63
Taufgedächtnis	52 f.
Tätiger Glaube	153 ff.
Te Deum laudamus	55
Tersanctus	56
Tertius usus legis	144
Terz	95
Tetragramm	36
Theodizee	129 f.
Theologia negativa	165
Tischgebet	114 f.
Trauung	133 f.
Triduum Sacrum	66
Trinitarische Doxologie	19, 97 f.
Trinitatisfest	70
Trishagion	56
Tod	135
Tonus peregrinus	17
Unser Vater	59 f
Väterlesung	101
Verfolgung	150

Veritas hebraica	20
Veritas horarum	94
Verkündigung	56
Vermahnung	61
Versammlung	41, 142
Vertrauen	120, 123 ff.
Vesper	95, 99 f.
Vigil	95 f.
Vita activa	152 ff.
Wechsellesung	36, 97
Weg-Metapher	50, 128, 139 f.
Weihnachten	67, 74 ff.
Weisheitspsalmen	16
Wiedergeburt	121
Wochenfest	67
Zeit	68
Zeugnis, Zeugendienst	151
Zion	165, 167
Zwölfapostellehre	61
Zwölftonkomposition	156 f.